Couvertures supérieure et inférieure manquantes.

اخبار دولة بنى الاغلب
بافريقية وصقلية
وبقية اخبار صقلية
الى حين استيلاء الافرنج عليها

اخبار دولة بنى الاغلب

بافريقية وصقلية

وبقية اخبار صقلية

الى حين استيلاء الافرنج عليها

من كتاب العبر وديوان المبتدا والخبر
فى ايام العرب والعجم والبربر
لقاضى القضاة عبد الرحمن بن محمد

ابن خلدون

طبع فى مدينة باريز
بمطبعة الاخوين فرمين ديدوت
سنة ١٨٤١ المسيحية

اخبار القايمين بالدولة العباسية من العرب المستبدين عليهم بالنواحى ونبدا منهم ببنى الاغلب ولاة افريقية واولية امرهم ومصير احوالهم

قد ذكرنا فى خلافة عثمان شان فتح افريقية على يد عبد الله بن ابى سرح وكيف زحف اليها فى عشرين الفا من الصحابة وكبار العرب ففض جموع النصرانية الذين كانوا بها من الفرنجة والروم والبربر وهدم سبيطلة قاعدتهم وخربها وانتخب اموالهم وسبيت نساوهم وبناتهم وافترق امرهم وانساحت خيول العرب فى جهات افريقية واثخنوا بها فى اهل الكفر قتلا واسرا حتى لقد طلب اهل افريقية من ابن ابى سرح ان يرحل عنهم بالعرب الى بلادهم ويعطوه ثلاثمائة قنطار من الذهب ففعل وقفل الى مصر سنة سبع وعشرين

معوية بن خديج

ثم اغزا معوية بن ابى سفيان معوية بن خديج السكونى افريقية سنة اربع وثلثين وكان عاملا على

نافع الى افريقية سنة ثنتين وستين فدخل افريقية وقد نشأت الردة منها فى البرابرة فزحف اليهم وجعل على مقدمته زهير بن قيس البلوى وفر منه الروم والفرنجة فقاتلهم وفتح حصونهم مثل لبيس وباغاية وفتح ادنة قاعدة الزاب بعد ان قاتله ملوكها من البربر فهزمهم واصاب من غنايمهم وحبس الهاجر فلم يزل فى اعتقاله ثم رحل الى طنجة فاطاعه يليان ملك غمارة وصاحب طنجة وهاداه واتحفه ودله على بلاد البربر وراءًا بالمغرب مثل وليلى وعندزرهون وبلاد المصامدة وبلاد السوس وكانوا على دين المجوسية ولم يدينوا بالنصرانية فسار عقبة وفتح وغنم وسبا واثخن فيهم وانتهى الى السوس وقاتل مسوفة من اهل اللثام وراء السوس ووقف على البحر المحيط وقفل راجعا واذن لجيوشه فى اللحاق بالقيروان وكان كسيلة ملك اوربة والبرانس من البربر قد اضطغن عليه بها كان يعامله به من الاحتقار يقال انه كان يحضره فى كل يوم ويامره بسلخ الغنم

مصر فغزاها ونازل جالولا وقاتل مدد الروم الذى جاءها من قسطنطينية لقيهم بقصر الاحمر فغلبهم واقلعوا الى بلادهم وافتتح جالولا وغنم وانحن وقفل

عقبة بن نافع

ثم ولى معوية سنة خمس واربعين عقبة بن نافع ابن عبد الله بن قيس الفهرى على افريقية واقتطعها عن معوية بن خديج فبنى القيروان وقاتل البربر وتوغل فى ارض المغرب

ابو المهاجر

ثم استعمل معوية على مصر وافريقية مسلمة بن مخلد فعزل عقبة عن افريقية وولى مولاه ابا المهاجر دينارا سنة خمس وخمسين فغزا المغرب وبلغ الى تلمسان وخرب قيروان عقبة واساء عزله واسلم على يديه كسيلة الاوربى بعد حرب ظفربه فيها

عقبة بن نافع ثانيا

ولما استقل يزيد بن معوية بالخلافة رجع عقبة بن

فهزمه زهير بعد حرب صعبة وقتله واستلحم فى الوقعة كثير من اشراف البربر ورجالاتهم ثم قفل زهير الى المشرق زاهدا فى الملك وقال انما جيت للجهاد واخاف ان تفتننى الدنيا وسار الى مصر واعترضه بسواحل برقة اسطول صاحب قسطنطينية جاوا لقتاله فقاتلهم واستشهد رحمه الله

حسان بن النعمان الغسانى

ثم ان عبد الملك بن مروان بعد ان قتل عبد الله بن الزبير وصفا له الامر امر حسان بن النعمان الغسانى بغزو افريقية وامده بالعساكر فسار ودخل القيروان وافتتح قرطاجنة عنوة وخربها وفر من كان بها من الروم والفرنجة الى صقلية والاندلس ثم اجتمعوا فى صطفورة وبنزرت فهزمهم ثانية وانحاز الفل الى باجة ويونة فتحصنوا بهائم سار حسان الى الكاهنة ملكة جراوة بجبل اوراس وهى يومئذ اعظم ملوك البربر فحاربها وانهزم المسلمون واسر منهم جماعة اطلقتهم الكاهنة

اذا ذبحت فى مطبخه فانتهز فيه الفرصة وارسل البربر فارصدوا له بنهودا وقتلوه فى ثلثمائة من كبار الصحابة والتابعين واستشهدوا كلهم واسرفى تلك الوقعة محمد بن اوس الانصارى فى نفر تخاصصهم صاحب قفصة وبعث بهم الى القيروان مع من كان بها من المخالفين والذرارى ورجع زهير بن قيس الى القيروان واعتزم على القتال وخالفه حنش بن عبد الله الصنعانى وارتحل الى مصر وانبعه الناس فاضطر زهير الى الخروج معهم وانتهى الى برقة فاقام بها مرابطا واستامن من كان بالقيروان الى كسيلة فامنهم ودخل القيروان واقاموا فى عهده

زهير بن قيس البلوى

ولما ولى عبد الملك بن مروان بعث الى زهير بن قيس بمكانه من برقة بالمدد وولاه حرب البرابزة فزحف سنة سبع وستين ودخل افريقية ولقيه كسيلة على عس من نواحى القيروان

فبعثه عبد الله وقدم القيروان وبها صالح خليفة حسان فعزله وراى البربر قد طمعوا فى البلاد فوجه البعوث فى النواحى وبعث ابنه عبد الله فى البحر الى جزيرة ميورقة فغنم منها وسبا وعاد ثم بعثه الى ناحية اخرى وابنه مروان كذلك وتوجه هو الى ناحية فغنم منها وسبا وعاد وبلغ الخمس من المغنم سبعين الف راس من السبى ثم غزا طنجة وافتتح درعة وحاصر تافيلالت وارسل ابنه الى السوس واذعن البربر لسلطانه ودولته واخذ رهاين المصامدة وانزلهم بطنجة وذلك سنة ثمان وثمانين وولى عليها طارق ابن زياد الليثى ثم اجاز طارق الى الاندلس دعاه اليها يليان ملك غمارة فكان فتح الاندلس سنة تسعين واجاز موسى بن نصير على اثره فكمل فتحها كما نذكره ثم قفل موسى على المشرق واستخلف على افريقية ابنه عبد الله وعلى الاندلس ابنه عبد العزيز وهلك الوليد وولى سليمان سنة ست وتسعين فسخط موسى وحبسه

سوى خالد بن يزيد القيسى فانها امسكته وارضعته مع ولديها وصيرته اخالهما واخرجت العرب من افريقية وانتهى حسان الى برقة وجاء كتاب عبد الملك بالمقام حتى ياتيه المدد ثم بعث اليه المدد سنة اربع وسبعين فسار الى افريقية ودس الى خالد بن يزيد يستعمله فاطلعه على خبرهم واستحثه فلقى الكاهنة وقتلها وملك جبل أوراس وما اليه ودوخ نواحيه وانصرف الى القيروان وافترق امر البربر وكتب الخراج عليهم وعلى من معهم من الروم والفرنجة على ان يكون معه اثنا عشر الفا من البربر لا يفارقونه فى مواطن جهاده ورجع الى عبد الملك واستخلف على افريقية رجلا اسمه صالح من جنده

موسى بن نصير

ولما ولى الوليد بن عبد الملك كتب الى عمه عبد الله وهو على مصر ويقال عبد العزيز ان يبعث بموسى ابن نصير الى افريقية وكان ابوه نصير من حرس معوية

اسمعيل وكتبوا الى يزيد بالطاعة والعذر عن قتل ابن ابى مسلم فاجابهم بالرضى واقر محمد بن يزيد على عمله

بشر بن صفوان الكلبى

ثم ولى يزيد على افريقية بشر بن صفوان الكلبى فقدمها سنة ثلاث وماية فمهدها وسكن ارجاءها وغزا بنفسه صقلية سنة تسع وهلك (مرجعه منها) ا۔ ومن معه ويقتل

عبيدة بن عبد الرحمن

ثم عزل هشام بن عبد الملك بشر بن صفوان عن افريقية وولى مكانه عبيدة بن عبد الرحمن السلمى وهو ابن اخى ابى الاعور فقدمها سنة عشر

عبيد الله بن الحبحاب

ثم عزل هشام عبيدة عن افريقية وولى مكانه عبيد الله بن الحبحاب مولى بنى سلول وكان واليا على مصر فامره ان يمضى الى افريقية فاستخلف على مصر ابنه ابا القاسم وسار الى افريقية فقدمها

محمد بن يزيد

ولما ولى سليمان وحبس موسى بن نصير عزل ابنه عبد الله عن افريقية وولى مكانه محمد بن يزيد مولى قريش فلم يزل عليها حتى مات سليمان

اسمعيل بن ابى المهاجر

ولما مات سليمان استعمل عمر بن عبد العزيز على افريقية اسمعيل بن عبيد الله بن ابى المهاجر وكان حسن السيرة واسلم جميع البربر فى ايامه

يزيد بن ابى مسلم

ثم ولى يزيد بن عبد الملك على افريقية يزيد بن ابى مسلم مولى الحجاج وكانبه فقدم سنة احدى ومائة واسا السيرة فى البربر ووضع الجزية على من اسلم من اهل الذمة منهم تاسيا بما فعله الحجاج بالعراق فقتله البربر لشهر من ولايته ورجعوا الى محمد ابن يزيد مولى الانصار الذى كان عليهم قبل

الله وملكها واتبعه البربر وبايعوه بالخلافة وخاطبوه بامير المومنين وفشت مقالته فى ساير القبايل با فريقية وبعث ابن الحبحاب اليه خالد بن حبيب الفهرى فيمن بقى معه من العساكر واستقدم حبيب بن ابى عبيدة من صقلية ومن معه من العساكر وبعثه فى اثر خالد ولقيهم ميسرة والبربر بناحية طنجة فاقتتلوا قتالا شديدا ثم تحاجزا ورجع ميسرة الى طنجة ونكر البرابر سو سيرته فقتلوه وولوا عليهم مكانه خالد بن حميد الزناتى واجتمع اليه البربر ولقيه خالد بن حبيب فى العرب وعساكر هشام فانهزموا وقتل خالد بن حبيب وحماة من العرب وسميت بهم غزوة الاشراف وانتقضت افريقية على بن الحبحاب وبلغ الخبر الى الاندلس فعزلوا عامله عقبة بن الحجاج بعبد الملك بن قطن كما مر

كلثوم بن عياض

ولما انتهى الخبر الى هشام بن عبد الملك بهزيمة

سنة اربع عشرة وبنى جامع تونس واتخذ بها دار الصناعة لانشاء المراكب البحرية وبعث على طنجة ابنه اسمعيل وجعل معه عمر بن عبيد الله المرادى وبعث على الاندلس عقبة بن حجاج السلولى وبعث حبيب بن ابى عبيدة بن عقبة بن نافع غازيا الى المغرب فبلغ السوس الاقصى وارض السودان واصاب من مغانم الذهب والفضة والسبى كثيرا ودوخ بلاد المغرب وقبايل البربر ورجع ثم اغزاه ثانية فى البحر الى صقلية سنة ثنتين وعشرين ومعه ابنه عبد الرحمن بن حبيب فنازل سرقوسة اعظم مداين صقلية وضرب عليهم الجزاء واتحن فى ساير الجزيرة وكان عمر بن عبيد الله بطنجة قد اسا السيرة فى البربر واراد ان يخمس من اسلم منهم وزعم انه الفىء فاجمعوا الانتقاض وبلغهم مسير العساكر مع حبيب بن ابى عبيدة الى صقلية فثار ميسرة المطغرى بدعوة الصفرية من الخوارج وزحف الى طنجة فقتل عمر بن عبيد

ذلك بشرط ان يقيموا سنة واحدة فقط واخذ رهنهم على ذلك وانقضت السنة وطالبهم بالشرط فقتلوه وملك بلج الاندلس كما مر فى خبره وسار اهل مصر وافريقية بعد مقتل كلثوم الى قيروان وثارت الخوارج من البربر بعد مقتل كلثوم فى كل جهة وخرج بفاس عكاشة بن ايوب الفزاري بدعوة الصفرية وجاءته العساكر من القيروان فهزمهم اولا ثم جاءوا ثانية فهزموه ولحق ببلاد الرمل وانصرف عبد الرحمان بن حبيب من القيروان الى الاندلس

حنظلة بن صفوان

ثم بعث هشام الى افريقية حنظلة بن صفوان الكلبى عامل مصر فقدمها سنة اربع وعشرين وهى مضطربة فزحف اليه الخوارج قريبا من القيروان يقدمهم عكاشة بن ايوب الفزاري وعبد الواحد ابن يزيد الهوارى فى ثلاثمائة الف مقاتل فهزمهم حنظلة بعد قتال شديد وانصرف الى القيروان ليحوطها منهم وبعث جيشا لمدافعتهم فهزمهم

العساكر بالغرب استقصر ابن الحبحاب وكتب اليه يستقدمه وولى على افريقية مكانه كلثوم بن عياض القشيري وسرح معه اثنى عشر الفا من جند الشام فقدم افريقية سنة ثلاث وعشرين وعلى مقدمته بَلْج بن بشر القشيري فاسا الى اهل القيروان وشكوا الى حبيب بن ابى عبيدة وهو بتلمسان مواقف للبربر فكتب الى كلثوم ينهاه ويتهدده فاعتذر واغضى له عنها ثم سار واستخلف على القيروان عبد الرحمن بن عقبة ومر على طريق سبيبة وانتهى الى تلمسان ولقى حبيب بن ابى عبيدة فتلاوما ثم اتفقا وزحفا جميعا وزحف البرابرة اليهم على وادى طنجة وهو وادى سبوا فانهزم بلج فى الطلايع وانتهوا الى كلثوم فانكشف واشتد القتال وقتل كلثوم وحبيب بن ابى عبيدة وكثير من الجند وتحيز اهل الشام الى سبتة مع بلج بن بشر فحاصرهم البرابرة وارسلوا الى عبد الملك بن قطن امير الاندلس فى ان يجيزوا اليه فاجابهم الى

توفى هشام وولى الوليد بن يزيد فدعا لنفسه وسار الى القيروان ومنع حنظلة من قتاله وبعث السيه وجوه الجند فانتهز عبد الرحمن الفرصة فيهم واوثقهم ان يقاتله اصحابهم واعدّ السير الى القيروان فشخص حنظلة عن افريقية وقفل الى المشرق سنة سبع وعشرين واستقل عبد الرحمن بملك افريقية وولى مروان بن محمد فكتب له بولايتها ثم ثارت عليه الخوارج فى كل جهة فكان عمران بن عطاف الازدى بطبنياش وعروة بن الوليد الصدفى بتونس وثابت الصنهاجى بباجة وعبد الجبار والحارث بطرابلس على راى الاباضية فزحف عبد الرحمن اليهما سنة احدى وثلثين وظفر بهما وقتلهما وسرح اخاه الياس لابن عطاف فهزمه وقتله ثم زحف الى عروة بتونس فقتله وانقطع امر الخوارج وزحف سنة خمس وثلثين الى جموع من البربر بنواحى تلمسان فظفر بهم وقفل ثم بعث جيشا فى البحر الى صقلية واخر الى سردانية فاتحنوا فى امم الفرنجة

الخوارج واتبعوهم الى القيروان فحشد حنظلة الناس وخرج اليهم ولما راوا كثرة الخوارج جزعوا ثم لجاوا الى الله وتضرعوا وحنظلة ساجد يدعو وهم يومنون ثم استماتوا وصدقوهم القتال فانهزم الخوارج الى جلولا والمسلمون فى اتباعهم واستحر القتل فيهم فبلغ القتلى ماية وثمانين الفا وقتل عبد الواحد بن يزيد واسرعكاشة فقتله حنظلة صبرا ورجع حنظلة الى القيروان ظافرا وبعث على الاندلس ابا الخطار بن ضرار الكلبى بامر هشام بن عبد الملك فركب اليها البحر من تونس سنة خمس وعشرين وماية

عبد الرحمن بن حبيب

وكان عبد الرحمن بن حبيب بن ابى عبيدة بن نافع لما قتل ابوه حبيب مع كلثوم بن عياض واجاز بلج الى الاندلس فملكها فاجاز عبد الرحمن الى الاندلس يحاول ملكها فلما جا ابو الخطار الى الاندلس من قبل حنظلة ييس عبد الرحمن من امرها ورجع الى تونس سنة ست وعشرين وقد

تونس وجا ليودعه ومعه اخوه عبد الوارث فقتلاه فى اخر سبع وثلاثين لعشر سنين من امارته

حبيب بن عبد الرحمن

ولما قتل عبد الرحمن نجا ابنه حبيب الى تونس بعد ان طلبوه وضبطوا ابواب القصر لياخذوه فلم يظفروا به وكان عمه عمران بن حبيب بتونس فلحق به وانبعه الياس فاقتتلوا مليا ثم اصطلحوا على ان يكون لحبيب قفصة وقسطيلة ونفزاوة ولعمران تونس وصطفورة وهى بنزرت والجزيرة وللياس ساير افريقية وتم هذا الصلح سنة ثمان وثلثين وسار حبيب الى عمله ببلاد الجريد وسار الياس مع اخيه عمران الى تونس فغدر بعمران وقتله وبجماعة من الاشراف معه وعاد الى القيروان وبعث بطاعته الى ابى جعفر المنصور مع عبد الرحمن ابن زياد بن انعم قاضى افريقية ثم سار حبيب الى تونس فملكها وجاء عمه الياس فقاتله وحاربه

حتى اتقوه بالجزاء ثم دالت دولة بنى العباس
وبعث عبد الرحمن بطاعته الى السفاح ثم الى ابى
جعفر من بعده ولحق كثير من بنى امية بافريقية
وكان ممن قدم عليه العاصى وعبد المومن ابنا الوليد
ابن يزيد ومعهما ابنة عم لها فزوجها من اخيه
الياس ثم بلغ عبد الرحمن عنها السعى فى
الخلافة فقتلها وامتعضت لذلك ابنة عمها
فاغرت زوجها الياس باخيه عبد الرحمن
واستفسدته وكان عبد الرحمن قد ارسل
الى ابى جعفر بهدية قليلة وذهب يعتذر عنها
فلم يحسن العذر وافحش فى الخطاب فكتب
المنصور يتهدده وبعث اليه بالخلعة فانتقض هو
ومزق خلعته على المنبر فوجد اخوه الياس
بذلك السبيل الى ما كان يحاول عليه وداخل
وجوها من الجند فى الفتك بعبد الرحمن واعادة
الدعا للمنصور ومالأ فى ذلك اخوه عبد الوارث
وفطن عبد الرحمن لهما فامر الياس بالمسير الى

عبد الرحمن من جبل اوراس وقاتله بالقيروان فهزمه عبد الملك وقتله سنة اربعين وماية وكانت امارة الياس على افريقية سنة ونصفها وامارة حبيب ثلاث سنين

عبد الملك بن ابى الجعد الورفجومى

ولما قتل عبد ملك بن ابى الجعد حبيب بن عبد الرحمن رجع فى قبايل ورفجومة الى القيروان وملكها واستولت ورفجومة على افريقية وساروا فى اهل القيروان بالعسف والظلم كما كان عاصم واسوا منه وافترق اهل القيروان بالنواحى فرارا بانفسهم وشاع خبرهم فى الافاق فخرج بنواحى طرابلس ابو الخطاب عبد الاعلى بن السمح المغافرى الاباضى منكرا لذلك وقصد طرابلس فملكها

عبد الاعلى بن السمح المغافرى

ولما ملك عبد الاعلى مدينة طرابلس بعث عبد

حبيب الى القيروان فدخلها وفتق السجون فرجع الياس فى طلبه وفارقه اكثر اصحابه الى حبيب فلما تواقفا دعاه حبيب الى البراز فتبارزا وقتله حبيب ودخل القيروان وملكها اخر سنة ثمان وثلثين ونجا عمه الاخر عبد الوارث الى ورفجومة من قبايل البربر وكبيرهم يوميذ عاصم بن جميل وكان كاهنا ويدعى النبوة فاجار عبد الوارث وقاتلهم حبيب فهزموه الى قابس واستفحل امرهم وكتب من كان من القيروان من العرب الى عاصم ابن جميل يدعونه للولاية عليهم واستحلفوه على الحماية والدعا للمنصور فلم يجب الى ذلك وقاتلهم فهزمهم واستباح القيروان وخرب المساجد واستهانها ثم سار الى حبيب بن عبد الرحمن بقابس فقاتله وهزمه ولحق حبيب بجبل اوراس فاجاره اهله وجا عاصم فقاتلهم فهزموه وقتل فى جماعة من اصحابه وقام بامر ورفجومة والقيروان من بعده عبد الملك بن ابى الجعد فسار اليه حبيب بن

بالعساكر ومعهم الاغلب بن سالم بن عقال بن خفاجة بن سوادة التميمى فسار لذلك ولقى ابا الخطاب بسرت ثانية فانهزم ابو الخطاب وقتل وقتل عامة اصحابه وذلك سنة اربع واربعين وبلغ الخبر الى عبد الرحمن بن رستم بالقيروان فـفـر عنها الى تاهرت واختط هـناك المدينـة ونزلها وقام ابن الاشـعث فافتـتح طرابـلـس واستعمل عليها المخارق بن غفار الطائى وسار الى القيروان فدخلها منتصف سنة خمس واربعين وبنى سورها فكمل فى سنة وكتب بالفتح الى ابى جعفر المنصور وقام بامر افريقية وضبطها وولى على طبنة والزاب الاغلب بن سالم ثم ثارت عليـه المضرية واخرجوه سنة ثمان واربعـين فقفل الى المشرق

الاغلب بن سالم

ولما قفل ابن الاشـعث الى المشرق ولى عليـهم

الملك بن ابى الجعد العساكر لقتاله سنة احدى واربعين فلقيهم ابو الخطاب وهزمهم واثخن فيهم واتبعهم الى القيروان فملكها واخرج ورفجومة منها واستخلف عليها عبد الرحمن بن رستم وسار الى طرابلس للقا العساكر المقبلة من ناحية ابى جعفر

محمد بن الاشعث الخزاعى

كان ابو جعفر المنصور لما وقع بافريقية ماوقع من الفتنة وملكت قبايل ورفجومة القيروان وفد عليه رجالات من جند افريقية يشكون ما نزل بهم من ورفجومة ويستنصرونه فولى على مصر وافريقية محمد بن الاشعث الخزاعى فنزل مصر وبعث على افريقية ابا الاحوص عمرو بن الاحوص العجلى وسار فى مقدمته فلقيه ابو الخطاب عبد الاعلى بسرت وهزمه فامر ابو جعفر المنصور ان يسير محمد بن الاشعث بنفسه وولاه على افريقية ويبعث اليه

فقتلة الجند وقيل ان اصحاب الاغلب قتلوه في الموقف الذي قتل فيه الاغلب وقام بامر افريقية المخارق بن غفار الى ان كان ما نذكره

عمر بن حفص هزار مرد

ولما بلغ ابا جعفر المنصور قتل الاغلب بن سالم بعث على افريقية مكانه عمر بن حفص هزار مرد من ولد قبيصة بن ابي صفرة اخي المهلب فقدمها سنة احدى وخمسين فاستقامت اموره ثلاث سنين ثم سار لبنا السور على مدينة طبــنة واستخلف على القيروان قريبه ابا حازم حبيب ابن حبيب المهلبي فلما توجه لذلك ثار البربر بافريقية وغلبوا على من كان بها وزحفوا الى القيروان وقاتلوا ابا حازم فقتلوه واجتمع البربر الاباضية بطرابلس وولوا عليهم ابا حاتم يعقوب بن حبيب الاباضي مولى كندة وكان على طرابلس الجنيد بن بشار الاسدي من قبل عمر بن حفص فاسده

المضرية عيسى بن موسى الخراسانى فبعث ابو جعفر المنصور الى الاغلب بن سالم بن عقال بن خفاجة بن سوادة التميمى بعهده على افريقية وكان من اصحاب ابى مسلم بخراسان وقدم مع ابن الاشعث فولاه على الزاب وطبنة فقدم القيروان وسكن الناس ثم خرج عليه ابو قرة اليغرنى فى جموع البربر فزحف اليه فهرب واراد اتباعـه فابى عليه الجند وخالفوه وكان بتونس الحسن بن حرب الكندى فكاتب الجند وحببهم على الاغلب فالحقوا به واقبل بهم الى القيروان فملكها ولحق الاغلب بقابس ثم رجع الى اقبال الحسن بن حرب سنة خمسين فهزمه وسار الى القيروان فكر عليه الحسن دونها واقتتلوا واصاب الاغلب سهم فقتله وقدم اصحابه عليهم المخارق بن غفار الطاى الذى كان على طرابلس وحملوا على الحسن فانهزم امامهم الى تونس ثم لحق بكتامة وخيل المخارق فى اتباعه ثم رجع الى تونس بعد شهرين

واصحابه على القيروان مسير عمر بن حفص اليهم فساروا للقايه فمال هو من الاربس الى تونس ثم جا الى القيروان فدخلها واستعد للحصار وانبسعه ابو حاتم والبربر فحاصروه الى ان جهده الحصار وخرج لقتالهم مستميتا فقتل اخر سنة اربع وخمسين وقام مكانه اخوه لامه حميد بن صخر فوادع ابا حاتم على ان يقيم دعوة العباسية بالقيروان وخرج اكثر الجند الى طبنة واحرق ابو حاتم ابواب القيروان وثلم سورها

يزيد بن حاتم بن قبيصة بن المهلب

ولما بلغ المنصور انتقاض افريقية على عمر بن حفص وحصاره بطبنة ثم بالقيروان بعث اليه يزيد بن حاتم ابن قبيصة بن المهلب بن ابى صفرة فى ستين الف مقاتل وبلغ خبره عمر بن حفص فحمله ذلك على الاستماتة حتى قتل ثم بعث اليه المنصور بعهده على افريقية فقدم عليها وابو حاتم

بالعساكر وقاتلوا ابا حاتم فهزمهم وحصرهم بقابس وانتقضت افريقية من كل ناحية ثم ساروا فى اثنى عشر عسكر الى طبنة وحاصروا بها عمر بن حفص وفيهم ابو قرة اليغرنى فى اربعين الفا من الصفرية وعبد الرحمن بن رستم فى خمسة عشر الفا من الاباضية جاوا معه من تاهرت وابو حاتم فيمن كان معه على طرابلس وعاصم السدراتى فى ستة الاف من الاباضية والمسور الزناتى فى عشرة الاف من الاباضية وامم من الخوارج من صنهاجة وزناتة وهوارة لا يحصى فدافعهم عمر بن حفص بالاموال وفرق كلمتهم وبذل لاصحاب ابى قرة مالا فانصرفوا واضطر ابو قرة الى اتباعهم فبعث عمر جيشا الى ابن رستم وهو بتهودا فانهزم الى تاهرت وضعف الاباضية عن حصار طبنة فافرجوا عنها وسار ابو حاتم الى القيروان وحاصرها ثمانية اشهر واشتد حصارها فسار اليها عمر بن حفص وجهز العسكر بطبنة فخالفه ابو قرة الى طبنة فهزموه وبلغ ابا حاتم

وانحن في البربر في وقايع كثيرة مع ورفجومة وغيرهم الى ان هلك يزيد سنة سبعين وماية في خلافة هرون الرشيد وقام بامره ابنه داود فخرج عليه البربر واوقع بهم ورجع الى القيروان الى ان كان من امره ما نذكر

اخوه روح ابن حاتم

ولما بلغ الرشيد وفاة يزيد بن حاتم وكان اخوه روح على فلسطين استقدمه وعزاه في اخيه وولاه على افريقية فقدمها منتصف احدى وسبعين وسار داود بن اخيه يزيد الى الرشيد وكان يزيد قد اذل الخوارج ومهد البلاد فكانت ساكنة ايام روح ورغب في موادعة عبد الوهاب بن رستم وكان من الوهبية فوادعه ثم هلك روح في رمضان اربع وسبعين وكان الرشيد قد بعث بعهده سرا الى نصر ابن حبيب المهلبى من قرابتهم فقام بالامر بعد روح الى ان ولى الفضل

يعقوب بن حبيب مستول علــيها فسار الى طرابلس للقايه واستخلف على القيروان عمر بن عثمان الفهري فانتقض وقتل اصحابه وخرج المخارق بن غفار فرجع اليهما ابو حاتم ففرا من القيروان ولحقا بجيجل من سواحل كتامة فتركهما واستخلف على القيروان عبد العزيز بن السمح المغافري وسار للقا يزيد ووصل يزيد الى طرابلس فلحق ابو حاتم بجبال نفوسة واتبعته عساكر يزيد فهزمهم فسار اليه يزيد بنفسه وقاتله اشد قتال فانهزم البربر وقتل ابو حاتم فى ثلثين الفا من اصحابه وتتبعهم يزيد بالقتل ثايرا بعمر بن حفص ثم ارتحل الى القيروان فدخلها منتــصف سنة خمس وخمسين وكان عبد الرحمن بن حبيب ابن عبد الرحمن الفــهري مع ابى حاتم فلحــق بكتامة وبعث يزيد فى طلبه فحاصروهم ثم ظفروا بهم وهرب عبد الرحمن وقتل جميع من كان معه وبعث يزيد المخارق بن غفار على الزاب فنزل طبنة

ابن الفارسي من قواد الخراسانية وكتب الى القواد والعمال في النواحي واستفسدهم على الفضل وكثرت جموع ابن الجارود وخرج الفضل فانهزم واتبعه ابن الجارود واقتحم عليه القيروان ووكل به وباهله من يوصلهم الى قابس ثم رده من طريقه وقتله منتصف ثمان وسبعين ورجع ابن الجارود الى تونس وامتعض لقتل الفضل جماعة من الجند مقدمهم ملك بن المنذر وثبوا بالقيروان فملكوها وسار اليهم ابن الجارود من تونس فقتلهم وقتل ملك بن المنذر وجماعة من اعيانهم ولحـــق فلهم بالاندلس فقدموا عليهم العلا بن سعيد وعادوا الى القيروان واضطربت افريقية

هرثمة بن اعين

ولما بلغ الرشيد مقتل الفضل بن روح وما وقع بافريقية من الاضطراب ولي مكانه هرثمة بن اعين وبعث الى ابن الجارود يحيى بن موسى لمحمله عند

ابنه الفضل بن روح

ولما توفى روح بن حاتم قام حبيب بن نصر مكانه وسار ابنه فضل الى الرشيد فولاه على افريقية مكان ابيه فعاد الى القيروان فى محرم سبع وسبعين واستعمل على تونس المغيرة بن اخيه بشر بن روح وكان علاما عرافا فاستخف بالجند واستوحشوا من الفضل بما اساء فيهم السيرة واخذهم بوالاة حبيب ابن نصر فاستعفى اهل تونس من المغيرة فلم يعفهم فانتقضوا وقدموا عليهم عبد الله بن الجارود ويعرف بعبد ربه الانباري وبايعوه على الطاعة واخرجوا المغيرة وكتبوا الى الفضل ان يولى عليهم من يراه فولى ابن عمه عبد الله بن يزيد بن حاتم وسار الى تونس ولما قاربها بعث ابن الجارود جماعة لتلقيه واستفهامه فى اى شى جا فعدوا عليه وقتلوه وافتاتوا بذلك على ابن الجارود واضطر الى اظهار الخلاف وتولى كبر ذلك محمد

بالمنستير لسنة من قدومه وبنى السور على طرابلس مما يلى البحر وكان ابرهيم بن الاغلب عاملا على الزاب وطبنة فهاداه ولاطفه فعقد له على عمله فقام بامره وحسن اثره ثم خرج عليه عياض بن وهب الهوارى وكليب بن جميع الكلبى وجمعا الجموع فسرح هرثمة اليهما يحيى بن موسى من قواد الخراسانية ففرق جموعهما وقتل كثيرا من اصحابهما ورجع الى القيروان ولما راى هرثمة كثرة الشرار والخلاف بافريقية استعفى الرشيد من ولايتها فاعفاه ورجع الى العراق لسنتين ونصف من ولايته

محمد بن مقاتل العكى

ثم بعث الرشيد على افريقية محمد بن مقاتل العكى وكان ابن ضيعه فقدم القيروان فى رمضان سنة احدى وثمانين وكان سىء السيرة فاختلف عليه الجند وقدموا مخلد بن مرة الازدى فبعث اليه

اهل خراسان ويقال ويقطين يرغبه فى الطاعة فاجاب بشرط الفراغ من امر العلا بن سعيد وعلم يقطين انه يغالطه فداخل صاحبه محمد بن الفارسى واستماله فنزع عن ابن الجارود وخرج ابن الجارود من القيروان فرارا من العلا فى محرم تسع وسبعين لسبعة اشهر من ولايته وسار للقا ابن الفارسى من القيروان وتزاحفا للقتال فدعا ابن الجارود محمد بن الفارسى الى خلوة وقد دس رجلا من اصحابه يغتاله فى خلوتهما فقتله وانهزم اصحابه وتسابق العلا بن سعيد ويقطين الى القيروان فسبق اليها العلا وملكها وفتك فى اصحاب ابن الجارود ولحق ابن الجارود بهرثمة فبعث به الى الرشيد وكتب اليه ان العلا بن سعيد هو الذى اخرجه من القيروان فامره بان يبعث بالعلا فبعث به مع يقطين فاعتقل الجارود ببغداد واحسن الى العلا الى ان توفى بمصر وسار هرثمة الى القيروان فقدمها سنة تسع وسبعين فامن الناس وسكنهم وبنى القصر الكبير

ولايته وداخلوا ابرهيم بن الاغلب فى ان يطلب من الرشيد الولاية عليهم فكتب ابرهيم الى الرشيد فى ذلك على ان يترك الماية الالف دينار التى كانت تحمل من مصر الى افريقية وعلى ان يحمل هو من افريقية كل سنة اربعين الفا وبلغ الرشيد عناوه فى ذلك واستشار فيه اصحابه فاشار مرثمة بولايته فكتب له بالعهد الى افريقية منتصف اربع وثمانين فقام ابرهيم بالولاية وضبط الامور وقفل ابن مقاتل الى المشرق وسكنت البلاد بولاية ابن الاغلب وابتنى مدينة العباسية قرب القيروان وانتقل اليها بجملته وخرج عليه سنة ست وثمانين بتونس حمديس من رجالات العرب ونزع السواد فسرح اليه ابن الاغلب عمران بن مجالد فى العساكر فقاتله وانهزم حمديس وقتل من اصحابه نحو من عشرة الاف ثم صرف همه الى تمهيد المغرب الاقصى وقد ظهرت فيه دعوة العلوية باديرس بن عبد الله وتوفى فنصب البربر ابنه ادريس الاصغر وقام مولاه راشد بكفالته

العساكر فهزم وقتل ثم خرج عليه بتونس تمام بن
تميم التيمى سنة ثلاث وثمانين واجتمع اليه الناس
وساروا الى القيروان فخرج اليه محمد بن مقاتل
ولقيه فانهزم امامه ورجع الى القيروان وتمام فى
اتباعه الى ان دخل عليه القيروان وامنه تمام على
ان يخرج عن افريقية فسار محمد الى طرابلس
وبلغ الخبر الى ابرهيم بن الاغلب بمكانه من
الزاب فاستعنص لمحمد وسار بجموعه الى القيروان
وهرب تمام بين يديه الى تونس وملك القيروان
واستقدم محمد بن مقاتل من طرابلس واعاده الى
امارته بالقيروان اخر ثلاث وثمانين وزحف تمام
لقتالهم فخرج اليه ابرهيم بن الاغلب باصحابه
فهزمه وسار فى اتباعه الى تونس واستامن له تمام
فامنه وجابه الى القيروان وبعثوا به الى بغداد
فاعتقله الرشيد

ابراهيم بن الاغلب

ولما استوسق الامر لمحمد بن مقاتل كره اهل البلاد

واجتمع معه على ذلك قريش بن التونسي وكثرت جموعهما وسار عمران الى القيروان فملكها وقدم عليه قريش من تونس وخندق ابرهيم على نفسه بالعباسية فحاصروه سنة كاملة كانت بينه وبينهم فيها حروب كان الظفر فى اخرها لابن الاغلب وكان عمران يبعث الى اسد بن الفرات القاضى فى الخروج اليهم وامتنع فبعث يتهدده فاجابه والله لين خرجت لاقولن القاتل والمقتول فى النار فاقصر عنه ثم بعث الرشيد الى ابرهيم بالمال فنادى فى الناس بالعطا ولحق به اصحاب عمران وانتقص امره ولحق بالزاب فاقام به الى ان توفى ابن الاغلب ثم بعث ابرهيم على طرابلس ابنه عبد الله سنة ست وتسعين فثار عليه الجند وحاصروه بداره ثم امنوه على ان يخرج عنهم فخرج واجتمع اليه الناس ويبذل العطاء واتاه البربر من كل ناحية وزحف الى طرابلس فهزم جندها ودخل المدينة ثم عزله ابوه وولى سفين بن المضا فثارت هوارة

وكبر ادريس واستفحل امره براشد فلم يزل ابرهيم يدس الى البربر ويسرب فيهم الاموال حتى قتل راشد وسيق راسه اليه ثم قام بامر ادريس بعده بهلول ابن عبد الواحد المطفرى من روس البربر فاستفحل امرهم فلم يزل ابرهيم يتلطفه ويستميله بالكتب والهدايا الى ان انحرف عن دعوة الادارسة الى دعوة العباسية فصالحه ادريس وكتب اليه يستعطفه بقرابته من رسول الله صلى الله عليه وسلم فكف عنه ثم خالف اهل طرابلس على ابرهيم بن الاغلب سنة تسع وثمانين وثاروا بعاملهم سفيان بن المضــا واخرجوه من داره الى المسجد وقتلوا عامة اصحابه ثم امنوه على ان يخرج من طرابلس فخرج فى شعبان لشهر من ولايته واستعملوا عليهم ابرهيم بن سفيان التميمى ثم استحضر ابرهيم الذين تولوا كبر ذلك فحضر وافى ذى الحجة اخر السنة وعفا عنهم واعادهم الى بلدهم ثم انتقض عمران بن مجالد الريعى سنة خمس وتسعين على ابن الاغلب وكان بتونس

سبع وتسعين ولم يرع حق اخيه فيما فعله وكان يتنقصه ولم يكن فى ايامه فتنة بما مهد له ابوه الامر خلا انه كان جايراحتى قيل ان مهلكه كان بدعوة حفص ابن حميد من الاوليا الصالحين من اهل جزيرة شريك وفد عليه فى جماعة من الصالحين يشكوا ظلامة فلم يصغ اليهم فخرج حفص يدعو وهم يومنون فاصابته قرحة فى اذنه عن قريب هلك منها فى ذى الحجة سنة احدى ومايتين لخمس سنين من ولايته

اخوه زيادة الله بن ابرهيم

ولما توفى ابو العباس ولى مكانه اخوه زيادة الله وجاه التقليد من قبل المامون وكتب اليه يامره بالدعا لعبد الله بن طاهر على منابره فغضب وابى من ذلك وبعث مع الرسول بدنانير من سكة الادارسة يعرض له بتحويل الدعوة ثم استاذنه قرابته فى الحج وهم اخوه الاغلب وابنا اخيه ابى العباس

بطرابلس وهزموا الجند فلحقوا بابرهيم بن الاغلب فاعاد معهم ابنه عبد الله فى ثلاثة عشر الفا من العسكر ففتك بهوارة وانخن فيهم وجدد سور طرابلس وبلغ الخبر الى عبد الوهاب بن عبد الرحمن بن رستم فجمع البربر وجا الى طرابلس فحاصرها وسد عبد الوهاب باب زناتة وكان يقاتل من باب هوارة ثم جاء الخبر بوفاة ابيه فصالحهم على ان يكون البلد والبحر لعبد الله واعمالها لعبد الوهاب وسار الى القيروان وكانت وفاة ابرهيم فى شوال سنة ست وتسعين

ابنه ابو العباس ابرهيم بن عبد الله

ولما توفى ابرهيم بن الاغلب عهد لابنه عبد الله وكان غايبا بطرابلس والبربر يحاصرونه كما ذكرناه واوصى ابنه الاخر زيادة الله ان يبايع له بالامارة ففعل واخذ له البيعة على الناس بالقيروان وكتب اليه بذلك فقدم ابو العباس عبد الله فى صفر سنة

اجتمعوا للمنصور وسار بهم الى القيروان وملكها وحاصره فى العباسية اربعين يوما وعمروا سوق القيروان الذى خربه ابرهيم بن الاغلب ثم خرج اليه زيادة الله فقاتله فهزمه ولحق بتونس وخرب زيادة الله سوق القيروان ولحق قواد الجند بالبلاد التى تغلبوا عليها فلحق منهم عامر بن نافع الازرق بسبتة فسرح اليه زيادة الله سنة تسع ومايتين عسكرا مع محمد بن عبد الله بن الاغلب فهزمهم عامر وعادوا الى القيروان ثم زحف منصور الى القيروان لاخراج عيالات الجند وحصره زيادة الله ستة عشر يوما حتى اخرج الجند عيالاتهم ورجع منصور الى تونس ولم يبق على طاعة زيادة الله من افريقية الاتونس والساحل وطرابلس ونفزاوة وبعث الجند الى زيادة الله بالامان وان يرتحل عن افريقية وبلغه ان عامر ابن نافع يريد نفزاوة وان برابرتها دعوه فسرح اليهم مايتى مقاتل مع سفيان فدفع عامرا عنها وهزمه الى قسطيلية ورجع ثم هرب عنها واستولى

محمد ابو فهر وابراهيم ابو الاغلب فاذن لهم وانطلقوا لقضا فروضهم فقضوه واقاموا بمصر حتى وقعت بين زيادة الله وبين الجند الحروب فاستقدمهم واستوزر اخاه الاغلب وهاجت الفتن واستوزر كل ريس بناحية فملكوها عليه كلها وزحفوا الى القيروان فحصروه وكان فاتحة الخلاف زياد بن سهل بن الصقلية خرج سنة سبع وماىتىن وجمع وحاصر مدينة باجة فسرح اليه العساكر فهزموه وقتلوا اصحابه ثم انتقض منصور الطبندى بطبنة وسار الى تونس فملكها وكان العامل عليها اسمعيل بن سفيان وسفيان اخو الاغلب فقتله يستخلص به طاعة الجند وسرح زيادة الله العساكر من القيروان مع غلبون ابن عمه ووزيره واسمه الاغلب بن عبد الله ابن الاغلب وتهددهم بالقتل ان انهزموا فهزمهم منصور وخشوا على انفسهم ففارقوا الوزير غلبون وافترقوا على افريقية واستولوا على باجة والجزيرة وسطفورة ولاربس وغيرها واضطربت افريقية ثم

فسار اليه عبد السلام بن المفرج الربعى وجاءت عساكر زيادة الله فقاتلوها وقتل عبد السلام وانهزم فضل الى مدينة تونس وامتنع بها وحاصرته العساكر حتى اقتحموها عليه وقتلوا كثيرا من اهلها وهرب اخرون حتى امنهم زيادة الله وعادوا

فتح اسد بن الفرات صقلية

كانت صقلية من عملات الروم وامرها راجع الى صاحب القسطنطينية وولى عليها سنة احدى عشرة ومايتين بطريق اسمه قسطنطين واستعمل على الاسطول قايدا من الروم حازما شجاعا فغزا سواحل افريقية وانتهبها ثم بعد مدة كتب ملك الروم الى قسطنطين يامره بالقبض على مقدم الاسطول وقتله ونهاالخبر اليه بذلك فانتقض وتعصب له اصحابه وسار الى مدينة سرقوسة من بلاد صقلية فملكها وقاتله قسطنطين فهزمه القايد ودخل مدينة قطانية فاتبعه جيشا اخذوه وقتلوه واستولى

سفيان على قسطيلية وضبطها وذلك سنة تسع ومايتين واسترجع زيادة الله قسطيلية والـزاب وطرابلس واستقام امره ثم وقعت الفتنة بين منصور الطبندي وبين عامر بن نافع بان منصور كان يحسده ويطعن عليه فاستمال عامر الجند وحاصره بقصره بطبندة حتى استامن اليه على ان يركب الى المشرق واجابه الى ذلك وخرج منصور من ليلته الى الاربس منهزما فحاصره عامر حتى استامن اليه ثانيا على يد عبد السلام بن الهفرج من قواد الجند واخذ له الامان من عامر على ان يركب البحر الى المشرق فاجابه عامر وبعثه مع ثقاته الى تونس واوصى ابنه وكان بغريسة ان يقتله اذا مر به ففعل وبعث براسه وراس ابنه واقام عامر بن نافع بدينة تونس الى ان توفي سنة اربع عشرة ورجع عبد السلام بن المفرج الى باجة فاقام بها الى ان انتقض فضل بن ابى العير بجزيرة شريك سنة ثمان عشرة ومايتين

من افريقية وحاصروا بلرم وزحف الروم الى المسلمين وهم يحاصرون سرقوسة فدفعوهم واشتد حصار المسلمين بسرقوسة ثم اصاب معسكرهم الفنا وهلك كثير منهم ومات اسد بن فرات اميرهم ودفن بمدينة بلرم وولى على المسلمين بعده محمد بن ابى الجوارى ووصل اسطول الروم من القسطنطينية فاعتزم المسلمون على الاقلاع الى افريقية فاعترضهم اسطول الروم فرجعوا واحرقوا المراكب واستماتوا وحاصروا مدينة مازر ثلاثة ايام وملكوها ثم حصن كيركنت كذلك ثم ساروا الى مدينة قصريانة ومعهم القايد الذى جا يستنجدهم فخادعه اهل قصريانة وقتلوه وجا المدد من القسطنطينية فتصافوا مع المسلمين فهزموهم وقتلوا منهم خلقا ودخل فلهم الى قصر يانة ثم توفى محمد بن الجوارى امير المسلمين وولى بعده زهير بن عون ثم محص الله المسلمين فهزمهم الروم مرات وحصروهم فى معسكرهم حتى جهدهم الحصار وخرج من كان

القايد على صقلية فملكها وخطب بالملك وولى على ناحية من الجزيرة رجلا اسمه بلاطة وكان ميخايل ابن عم بلاطة على مدينة بلرم فانتقض هو وابن عمه على القايد واستولى بلاطة على مدينة سرقوسة وركب القايد فى اساطيله الى افريقية مستنجدا بزيادة الله فبعث معه العساكر واستعمل عليهم اسد بن الفرات قاضى القيروان فخرجوا فى ربيع سنة ثنتى عشرة فنزلوا بمدينة مازر وساروا الى بلاطة فاعترلوا ولقيهم القايد وجميع الروم الذين استمدوهم فهزموا بلاطة والروم الذين معه وغنموا اموالهم وهرب بلاطة الى قلورية فقتل بها واستولى المسلمون على عدة حصون من الجزيرة ووصلوا الى قلعة الكراد وقد اجتمع بها خلق كثير فخادعوا القاضى اسد بن الفرات فى المراوضة على الصلح واداء الجزية حتى استعدوا للحصار ثم امتنعوا عليه فحاصرهم وبعث السرايا فى كل ناحية وكثرت الغنايم وحاصروا سرقوسة برا وبحرا وجاء المدد

ابرهيم بن عبد الله فى العساكر وولاه اميرا عليها فخرج منتصف رمضان وبعث اسطولا فلقى اسطولا للروم فغنمه وقتل من كان فيه وبعث اسطولا اخر الى قوصرة فلقى اسطولا كذلك وسارت سرية الى جبل النار والحصون التى فى نواحيها وكثر السبى بايدى المسلمين وسير ابو الاغلب سنة احدى وعشرين اسطولا نحو الجزاير فغنموا وعادوا وبعث سرية الى قطانية واخرى الى قصر يانة كان فيها التمحيص للمسلمين ثم كانت وقعة اخرى كان فيها الظفر للمسلمين وغنم المسلمون من اسطولهم تسع مراكب ثم عثر بعض المسلمين على عورة من قصر يانة فدل المسلمين عليها ودخلوا منها البلد وتحصن المشركون بحصنه حتى استامنوا وفتحه الله وغنم المسلمون غنايه وعادوا الى بلرم الى ان وصلهم الخبر بوفاة زيادة الله فوهنوا اولا ثم نشطوا وعادوا الى الصبر والجهاد وكانت وفاة زيادة الله منتصف

في كيركنت من المسلمين بعد ان هدموها وساروا الى مازر وتعذر عليهم الوصول الى اخوانهم واقاموا كذلك الى سنة اربع عشرة الى ان اشرفوا على الهلاك فوصلت مراكب افريقية مددا واسطول من الاندلس خرجوا للجهاد واجتمع منهم ثلثماية مركب فنزلوا الجزيرة وافرج الروم عن حصار المسلمين وفتح المسلمون مدينة بلرم بالامان سنة سبع عشرة ثم ساروا سنة تسع عشرة الى مدينة قصريانة وهزموا الروم عليها سنة عشرين كذلك ثم بعثوا عسكرا الى طرمين ثم بعث زيادة الله الفضل بن يعقوب فى سرية الى سرقوسة فغنموا ثم سارت سرية اخرى واعترضها بطريق صقلية فامتنعوا منه فى وعر وخمر من الشعراء حتى يييس منهم وانصرف على غير تعبية فحمل عليهم اهل السرية وانهزموا وسقط البطريق عن فرسه وطعن وجرح وغنم المسلمون ما معهم من سلاح ودواب ومتاع ثم جهز زيادة الله الى صقلية ابا الاغلب

القيرون واثخنوا فى نواحيها كما نذكر ثم توفى الاغلب بن ابرهيم فى ربيع من سنة ست وعشرين ومايتين لسنتين وسبعة اشهر من امارته

ابنه ابو العباس محمد بن الاغلب بن ابرهيم

ولما توفى ابو عقال الاغلب ولى بعده ابنه ابو العباس محمد ودانت له افريقية وشيد مدينة بقرب تاهرت وسماها العباسية وذلك سنة سبع وثلثين واحرقها افلح بن عبد الوهاب بن رستم وكتب الى صاحب الاندلس يتقرب له بذلك فبعث اليه بماية الف درهم وفى ايامه ولى سحنون القضا سنة اربع وثلثين بعد عزل ابن ابى الجواد وضربه سحنون فمات ومات سحنون سنة اربعين وماييتين وثار عليه اخوه ابو جعفر احمد وغلبه سنة ثلثين ثم تفقا على ان يستوزره فاستبدّ عليه وقتل وزراه ومكث على ذلك ثم قام ابو العباس محمد بامره واستبدّ سنة ثلث وثلثين بعد ان استعد لذلك

سنة ثلاث وعشرين ومايتين لاحدى وعشرين سنة ونصف من ولايته

اخوهما ابو عقال الاغلب ابرهيم بن الاغلب

ولما توفى زيادة الله بن ابرهيم فى رجب سنة ثلاث وعشرين ومايتين لاحدى وعشرين سنة من ولايته ولى مكانه اخوه الاغا   بن ابرهيم ويكنى ابا عقال فاحسن الى الجند وازال المظالم وزاد العمال فى ارزاقهم وكفهم عن الرعية وخرج عليه بقسطيلية خوارج زواغة ولواتة ومكناسة وقتلوا عاملها بها فقتلهم واستاصلهم وبعث سنة اربع وعشرين سرية الى صقلية فغنموا وعادوا ظافرين وفى سنة خمس وعشرين استامن الى المسلمين عدة حصون من صقلية فامنوهم وفتحوها صلحا وسار اسطول المسلمين الى قلورية ففتحوها ولقوا اسطول القسطنطينية فهزموه فى سنة ست وعشرين وسارت سرايا المسلمين بصقلية الى قصريانة ثم حصن

الى المتوكل واهدى له من سبـــيها ثم توفى ابرهيم هذا اخر سنة تسع واربعين لثمان من ولايته

ابنه زيادة الله الاصغر ابن ابى ابرهيم احمد

ولما توفى ابو ابرهيم احمد بن ابى العباس محمد ولى مكانه ابنه زيادة الله ويعرف زيادة الله الاصغر فجرى على سنن سلفه ولم تطل ايامه وتوفى اخر سنة خمسين لحول من ولايته

اخوه ابو الغرانيق محمد بن ابى ابرهيم احمد

ولما توفى زيادة الله الاصغر كما قلــناه ولى مكانه اخوه محمد ويلقب ابا الغرانيق فغلب عليه اللهو والشراب وكانت فى ايامه حروب وفتن وفتح جزيرة مالطة سنة خمس وخمسين وتغلب الروم على مواضع من جزيرة صقلية وبنى محمد حصونا ومحارس على ساحل البحر بالمغرب على مسيرة خمسة عشر يوما من برقة فى جهة المغرب وهى

برجال جمعهم وحاربه اخوه ابو جعفر فغلبه محمد وتقبض عليه واخرجه من افريقية الى مصر ومات سنة ثنتين واربعين ومايتين لست عشرة سنة من ولايته

ابنه ابو ابرهيم احمد بن ابى العباس محمد

لما توفى ابو العباس محمد بن ابى عقال سنة ثنين واربعين ولى مكانه ابنه ابو ابرهيم احمد فاحسن السيرة واكثر العطا للجند وكان مولعا بالعمارة فبنى بافريقية نحوا من عشرة الاف حصن بالحجارة والكلس وابواب الحديد واتخذ العبيد جندا وخرج عليه بناحية طرابلس خوارج من البربر فغلبهم عاملها وهو يوميذ اخوه عبد الله بن محمد بن الاغلب سرح اليهم اخاهما زيادة الله فحاربهم واستسلمهم وكتب الى اخيه ابى ابرهيم بالفتح وفى ايامه افتتحت قصريانة من مدن صقلية فى شوال اربع واربعين وبعث بفتحها

ارض انكبردة من البر الكبير وملكوا منها مدينة وسكنوها وفى سنة اربع وثلثين صالح اهل رغوس وسلموا المدينة للمسلمين فهدموها بعد ان حصلوا جميع ما فيها وفى سنة ست وثلثين توفى امير صقلية محمد بن عبد الله بن الاغلب بمدينة بلرم لتسع عشرة سنة من امارته واجتمع المسلمون بعده على ولاية العباس بن الفضل بن يعقوب بن فرارة اميرهم وكتب له محمد بن الاغلب بعهده على صقاية وكان من قبل يغزوا ويبعث السرايا وتاتيه الغنايم ولما جاء كتاب الولاية خرج بنفسه وعلى مقدمته عمه رياح فعاث فى نواحى صقلية وردد البعوث والسرايا الى قطانية وسرقوسة وبوطر ورغوس فغنموا وخربوا وحرقوا وفتح حصونا جمة وهزم اهل قصر يانة مرات وفتح القصر الجديد من بلادها وهدمه وعاث فى نواحى سرقوسة وطرمين ثم فتح قصريانة وهى مدينة الملك بصقاية وكان الملك فيها قبله يسكن سرقوسة

الان دمعروفة ثم توفى ابو الغرانيق منتصف احدى وستين لاحدى عشرة سنة من ولايته

بقية اخبار صقلية

فى سنة ثمان وعشرين سار الفضل بن جعفر الهمدانى فى البحر ونزل مرسى مسينى وحاصرها فامتنعت عليه وبث السرايا فى نواحيها فغنموا ثم بعث طايفة من عسكره وجاوا الى البلد من وراية من جبل مطل عليه وهم مشغولون بقتاله فانهزموا واعطوا باليد ففتحها ثم حاصر سنة ثنتين وثلاثين مدينة لنتنى وكانب اهلها بطريق صقلية يستمدونه فاجابهم واعطاهم العلامة بايقاد النار على الجبل وبلغ ذلك الفضل بن جعفر فاوقد النار على الجبل واكمنين لهم من ناحية فخرجوا واستطرد لهم حتى جاوزوا الكمين فخرجوا عليهم فلم ينج منهم الا القليل وسلموا المدينة على الامان وفى سنة ثلاث وثلاثين اجاز المسلمون الى

وجا مدد للروم من القسطنطينية وهو يحاصر قلعة الروم فنزلوا سرقوسة وزحف اليهم العباس من مكانه وهزمهم ورجع الى قصريانة فحصنها وانزل بها الحامية ثم سار سنة سبع واربعين الى سرقوسة فغنم ورجع واعتل فى طريقه فهلك منتصف سنته ودفن فى نواحى سرقوسة واحرق النصارى شلوه وذلك لاحدى عشرة سنة من امارته واتصل الجهاد بصقلية والفتح واجاز المسلمون الى عدوة الروم فى الشمال وغزوا ارض قلورية وانكبردة وفتحوا فيها حصونا واسكنوا بها المسلمين ولما توفى العباس اجتمع الناس على ابنه عبد الله وكتبوا الى صاحب افريقية وبعث عبد الله السرايا ففتح القلاع وبعد خمسة اشهر من ولايته وصل خفاجة ابن سفيان من افريقية اميرا على صقلية فى منتصف ثمان واربعين واخرج ابنه محمودا فى سرية الى سرقوسة فعاث فى نواحيها وخرج اليه الروم فقاتلهم وظفر ورجع ثم فتح مدينة بطر

فلما فتحها المسلمون كما ذكرناه انتقل الملك الى قصر يانة وخبر فتحها ان العباس كان يردد الغزو الى نواحى سرقوسة وقصريانة شاتية وصايفة فيصيب منهم ويرجع بالغنايم والاسرى فلما كان فى شاتية منها اصاب منهم اسرى وقدمهم للقتل فقال له بعضهم وكان له قدر وهيئة استبقنى واملكك قصريانة ودلهم على عورة البلد فجاوها ليلا ووقفهم على باب صغير ولجوا منه فلما توسطوا البلد وضعوا السيف وفتحوا الابواب ودخل العباس فى العسكر فقتل المقاتلة وسبى بنات البطارقة واصاب فيها ما يعجز الوصف عند وذل الروم بصقلية من يوميذ وبعث ملك الروم عسكرا عظيما مع بعض بطارقته وركبوا البحر الى مرسى سرقوسة فجاهم العباس من بلرم فقاتلهم وهزمهم واقلع فلهم الى بلادهم بعد ان غنم السلمون من اسطولهم ثلثه واكثر وذلك سنة سبع وثلثين وافتتح بعدها كثيرا من قلاع صقاليه

في نواحيها ورجع فاغتاله بعض عسكره في طريقه ر...موذلك سنة خمس وخمسين وولى الناس عليهم ابنه محمدا وكتبوا الى محمد بن احمد امير افريقية فاقره على الولاية وبعث اليه بعهده

ابرهيم بن احمد اخو ابى الغرانيق

ولما توفى ابو الغرانيق ولى اخوه ابرهيم وقد كان عهد لابنه ابى عقال واستحلف اخاه ابرهيم ان لا ينازعه ولا يعرض له بل يكون نايبا عنه الى ان يكبر فلما مات عدا عليه مشايخ القيروان وحملوه على الولاية عليهم لحسن سيرته وعدله فامتنع ثم اجاب وترك وصية ابى الغرانيق في ولده ابى عقال وانتقل الى قصر الامارة وقام بالامر احسن قيام وكان عادلا حازما فقطع اهل البغى والفساد وجلس لسماع شكوى المتظلمين فامنت البلاد وبنى الحصون والمحارس بسواحل البحر حتى كانت النار توقد في ساحل سبتة للنذير بالعدو فيتصل ايقادها

سنة خمسين ثم فتح مدينة شكلة بعد حصار طويل ثم سار خفاجة سنة خمس وخمسين الى سرقوسة وجبل النار واستامن اليه اهل طرمين ثم غدروا فسرح ابنه محمدا فى العساكر وسبى اهلها ثم سار خفاجة الى رغوس فافتتحها واصابه المرض فعاد الى بلرم ثم سار سنة ثلاث وخمسين الى سرقوسة وقطانية فخرب نواحيها وافسد زروعها وبث سراياه فى ارض صقلية فامتلات ايديهم من الغنايم وفى سنة اربع وخمسين وصل بطريق من القسطنطينية مددا لاهل صقلية فقاتله جمع من المسلمين وهزموه وعاث خفاجة فى نواحى سرقوسة ورجع الى بلرم وبعث سنة خمس وخمسين ابنه محمدا فى العساكر الى طرمين وقد دله بعض العيون على بعض عوراتها فدخاوها وشرعوا فى النهب وجا محمد بن خفاجة من ناحية اخرى فظنوه مددا للعدو فاجفلوا وراهم محمد مجفلين فرجع ثم سار خفاجة الى سرقوسة فحاصرها وعاث

ثلاث وثمانين لمحاربة ابن طولون واعترضته نفوسة فهزمهم وانتخن فـيهم ثم انتهى الى سرت فانقضت عنه الجنود فرجع وبعث ابنه ابا العباس عبد الله لقتال نفوسة فاتخن وجا باسراهم الى تونس فقتلهم ابرهيم كلهم ثم ولى ابنه العباس عبد الله على صقلية سنة سبع وثمانين فوصل اليهم فى ماية وستين مركبا وحصر طرابنة وانتقض عليه اهل بلرم واهل كيركنت وكانت بينهم فتنة فاغرا كل واحد منهم بالاخرين ثم اجتمعوا لحربه وزحف اليه اهل بلرم فى البحر فهزمهم واستباحهم وملك بلدهم وبعث جماعة من وجوهها الى ابيه بافريـقية وفــر اخرون من اعيانهم الى القسطنطينية واخرون الى طرمين فاتبعهم وعاث فى نواحيها ثم حاصر اهل قـــطانية فاستنعوا عليه فاعرض عن قتال المسلمين وتجهز سنة ثمان وثمانين للغزو فغزا دمنش ثم ميسنى ثم جا فى البحر الى ريو ففتحها عنوة وشحن مراكبه بغنايمها ورجع الى مسينى فـهدم

بالاسكندرية فى ليلة الواحدة وبنى سور سوسة وفى ايامه كان مسير العباس بن احمد بن طولون مخالفا على ابيه صاحب مصر سنة خمس وستين فملك برقة من يد محمد بن قرهب قايد ابن الاغلب ثم ملك لبدة ثم حاصر طرابلس واستهد ابن قرهب نفوسة فامدوه ولقى العباس ابن طولون بقصر حاتم سنة سبع وستين فهزمه ورجع الى مصر ثم خالفت وزداجة ومنعوا الصدقة وهزموا عساكر ابن قرهب فخرج اليهم وقاتلهم بجبل المنشار ثم استامنوا واعطوا الرهن وفعلت مثل ذلك هوارة ثم لواتة وقتل ابن قرهب فى حروبهم فسرح ابرهيم ابنه ابا العباس عبد الله اليهم فى العساكر سنة تسع وستين فاثخن فيهم وفى سنة ثمانين كثر الخوارج وفرق العساكر اليهم فاستقاموا واستركب العبيد السودان واستكثر منهم فبلغوا ثلاثة الاف وفى سنة احدى وثمانين انتقل الى سكنى تونس واتخذ بها القصور ثم تحرك الى مصر سنة

فنزل طرابنة ثم تحول منها الى بلرم ونزل على دمشق وحاصرها سبعة عشر يوما ثم فتح مسينى وهدم سورها ثم فتح طرمين اخر شعبان من سنة تسع وثمانين ووجل ملك الروم بالقسطنطينية بفتحها ثم بث حافده زيادة الله ابن ابنه ابى العباس عبد الله الى قلعة بسيقش فافتتحها وابنه ابا الاغلب الى دمنش فافتتحها وابنه ابا محرز الى رمطة فاعطوه الجزية ثم عبر الى عدوة البحر وسار فى بر الافرنج ودخل قلورية عنوة فقتل وسبى ورعب منه الفرنجة ثم رجع الى صقلية ورغب منه النصارى بها فى قبول الجزية فلم يجب الى ذلك ثم سار الى كسنة فحاصرها واستانوا اليه فلم يقبل ثم هلك وهو محاصرلها اخر تسع وثمانين لثمان وعشرين من امارته فولى اهل العساكر عليهم حافده ابا مضر ليحفظ العساكر والاموال الى ان يصل ابنه ابو العباس وهو يوميذ بافريقية فامن اهل كسنة قبل ان يعلموا بموت جده وقبل منهم

سورها وجا مدد القسطنطينية فى المراكب فهزمهم
واخذ لهم ثلثين مركب ثم اجاز الى عدوة الروم
واوقع باسم الفرنجة من وراء البحر فرجع الى صقلية
وجا فى هذه السنة رسول المعتضد بعزل الامير ابرهيم
لشكوى اهل تونس به فاستقدم ابنه ابا العباس
من صقلية وارتحل هو اليها مظهر التوبة والانخلاع
هكذا قال ابن الرقيق وذكر انه كان جايرًا ظلوما
سفاكا للدما وانه اصابه اخر عمره مالنخونيا
اسرف بسببها فى القتل فقتل من خدمه ونسايه
وبناته مالايحصى وقتل ابنه ابا الاغلب لظن ظنه
به وافتقد ذات يوم منديلا لشرابه فقتل بسببه
ثلثمايه خادم واما ابن الامير فاثنى عليه بالعقل
والعدل وحسن السيرة وذكر ان فتح سرقوسة كان
فى ايامه على يد جعفر بن محمد امير صقلية وانه
حاصرها تسعة اشهر وجاهم المدد من قسطنطينية
فى البحر فهزمهم ثم فتح البلد واستباحها واتفقوا
كلهم على انه ركب البحر من افريقية الى صقلية

ونهاه عن محاربته وان يلحق به الى صقلية ان ظهر عليه

ابنه ابو العباس عبد الله بن ابرهيم اخى محمد ابى الغرانيق

ولما ملك ابرهيم سنة تسع وثمانين كما قدمناه قدم حافده زيادة الله بالجيوش على ابنه ابى العباس عبد الله فقام بامر افريقية وعظم عناوه وكتب الى العمال كتابا يقرا على الناس بالوعد الجميل والعدل والرفق والجهاد واعتقل ابنه زيادة الله هذا لما بلغه عنه من اعتكافه على اللذات واللهو وانه يروم التوثب عليه وولى على صقلية مكانه محمد بن السرقوسى وكان ابو العباس حسن السيرة عادلا بصيرا بالحروب وكانت ايامه صالحة وكان نزوله بتونس ولما توفى استولى ابو عبد الله الشيعى على كتامة ودخلوا فى امره كافة وزحف الى ميلة فافتتحها وقتل موسى بن عياش وكان فتح بن يحيى امير مسالتة من كتامة حارب ابا عبد الله

الجزية واقام قليلا حتى تلاحقت به السرايا من النواحى ثم ارتحل وحمل جده ابرهيم فدفنه فى بالرم وقال ابن الامير حمله الى القيروان فدفنه بها

ظهور الشيعى بكتامة

وفى ايامه ظهر ابو عبد الله الشيعى بكتامة يدعو للرضى من ال محمــد ويبطن الدعوة لــعبيد الله المهدى من ابنا اســمعيل الامام واتبعه كتامة وهو من الاسباب التى دعته للتوبة والانخلاع والخروج الى صقلية وبعث اليه موسى بن عياش صاحب ميلة بالخبر وبعث ابرهــيم رسوله الى الشيــعى بايكجان يهدده ويحذره فلم يقبل واجابه بما يكره فلما قويت امور ابى عبد الله وجا كتاب المعتضد لابرهيم كما قدمناه اظهر التوبة ومضا الى صقلية وكانت بعده بافريقية حروب ابى عبد الله الشيعى مع قبايل كتامة حتى استولى عليهم واتــبعوه وكان ابرهيم قد اسرلابنه ابى العباس فى شان الشيعى

ابنه ابو مضر زيادة الله

ولما اطلق زيادة الله من الاعتقال اجتمع اهل الدولة وبايعوا له فقتل الخصيان الذين قتلوا اباه وغلب على اللذات واللهو ومعاشرة المضحكين والصقاعين واهمل امور الملك واستقل وكتب الى اخيه ابى حوال على لسان ابيه يستقدمه وقدم فقتله وقتل عمومته واخوانه وقوى امر الشيعى وانتقل زيادة الله الى رقادة ان يخالفه اليها الشيعى وفتح الشيعى مدينة سطيف فسرح زيادة الله العساكر لحربه وعقد عليها لابرهيم بن حبيش من صنايعه فخرج فى اربعين الفا واقام بقسطينة ستة اشهر فاجتمعت له ماية الف وزحف الى كتامة فلقوه باجانة فانقضت عساكره واستوت الهزيمة عليه وانتهى الى باغاية ثم انتقل الى القيروان وافتتح ابو عبد الله مدينة طبنة وقتل فتح بن يحيى المسالتى وكان بها ثم فتح بلزمة وهدم سورها ثم وصل عروبة

طويلا ثم غلبه واستولى على قومه فنزع فتح الى ابى العباس وحرضه على قتال ابى عبد الله الشيعى فلما افتتح ميلة عقد ابو العباس لابى حوال محمد ابنه على حربه ولم يكن احول وانما كان يكسر على جفنه اذا نظر وزحف اليه من تونس سنة تسع وثمانين ودخل سطيف ثم بلزمة وقتل من دخل فى دعوتهم ولقيه ابو عبد الله الشيعى فانهزم وهرب من تاصروت الى ايكجان وهدم ابو حوال قصر الشيعى ثم قاتلهم يوما الى الليل فانهزم عسكر ابو حوال ولحق بتونس ورجع بكتامة الى مواضعهم ولما لحق ابو حوال بابيه جدد له العسكر واعادة ثانية وانضمت اليه القبايل وسار حتى نزل سطيف ثم ارتحل منها الى لقايهم وزحف اليه ابو عبد الله فهزمه ورجع الى سطيف ثم ارتحل منها الى لقايهم وفى اثنا ذلك صانع زيادة الله بعض الخدم على قتل ابيه ابى العباس فقتل نايما فى شعبان تسعين وماينتين واطلق زيادة الله من اعتقاله

الاغلب من الاربس حذرا على زيادة الله فاعترضه ابو عبد الله وهزمه واستولى على معسكره وجيوشه ورجع ابن ابى الاغلب الى الاربس ثم سار ابو عبد الله الى قسطيلية وقفصة فامنهم ودخلوا فى دعوته وانصرف الى باغاية ثم الى ايكجان وزحف ابن ابى الاغلب الى باغاية فقاتلها وامتنعت عليه ورجع الى الاربس ثم زحف ابو عبد الله الى الاربس سنة ست وتسعين فى جمادى ومر بشقبنارية وامن اهلها ثم زحف الى الاندلس ولقيه ابن ابى الاغلب فاقتتلوا وانهزم ابن ابى الاغلب وانصرف الشيعىّ الى قمودة

خروج زيادة الله الى المشرق

ولما وصل الخبر الى زيادة الله بوصول الشيعى الى قمودة حمل امواله واثقاله ولحق بطرابلس معتزما على المشرق واقبل الشيعى الى افريقية وفى مقدمه عروبة بن يوسف وحسن بن ابى خنزير

ابن يوسف من امرا كتامة الى باغاية واوقع بالعساكر التى كانت بها مجهدة لحربهم لنظر هرون بن الطيبى وارسل ابو عبد الله الشيعى الى تيجس فحاصرها ثم افتتحها صلحا وكثر الارجاف بالقيروان ففتح زيادة الله ديوان العطا واستلحق واستركب واجمع الخروج فخرج الى الاربس سنة خمس وتسعين فلما انتهى اليها تخوف غايلة الشيعى واشار عليه اهل بيته بالرجوع فرجع الى رقادة وقدم على العساكر ابرهيم بن ابى الاغلب من وجوه اهل بيته ثم زحف ابو عبد الله الى باغاية فافتتحها صلحا وهرب عاملها ثم سرب ابو عبد الله الجيوش فبلغت مجانة واوقعوا بقبايل تفرة واستولوا على تيفاش وزحف ابن ابى الاغلب الى تيفاش فهانعه اهلها وهزموا طلايعه ثم افتتحها وقتل من كان بها ثم خرج ابو عبد الله الشيعى فى عساكر كتامة الى باغاية ثم الى مسكاية ثم الى تبسة ثم الى قمودة فاستولى على جميعها واومن اهلها وخرج ابن ابى

بقية اخبار صقلية ودولة بنى ابى الحسن الكلبيين بها من العرب المستبدين بدعوة العبيديين وبداية امرهم ومصاير احوالهم

ولما استولى عبيد الله المهدى على افريقية ودانت له وبعث العمال على نواحيها بعث على جزيرة صقلية الحسن بن احمد بن ابى خنزير من رجالات كتامة فوصل الى مازر سنة سبع وتسعين فولى اخاه على كيركنت وولى على القضا بصقلية اسحاق بن المنهال ثم سار سنة ثمان وتسعين فى العساكر الى دمنش فعاث فى نواحيها ورجع ثم شكى اهل صقلية سوء سيرته وثاروا به وحبسوه وكتبوا الى المهدى معتذرين فقبل عذرهم وولى عليهم على بن عمرو البلوى وقدمها اخر تسع وتسعين وكان شيخا لينا فلم يرضوه وعزلوه وولوا عليهم احمد بن قرهب وبعث سرية الى ارض قلورية فدوخها ورجعوا بالغنايم والسبى ثم ارسل سنة ثلثماية ابنه عليا الى قلعة طرمين المحدثة ليتخذها حصنا لحاشيته واموالـه

ووصل الى رقادة فى رجب سنة ست وتسعين وتلقاه
اهل القيروان وبايـــعوا لعبيد الله المهدى كما ذكرناه
فى اخبار دولتـــهم واقام زيادة الله بــطرابلس
سبعة عشر يوما وانصرف ومعه ابرهيم بن الاغــلب
وكان نمى عنه انه اراد الاستبداد لنفسه بالقيروان بعد
خروج زيادة الله فاعرض عنه اطرحه وبلغ مــصر
فمنعه عاملها عيسى الـــتوشزى من الدخول الا عن
امر الخليفة وانــزله على ظــاهر البلد ثمانية ايام
وانصرف الى ابن الفرات وزير المقتدر يستاذن له
فى الدخول فاتاه كتابه بالمقام فى الرقة حتى ياتيه راى
المقتدر فاقام بها سنة ثم جاء كتاب المقتدر بالرجوع
الى افريقية وامر التوشزى بامداده بالرجال والمال
لاسترجاع الدعوة بافريقية ووصل الى مصر فاصابتـــه
بها علة مزمنة وسقط شعره ويــقال انه سم وخــرج
الى بيت المقدس فمات بها وتفرق ال الاغلب
وانقطعت ايامهم والبقا لله وحده

من كتامة فركب اليها البحر ونزل فى طرابنة وارتاب اهل صقلية بمن معه من العساكر فانتقضوا عليه وقاتله اهل كيركنت واهل طرابنة فهزمهم وقتلهم ثم استامن اليه اهل طرابنة فامنهم وهدم ابوابها واسره المهدى بالعفو عنهم ثم ولى المهدى على صقلية سالم بن راشد وامده سنة ثلاث عشرة بالعساكر فعبر البحر الى ارض انكبردة فدوخها وفتحوا فيها حصونا ورجعوا ثم عادوا اليها ثانية وحاصروا مدينة ادرنت اياما ورحلوا عنها ولم يزل اهل صقلية يغيرون على ما بايدى الروم من جزيرة صقلية وقلورية ويعيثون فى نواحيها وبعث المهدى سنة ثنتين وعشرين جيشا فى البحر مع يعقوب ابن اسمعاق فعاث فى نواحى جنوة ورجعوا ثم بعث جيشه من قابل ففتحوا مدينة جنوة وسروا بسردانية فاحرقوا فيها مراكب وانصرفوا ولما كانت سنة خمس وعشرين انتقض اهل كيركنت على اميرهم سالم بن راشد وقاتلوا جيشه وخرج اليهم

حذرا من ثورة اهل صقلية فحصرها ابنه ستة اشهر ثم اختلف عليه العسكر فاحرقوا خيامه وارادوا قتله فهــنعد العرب ودعا هو الناس الى طاعة المقتدر فاجابوه وقطع خطبة المهدى وبعث الاسطول الى ساحل افريــقية ولقوا اسطول المهدى وقايده الحسن بــن ابى خنـزير فقتلوه واحرقوا الاسطول وسار اسطول ابن قرهب الى سفاقـش فخربوها وانتهوا الى طرابلس وانتهوا الى القايم بن المهدى ورجعوا ثم وصلت الخلع والالوية من المقتدر الى ابن قرهب ثم بعث الجـــيش فى الاسطول الى قلورية فعائوا فى نواحيــها ورجعوا ثم بعث ثانية اســطولا الى افريقية فظفر به اسطول الـمــهدى فانتقض امره وعصى عــليه اهل كيركنت وكاتبوا المهدى ثم ثار الناس بابن قرهب اخر الثــنـايـة وحبسوه وارسلوه الى المهدى فامر بقتله على قـبر ابن ابى خنزير فى جماعة من خاصته وولى على صقلية ابا سعيد موسى بن احمد وبعث معه العساكر

جمر عليها عسكرا للحصار مع ابى خلف بن هرون ورحل عنها وطال حصارها الى سنة تسع وعشرين فثار كثير من اهلها الى بلد الروم واستامن الباقون فامنهم على النزول عن القلعة ثم غدر بهم فارتاع لذلك ساير القلاع واطاعوا ورجع خليل الى افريقية اخر سنة تسع وعشرين وحمل معه وجوه اهل كيركنت فى سفينة وامر بحرقها فى لجة البحر فغرقوا اجمعين ثم ولى على صقلية عطاف الازدى ثم كانت فتنة ابى يزيد وشغل القايم والمنصور بامره فلما انقضت فتنة ابى يزيد عقد المنصور على صقلية للحسن بن على بن ابى الحسين الكلبى من صنايعهم ووجوه قواده وكنيته ابو القاسم وكان له فى الدولة محل كبير وفى مدافعة ابى يزيد عنا عظيم وكان سبب ولايته ان اهل بلرم كانوا قد استضعفوا عطافا واستضعفهم العدو لعجزه فوثب به اهل المدينة يوم الفطر من سنة خمس وثلثين وتولى ذلك بنو المطير منهم ونجا عطاف الى الحصن

سالم بنفسه فهزمهم وحصرهم ببلدهم واستمد القايم فامده بالعساكر مع خليل بن اسحاق فلما وصل الى صقلية شكى اليه اهلها من سالم بن راشد واسترحمه النسا والصبيان وجاء اهل كيركنت وغيرها من اهل صقلية بمثل ذلك فرق لشكواهم ودس اليهم سالم بان خليلا انماجا للانتقام منهم بمن قتلوا من العسكر فعادوا الى الخلاف واختط خليل مدينة على مرسى المدينة وسماها الخالصة وتحقق بذلك اهل كيركنت ما قال لهم سالم واستعدوا للحرب فسار اليهم خليل منتصف ست وعشرين وحصرهم ثمانية اشهر يغاديهم بالقتال ويراوحهم حتى اذاجا الشتاء رجع الى الخالصة واجتمع اهل صقلية على الخلاف واستمدوا ملك القسطنطينية فامدهم بالمقاتلة والطعام واستمد خليل القايم فامده بالجيش فافتتح قلعة ابى ثور وقلعة البلوط وحاصر قلعة بلاطنو الى ان انقضت سنة سبع وعشرين فارتحل عنها وحاصر كيركنت ثم

٧٣

الحسن بذلك فقبض على اسمعيل بن الطبرى واصحابه وافترق جمعهم وضبط الحسن امره وخشى الروم بادرته فدفعوا له جزية ثلاث سنين وبعث ملك الروم بطريقا فى البحر فى عسكر كبير الى صقلية واجتمع هو والسردغوس واستشهد الحسن بن على المنصور فامده بسبعة الاف فارس وثلاثة الاف وخمس ماية راجل وجمع الحسن من كان عنده وسار برا وبحرا وبث السرايا فى ارض قلورية ونزل على خراجة فحاصرها وزحف اليه الروم فصالحهم على مال اخذه وزحف الى الروم ففروا من غير حرب ونزل الحسن على قلعة قيشانة فحاصرها شهرا وصالحهم على مال ورجع بالاسطول الى مسينى فشتى بها وراجعه امر المنصور بالرجوع الى قلورية فعبر الى خراجة ولقى الروم والسردغوس فهزمهم وامتلا من غنايمهم وذلك يوم عرفة سنة اربعين وثلثماية ثم ساروا الى خراجة فحاصرها حتى هادنه ملك الروم

وبعث الى المنصور يعلمه ويستمده فولى الحسن ابن على على صقلية وركب البحر الى مازر وارسى بها فلم يلقه احد منهم واتاه فى الليل جماعة من كتامة واعتذروا اليه عن الناس بالخوف من بنى المطير وبعث بنو المطير عيونهم عليه واستضعفوه وواعدوه ان يعودوا اليه فسبق ميعادهم ودخل المدينة ولقيه حاكم البلد واصحاب الدواوين واضطر بنو الطبرى الى لقايه وخرج اليه كبيرهم اسمعيل ولحق به من انحرف عن بنى المطير فكثر جمعه ودس اسمعيل بعض غلمانه فاستغاث بالحسن من بعض عبيده انه اكره امراته الفاحشة يعتقد ان الحسن لايعاقب مماليكه فتخشن قلوب اهل البلد عليه وفطن الحسن لذلك فدعى بالرجل واستحلفه على دعواه وقتل عبده فسر الناس بذلك ومالوا عن ابن الطبرى اليه وكان ابن الطبرى قد بعث اخاه عليا ومحمد ابن عبدون الى المنصور فى الاغنا من الحسن فقبض عليها المنصور وبعث الى

ما فيها وركب فل الروم من صقلية وجزيرة ريو فى الاسطول ناجين بانفسهم فاتبعهم الامير احمد فى المراكب فحرقوا مراكبهم وقتل كثير منهم وتعرف هذه الوقعة بوقعة المجاز وكانت سنة اربع وخمسين واسر فيها الف من عظمايهم وماية بطريق وجات الغنايم والاسرى الى مدينة بلرم حضرة صقلية وخرج الحسن للقايهم فاصابه الحمى من الفرح فمات وحزن الناس عليه وولى ابنه احمد باتفاق اهل صقلية بعد ان ولى المعز عليها يعيش مولى الحسن فلم ينهض بالامر ووقعت الفتنة بين كنامة والقبايل وعجز عن تسكينها وبلغ الخبر الى المعز فولى عليها ابا القاسم عليا بن الحسن نيابة عن اخيه احمد ثم توفى احمد بطرابلس سنة تسع وخمسين واستبد بالامارة اخوه ابو القاسم على وكان عادلا محببا وسار اليه سنة احدى وسبعين ملك الفرنج فى جموع عظيمة وحصر قلعة رمطة وملكها واصاب سرايا المسلمين وسار الامير ابو القاسم فى

قسطنطين ثم عاد الى ريو وبنى بها مسجدا وسط المدينة وشرط على الروم ان لا يعرضوا له وان من دخله من الاسرى امن ولما توفى المنصور وملك ابنه المعز سار اليه الحسن واستخلف على صقلية ابنه احمد وامره المعز بفتح القلاع التى بقيت للروم بصقلية فغزاها وفتح طرمين وغيرها سنة احدى وخمسين واعيته رمطة وحاصرها فجاها من القسطنطينية اربعون الفا مددا وبعث احمد يستمد المعز فبعث اليه المدد بالعساكر والاموال مع ابيه الحسن وجا مدد الروم فنزلوا بمرسى مسينى وزحفوا الى رمطة ومقدم الجيوش على حصارها الحسن بن عمار وابن اخى الحسن بن على فاحاط الروم بهم وخرج اهل البلد اليهم وعظم الامر على المسلمين فاستباتوا وحملوا على الروم وعقروا فرس قايد هم منويل فسقط عن فرسه وقتل جماعة من البطارقة معه وانهزم الروم وتتبعهم المسلمون بالقتل وامتلات ايديهم من الغنايم والاسرى والسبى ثم فتحوا رمطة عنوة وغنموا

وولى ابنه ثقة الدولة ابو الفتوح يوسف بن عبد الله بن محمد بن على بن ابى الحسن فانسى بجلاله وفضايله من كان قبله منهم الى ان اصابه الفالج وعطل نصفه الايسر سنة ثمان وثمانين وولى ابنه تاج الدولة جعفر بن ثقة الدولة يوسف فضبط الامور وقام احسن قيام وخالف عليه اخوه على سنة خمس واربع مية مع البربر والعبيد فزحف اليه جعفر وظفر به فقتله وبقى البربر والعبيد واستقامت احواله ثم انقلبت حاله واختلت على يد كاتبه ووزيره حسن بن محمد الباغانى فثار عليه الناس بسببه وباتوا حول القصر واخرج اليهم اباه المفلوح فى محفة فتلطف بالناس وسلم اليهم الباغانى فقتلوه وقتلوا حاجبه ابارافع وخلع ابنه جعفر ورحل الى مصر وولى ابنه احمد سنة عشر ولقبه تاييد الدولة بن ثقة الدولة ويعرف بالاكحل فسكن الاضطراب واستقامت الاحوال وفوض احمد الامور الى ابنه جعفر وجعل مقاليد الامور

العساكر من بلرم يريدهم فلما قاربهم خام عن لقايهم ورجع وكان الافرنج في الاسطول يعاينونه فبعثوا بذلك للملك بردويل فسار في اتباعه وادركه فاقتتلوا وقتل ابي القاسم في الحرب واهم المسلمين امرهم فاستماتوا وقاتلوا الفرنج فهزموهم اقبح هزيمة ونجا بردويل الى خيامه براسه وركب البحر الى رومة وولى المسلمون عليهم بعد الامير ابي القاسم ابنه جابرا فرحل بالمسلمين لوقته راجعا ولم يعرج على الغنايم وكانت ولاية الامير ابي القاسم اثنى عشر سنة ونصفا وكان عادلا حسن السيرة ولما ولي جابر شغل بالملاذ واضطربت احواله الى ان خلعه المسلمون سنة ثلاث وسبعين وولوا ابن عمه جعفر بن محمد بن علي بن ابي الحسن وكان من وزرآء العزيز وندمايه فاستقامت الامور وحسنت الاحوال وكان يحب العلم ويجزل الهبات وتوفي سنة خمس وسبعين وولي اخوه عبد الله فاتبع سيرة اخيه الى ان توفي سنة تسع وسبعين

الحواش اخت علي وغضب عليها يوما وهو يشرب فامر بفصدها الى ان سقطت ونام فجا ابنه ابرهيم فتلافاها واحضر الاطبا فانعشوها وافاق فندم واعتذر فاظهرت له القبول واستاذنت فى زيارة اخيها بقصر يانة واخبرت اخاها فحلف ان لايردها ووقعت الفتنة وحشد ابن الثمنة فهزمه ابن حواش فاستنصر ابن الثمنة بالروم فجاز الى مليطو بها القط رجار بن تنقر بن خيره ومعه سبعة من اخوته وجمع من الافرنج ووعدهم بملك صقلية فدخل فى سبع مية وقصد قصر يانة وحكموا على ما مروا به من المنازل وخرج ابن حواش فهزه ورجع الى القصر ثم رحلوا وفتحوا مواضع كبيرة واندعر اهل صقليه موتا ونفيا وخرج الى افريقية عمر بن خلف بن مكى فنزل تونس وولى قضاها ولم يزل الروم يملكونها حتى لم يبق الا المعاقل وخرج ابن الحواش باهله وماله صلحها سنة اربع وستين واربع مية وتملكها رجار كلها وانقطعت كلمة

بيده فاساجعفر السيرة وتحامل على اهل
صقلية ومال الى اهل افريقية وضج الناس وشكوا
امرهم الى المعز صاحب القيروان واظهروا دعوته
فبعث الاسطول ثلثماية فارس مع ولديه عبد الله
وايوب فاجتمع اهل صقلية وحضروا اميرهم الاكحل
ثم قتل وحمل راسه الى المعز سنة سبع عشرة
واربع مية ثم ندم اهل صقلية على ما فعلوه وثاروا
باهل افريقية وقتلوا منهم نحوا من ثلثماية واخرجوهم
وولوا الصمصام اخا الاكحل فاضطربت الامور
وغلب السفلة على الاشراف ثم سار اهل بلرم
على الصمصام واخرجوه وقدموا عليهم محمد بن
الثمنة من روس الاوغاد وتلقب القادر بالله واستبد
بمازر وطرابنة عبد الله بن الحواش وبقسطنية ابن
الـكلاتى وذلك سنة احدى وثلاثين ثم قتل
الصمصام وغلب ابن الثمنة على ابن الـكلاتى
فقتله واستبد بملك الجزيرة الى ان اخذت من
يده ولما استبد ابن الثمنة بصقلية تزوج ميمونة بنت

الاسلام ودولة الكلبيين وهم عشرة ومدتهم خمس وتسعون سنة ومات رجار فى قلعة مليطو من ارض قلورية سنة اربع وتسعين وولى ابنه رجار الثانى وطالت ايامه وله الف الشريف ابو عبد الله الادريسى كتاب نزهة المشتاق فى اختراق الافاق وسماه باسمه فصار رجار علما عليه معروفا به فى الشهرة والله مقدر الليل والنهار *

تم

HISTOIRE
DE L'AFRIQUE
ET DE LA SICILE.

Se trouve à PARIS, chez

FIRMIN DIDOT FRÈRES, rue Jacob, 56,
ET DONDEY-DUPRÉ, rue des Pyramides, 8.

HISTOIRE
DE L'AFRIQUE

SOUS LA DYNASTIE DES AGHLABITES,

ET DE LA SICILE

SOUS LA DOMINATION MUSULMANE.

TEXTE ARABE D'EBN-KHALDOUN,

ACCOMPAGNÉ

D'UNE TRADUCTION FRANÇAISE ET DE NOTES

PAR A. NOEL DES VERGERS.

PARIS,
TYPOGRAPHIE DE FIRMIN DIDOT FRÈRES,
IMPRIMEURS DE L'INSTITUT DE FRANCE,
RUE JACOB, 56.

1841.

INTRODUCTION.

L'invasion de l'Afrique romaine par les Arabes, l'occupation de cette vaste contrée par les apôtres infatigables d'une religion nouvelle, forment l'une des parties les plus remarquables de l'histoire occidentale au moyen âge. Parvenus aux Colonnes d'Hercule, les Musulmans franchirent bientôt l'impuissante barrière qui les séparait de l'Europe. L'Espagne entière leur fut soumise; les Pyrénées ne purent arrêter leur audace, et, sans les exploits de Charles Martel, le monde entier se trouvait nivelé par le sabre des successeurs du Prophète. Plus tard, ils passèrent d'Afrique en Sicile, et, maîtres de cette île pendant plus de deux siècles, portèrent jusqu'à Rome la terreur de leurs armes. C'est donc à la possession de l'Afrique qu'ils ont dû l'influence exercée par eux sur l'Europe, depuis les premières conquêtes d'Othman jusqu'à la prise de Constantinople par les Turcs. Ce fut la route incessamment ouverte aux entreprises que leur suggérait la haine du nom chrétien. L'histoire de ce pays sous la domination arabe, c'est l'histoire des luttes sanglantes dont la France achève en ce moment le dernier épisode; mais jetons d'abord un regard sur l'état d'une contrée qui semblait devoir être, au septième siècle, le boulevard de la foi, et qui courba la tête sous le fer des Musulmans, comme ses palmiers sous le vent du midi.

Depuis un siècle les Vandales occupaient l'Afrique. A l'aide des troubles élevés par le schisme des donatistes, Genseric était entré dans Carthage. Tous ceux que combattait l'Église orthodoxe s'étaient unis à ce prince arien pour enlever aux Romains la vaste province, où de tout temps le peuple-roi trouva d'implacables ennemis. Un retour de la fortune rendit à l'empire cette terre regrettée que décoraient tant de monuments de sa puissance et de sa gloire. Bélisaire soumit l'Afrique en trois mois : depuis la ville de Septum, aujourd'hui Ceuta, que Procope appelle le vestibule de l'empire, jusqu'aux sables de la Libye, les Vandales furent anéantis. Transportés à Constantinople lorsqu'ils devenaient captifs des Romains, exterminés par les Maures quand ils cherchaient un refuge au désert, leur nom même disparut dans cette rapide conquête. Autrefois, en quittant les forêts de la Germanie, ils avaient confié le soin de leurs terres aux vieillards qui ne pouvaient les suivre dans leur aventureuse destinée. Plus tard, ces fidèles gardiens envoyèrent demander aux conquérants de tant de royaumes la cession entière des sauvages demeures qu'ils venaient d'échanger contre les palais de Carthage, et maintenant ni rochers assez escarpés, ni vallées assez profondes n'offraient un asile à leurs descendants.

Bélisaire, rappelé à Constantinople pour y défendre, contre ses ennemis, la gloire qu'il venait d'acquérir contre les ennemis de l'État, ne quitta pas l'Afrique sans avoir assuré sa conquête. Deux ordonnances de Justinien, datées du 13 avril 534, l'une adressée à Archélaüs, intendant de l'armée, l'autre à Bélisaire avant son départ, divisaient l'Afrique en six provinces : la Tripolitaine, la Bysacène, la province de Carthage, la Numidie, la Mauritanie et la Tingitane. Archélaüs, nommé préfet du prétoire à Carthage, avait pour mission de faire oublier aux habitants les longues persécutions dont les peuples avaient eu à souffrir sous la domination des Vandales. L'Église orthodoxe fut de nouveau triomphante, et l'empereur, en poursuivant le culte des ariens, attacha aux lois de l'empire tous les catholiques, comme Genseric avait su gagner l'affection des donatistes en persécutant les ennemis de leur foi. Quatre commandants militaires, décorés du titre de ducs, devaient établir le chef-lieu de leur division à Tripoli, dans la Tripolitaine; à Leptis, en Bysacène; à Cirta, en Numidie;

à Césarée, dans la Mauritanie. Une septième province, qui formait la cinquième division militaire, était annexée à l'Afrique, c'était l'île de Sardaigne. Chacun de ces chefs avait à défendre le pays confié à son courage, et devait chercher à rendre à l'empire, par de nouvelles conquêtes, ses anciennes limites.

Les lois romaines étaient promulguées dans toute l'Afrique; les officiers civils ou militaires, fixés dans leurs attributions, devaient éviter tout abus de pouvoir et consolider l'œuvre du courage par l'humanité et la justice. Le secrétaire fidèle de Bélisaire, Procope, dont les Vandaliques sont le meilleur guide de cette époque, a consacré le sixième livre de son traité *de Ædificiis*, à décrire les villes, les forteresses, les monuments fondés ou réparés par les ordres de l'empereur. Dans leur indifférence à demi barbare, les Vandales avaient négligé l'entretien des palais qui recelaient leurs orgies, comme celui des murailles que ces audacieux Germains croyaient moins sûres que leur épée. Teuchria, Bérénice, Ptolémaïs, Borium, furent relevés dans la Pentapole. La grande Leptis, presque ensevelie sous les sables de la mer, avait été ravagée par la tribu indigène des Lawatah[*], lorsque les Vandales

---

[*] Μαυρούσια βάρβαρα οἱ Λευκάται καλούμενοι. Procop., *de Ædificiis*, lib. VI, cap. IV. Les Leucatæ de Procope, évidemment les Lawatah

étaient encore maîtres de l'Afrique. Les soins de Justinien découvrirent une partie de ses remparts cachée par les atterrissements de la Méditerranée; mais il en diminua l'enceinte où s'élevèrent des thermes, de vastes églises et le palais restauré que Septime Sévère, né dans cette cité, y avait consacré en souvenir de sa fortune. Carthage embellie, réparée, reçut de la reconnaissance de ses habitants le surnom de Justinienne, et la même flatterie désigna par la même appellation, l'antique Adrumète. Une ville nouvelle s'éleva sur le littoral de la Bysacène; c'était au lieu nommé Caputvada, là où la flotte de Bélisaire avait pour la première fois touché la terre d'Afrique. La ville de Sabaratha, que Nowairi, dans son histoire de la conquête de l'Afrique, désigne peut-être sous le nom de Santabarta, fut enceinte de murs épais. Toute la Numidie se hérissa de forteresses; les escarpements des monts Aurasius furent eux-mêmes munis de citadelles, et non loin des colonnes d'Hercule, Ceuta, entourée de fortes murailles, devint de ce côté le boulevard de l'empire.

Si la nouvelle conquête de Justinien demandait des places de guerre aussi nombreuses, aussi bien défendues, c'est qu'elle était entourée d'en-

---

des Berbers, sont aussi nommés par le même auteur Lebathæ, Αὐξώρι, et Αυώρι, Levathæ. Hist. arcan., chap. v.

nemis implacables qui de tout temps ont trouvé, dans le seul amour de l'indépendance, les forces nécessaires pour combattre les nations les plus habiles dans l'art de la guerre. Les Numides, Maures ou Berbers, quel que soit le nom qu'on leur donne, ont, de temps immémorial, dressé leurs tentes dans les vallées de l'Atlas. Qu'ils soient autochthones, ou, comme le veut Salluste, un débris de l'armée d'Hercule, ou, ainsi que le dit Procope, les descendants des Cananéens vaincus par Josué, ou bien encore, ainsi que le rapporte Ebn-Khaldoun, que quelques tribus descendent d'Himyar, fils de Saba, tandis que d'autres remontent par Mazich à Chanaan, fils de Cham, c'est un de ces mystères d'origine dont le passé garde le secret. Chasseurs dans les montagnes, pasteurs dans la plaine, sobres, agiles, cavaliers infatigables, ils ont toutes les qualités qui font le soldat. Dès les premiers pas qu'au temps des guerres de Carthage les Romains firent sur la terre d'Afrique, ils y trouvèrent ces dangereux rivaux, et huit siècles plus tard, alors qu'ils venaient d'anéantir la puissance des Vandales, ils devaient songer à se défendre contre ces mêmes ennemis dont l'audace était quelquefois réprimée, jamais abattue.

Les premiers symptômes de la guerre apparurent promptement. A peine la nef qui emmenait Bélisaire à Constantinople avait quitté le rivage, que les tribus, rassurées par son départ, se livraient au système de déprédation dont elles faisaient constamment précéder leurs expéditions guerrières. Les routes furent coupées, les communications interrompues, les campagnes ravagées, et tous les Romains en alarme s'adressèrent à Salomon, lieutenant de Bélisaire, pour lui demander vengeance des excès dont le pays était victime. Des armes puissantes, des officiers vieillis dans le métier de la guerre, une discipline rigoureuse auraient, en cette occasion, assuré la prompte répression des tribus, si les Maures n'avaient été soutenus par quelques troupes romaines révoltées contre leurs chefs. Justinien ayant réuni à son domaine les terres conquises en Afrique par ses armées, en avait fait distribuer la plus grande partie aux soldats, non pas à titre de propriété, mais comme à des fermiers qui avaient à en payer la redevance aux receveurs impériaux. Ces hommes, placés si loin de l'œil du maître, essayèrent de se soustraire à des obligations qui leur paraissaient onéreuses, et leurs plaintes n'ayant pas été accueillies, le nombre des mécontents s'accrut tous les jours.

Bientôt éclata une conspiration tramée par ces mêmes guerriers dont l'épée avait reconquis à l'empire de si riches possessions. Salomon, obligé de fuir, passa en Sicile, où se trouvait alors Bélisaire, et revint avec lui. La seule présence d'un chef connu par ses succès fut alors comme toujours le gage certain de la victoire; confiance d'une part, découragement de l'autre, concoururent au même but : tous les hommes sont braves s'ils sont bien commandés. Les rebelles furent battus; Salomon, libre de ses mouvements, reprit l'initiative contre les Maures. Le mont Aurasius fut franchi, la Numidie soumise; on vit s'élever, ainsi que nous pouvons le présumer d'après un monument récemment découvert[*], les treize tours qui défendaient Ghelma, et pendant quelques années, grâce au courage, grâce surtout à l'équité du lieutenant de Bélisaire, la paix, bannie de l'Europe, parut s'être réfugiée sur le sol de l'Afrique.

La conduite coupable des neveux de Salomon, nommés, par ses ordres, gouverneurs de la Tripolitaine et de la Pentapole, fut pour le pays la cause nouvelle d'une série d'expéditions malheureuses, dans l'une desquelles Salomon lui-même perdit la vie. Son neveu Sergius, appelé par Justinien à le remplacer, avait toute la présomption qui accompagne le plus souvent l'incapacité. La puissante tribu des Lawatah et les Maures de la Bysacène, sous les ordres de leur chef Antalas, profitèrent, pour combattre incessamment les Romains, des avantages que leur offrait le gouvernement d'un

---

[*] Voy. le Rapport sur quelques inscriptions latines trouvées dans l'ancienne régence d'Alger, par M. Hase.

homme vicieux, efféminé, que ses débauches et son avidité rendaient haïssable à ses propres sujets.

Avec le rappel de Sergius, sur les vices duquel Justinien ouvrit enfin les yeux, et les succès d'Artaban, fils de Jean, capitaine aussi brave qu'expérimenté, se termine le récit de Procope. Ce guide exact achève son livre par une mention rapide des victoires remportées par Jean Troglita, successeur d'Artaban, sur les tribus de l'Atlas, et aucun monument littéraire ne viendrait plus éclairer l'histoire de cette époque, sans la découverte de la *Johannide*, publiée pour la première fois à Milan, en 1820, par M. Mazzucchelli. Ce poëme, dû à Cresconius Corippus, évêque africain du sixième siècle, et qui vient d'être réimprimé dans le corps des historiens de la Byzantine, édité à Bonn, est un récit ampoulé de la guerre soutenue contre les Maures par Jean Troglita, et une glorification de ce général. Écrite avec facilité et une certaine élégance, cette œuvre, dépourvue d'ailleurs des véritables beautés qui constituent le mérite littéraire, n'en est pas moins précieuse comme document historique. A travers l'emphase d'un panégyriste intrépide, on suit les aventures de son héros, depuis l'instant où il débarque à *Caputvada* jusqu'au jour où il triomphe des Maures. Les noms barbares des tribus, leur manière de combattre non moins barbare, le fanatisme religieux que leur inspirait leur attachement au paganisme; la manière dont ils défendaient leurs camps entourés de rangs pressés, formés par des bœufs et des chameaux; leurs ruses, leur adresse à éviter les actions générales pour harceler sans cesse l'ennemi à l'aide de leurs agiles cavaliers, tous ces détails empruntent un nouvel intérêt de nos relations avec leurs descendants. Rome dans ses premières luttes avec Carthage, Constantinople sous Justinien, les Arabes sous les premiers Khalifes, ont trouvé chez les habitants de l'Atlas ce que nous y rencontrons aujourd'hui : courage personnel, mépris de la vie, patience dans les fatigues, tempérance extrême; qualités qui les rendraient invincibles, si l'esprit de rivalité qui règne de tribu à tribu ne permettait souvent de les désunir pour en triompher.

Depuis le milieu du sixième siècle jusqu'à la conquête de l'Afrique par les Musulmans, les documents deviennent rares et concis. Quelques passages des historiens de la Byzantine ou de l'histoire ecclésiastique, quelques monuments épigraphiques forment tous les renseignements qui peuvent nous guider sur l'état des provinces africaines, au moment où la domination musulmane allait détruire dans ces contrées jusqu'aux derniers vestiges de la civilisation romaine. Nous savons que l'exarque Gennadius dut encore, vers la fin du sixième siècle, réprimer plusieurs fois les attaques des

Maures et acheter la paix au prix de fatigantes expéditions; cependant l'Afrique avait conservé, depuis les nombreuses victoires de Jean Troglita, un caractère de tranquillité que n'avaient pas les autres possessions de l'empire grec. Héraclius, en 618, voulant échapper aux troubles qu'une extrême disette avait fait éclater dans sa capitale, résolut de passer en Afrique. Il ne trouvait pas, dans les vastes États dont tant de provinces allaient échapper à son pouvoir, un refuge plus assuré; et sans la tempête qui dispersa sa flotte en vue de Carthage, l'ancienne rivale de Rome allait devenir celle de Constantinople.

C'est dans ce calme trompeur que l'Afrique attendit, sans les prévoir, les dangers qui allaient fondre sur elle. La marche du gouvernement était encore régulière, les villes entretenues, les édifices publics réparés avec soin. Des familles opulentes gardaient les habitudes d'un luxe dont les besoins répandaient l'aisance dans toutes les classes, et quelques noms illustres nous ont été conservés sur les monuments de cette époque parvenus jusqu'à nous. Mais la langueur qui avait saisi au cœur l'empire grec arrêtait tout élan guerrier. Bientôt les querelles religieuses, les rivalités du cirque, la honte de nombreuses défaites, ne laissèrent aux gouverneurs de chaque province que l'énergie nécessaire pour échapper au faible joug de Constantinople; et quand les Arabes pénétrèrent à l'ouest de la Cyrénaïque, tout nous porte à croire que le gouverneur de l'Afrique avait acquis une indépendance presque complète.

Nous voici arrivés à l'époque où commence le récit d'Ebn-Khaldoun, dont nous publions la traduction et le texte. Il ne nous resterait plus qu'à laisser parler le chroniqueur arabe, s'il avait apporté dans cette partie de son ouvrage l'esprit de critique et la méthode qui font de ses prolégomènes une œuvre à part parmi les nombreuses chroniques des Orientaux. Malheureusement, ce judicieux écrivain, qui semble avoir compris toute la mission de l'historien au début de son livre; qui s'est tracé une tâche plus noble que d'enregistrer les faits au passage, sans regarder où ils vont ni d'où ils viennent, n'a pas persévéré jusqu'au bout dans cette voie nouvelle. Le reste de son ouvrage, toujours remarquable par la précision, le choix, l'exactitude, participe de la sécheresse accoutumée des écrivains de l'Orient. Cette seule raison nous détermine à ajouter quelques mots encore à cette introduction.

La conquête de l'Afrique par les Musulmans porte avec elle un caractère particulier à cette invasion. Institutions, mœurs, religion, langage, tout fut importé par eux. Plus heureux que les Romains, ils firent adopter leur croyance aux peuplades errantes dont les habitudes, les besoins, la physionomie se rapprochaient des leurs, et bien que cet avantage décisif n'ait pas toujours suffi à les garantir de leurs attaques, ils se trouvèrent, dès les premiers progrès de leurs armes, au centre d'une contrée d'où ils ne devaient plus sortir. Placée entre l'Asie à laquelle elle appartient par le nom, et l'Afrique dont elle offre tous les principaux caractères, l'Arabie est la terre de transition entre ces deux continents. L'habitant des plateaux élevés du Nedjd, comme celui des montagnes du Hedjaz, retrouvait dans l'Atlas les souvenirs de sa patrie; le cheval, le chameau, la datte, lui offraient dans les deux contrées les ressources nécessaires à ses habitudes frugales, et cette similitude eut probablement une grande influence sur les rapides conquêtes qui enlevèrent le pays aux Romains. Il est impossible, en lisant l'histoire de l'invasion musulmane, de ne pas être frappé du peu de chances qui reste aux princes de Constantinople pour ressaisir désormais l'empire de l'Afrique. Leurs tentatives ne peuvent exciter l'intérêt, car le dénoûment en est connu d'avance : on sent trop bien qu'elles seront vaines. Il n'en est pas ainsi des guerres que les sectateurs de Mahomet ont à soutenir contre les indigènes. L'Arabe et le Berber, voilà les champions qui vont combattre. Les armes sont égales, le courage l'est aussi; un puissant mobile donne l'avantage aux

Arabes : c'est l'enthousiasme religieux, l'ardeur du prosélytisme. Leur foi est si forte, leur volonté si ferme, que tout d'abord les populations entières viennent à eux. Fascinés par le triomphe des Musulmans sur les nombreuses armées de Constantinople, les Berbers croient à la toute-puissance du Dieu qui a guidé les vainqueurs. En peu d'années, l'Afrique se soumet à l'islamisme. Mais le prestige disparaît avec le souvenir de la victoire; bientôt s'organisent cette résistance partielle, ces révoltes, ces schismes fréquents dont la succession et les phases diverses constituent dès lors l'histoire de ces contrées.

Pendant cent cinquante ans environ, l'Afrique reçut de Damas ou de Baghdad les gouverneurs qui venaient au nom des Khalifes administrer cette vaste région. Tantôt ils avaient l'Égypte sous leur dépendance, et considéraient la province d'Afrique comme une annexe; tantôt, et surtout vers la fin de cette période, l'Afrique arabe formait un gouvernement particulier. C'est dans ces premiers temps de l'occupation musulmane, que les luttes entre les indigènes et les conquérants furent plus acharnées, plus fréquentes.

On vit alors une reine des Berbers, juive d'origine, et qui devait le surnom de Kahina au pouvoir surnaturel dont les peuples de l'Atlas la croyaient douée, obliger les Arabes à céder à ses efforts. Ses soldats fanatiques changèrent l'aspect entier de l'Afrique encore empreint de la physionomie romaine à cette époque. Les villes renversées de fond en comble, les campagnes ravagées, les métaux précieux, transportés au fond des montagnes, ne devaient plus laisser aux Musulmans de nouveaux prétextes pour tenter la conquête d'un désert. Un hommage involontaire était cependant rendu, par cette femme énergique, à la civilisation dont elle effaçait les dernières traces. Elle avait fait d'un amphithéâtre romain le centre de sa puissance. « Le « château de Ledjem, ancien séjour de la reine « Kahina, dit le géographe arabe El-Bekri[*], a un « mille de circuit. Il est bâti en pierres dont cha- « cune a de longueur vingt-cinq palmes ou envi- « ron; son élévation est de vingt-quatre toises. Tout « l'intérieur est en gradins, par lesquels on monte « jusqu'au sommet : ses portes, disposées par étage « les unes au-dessus des autres, sont d'une cons- « truction extrêmement solide. » Il est difficile de méconnaître à cette description l'amphithéâtre de l'ancienne Tisdra, l'El-Djemme de Schaw. Ce voyageur y vit encore les beaux restes de ce monument, qui avait dû être autrefois composé de soixante-quatre arcades, et décoré à l'extérieur de quatre rangs de colonnes superposées. Malgré les avan-

---

[*] Voy. El-Bekri traduit par M. Quatremère (not. et ext., t. XII, p. 482).

tages du lieu que l'amazone africaine avait choisi pour sa résidence, Haçan le Ghassanide refoula les Berbers dans les gorges de l'Aurasius, et pour la première fois les soumit au tribut.

L'Espagne conquise, la France envahie, assurèrent encore la puissance des Arabes en Afrique; mais les troubles excités dans l'islamisme par le renversement des Omeyyades vinrent ranimer chez les indigènes l'amour de l'indépendance. La tribu puissante des Werfadjoumah repoussa les Arabes hors de son territoire. Depuis quelque temps, les Berbers, bien que convertis à l'islamisme, embrassaient, aux premiers prétextes de mécontentement, l'une des sectes nombreuses qui cherchaient à diviser l'unité musulmane. Les Sofrieh, les Ibadhieh, les Wahabi, avaient plutôt une influence politique que religieuse, et se recrutaient chaque jour parmi les hommes opposés au gouvernement. C'est à l'aide de ces schismatiques, que les Werfadjoumah parvinrent à se maintenir, pendant plusieurs années, contre les forces de l'Orient.

Au nombre des guerriers envoyés pour les combattre, se trouvait El-Aghlab de la tribu des Benou-Tamim; c'était un homme brave, infatigable, guerrier prudent et capitaine habile. Après avoir contribué puissamment à la défaite des Werfadjoumah, il fut investi du gouvernement de la province du Zab, et bientôt de celui de toute l'Afrique. Peut-être les Khalifes de Baghdad eurent-ils dès lors la pensée que des chefs envoyés de la Syrie, de la Mésopotamie ou du Khoraçan, pour gouverner un pays qui leur était entièrement inconnu, ne pouvaient appuyer, sur des bases solides, l'action de leur puissance. L'imprévu de leurs changements rapides, rappelés qu'ils étaient souvent par un caprice du maître, ne devait-il pas, en effet, nuire à toute fondation durable, à toute pensée d'avenir? Ce qu'il y a de certain, c'est que Haroun-el-Reschid, en nommant de suite trois gouverneurs choisis dans la même famille(1), semblait admettre, pour ce poste important, le principe de succession qu'il consacra bientôt par l'avénement des Aghlabites.

En l'an 184 de l'hégire (de J. C. 800), il accorda à Ibrahim, fils d'El-Aghlab, et à ses enfants après lui, l'investiture du gouvernement de l'Afrique : c'est ainsi que chez les peuples du Nord, les grands vassaux commis à la garde des frontières possédaient, à titre de fiefs, et transmettaient à leurs fils le territoire qu'ils devaient défendre. Depuis lors jusqu'à l'expulsion de cette dynastie par les Obeydites, elle ne cessa d'administrer le pays avec une autorité presque illimitée; bien qu'elle re-

---

(1) Yezid-ben-Hatem, Rouh-ben-Hatem son frère, et Fadhl fils de ce dernier.

connût la suprématie du Khalife, chef temporel et religieux dont elle tenait ses pouvoirs.

La décision du souverain de Baghdad renfermait en elle quelque chose de vital et de créateur dont l'influence fut promptement sentie. Des villes nouvelles s'élevèrent, et dans les villes anciennes on mit en œuvre les riches débris de l'art romain dont l'usage n'était pas interdit par les prescriptions religieuses. Casr-el-Cadim et plus tard Raccadah devinrent la demeure favorite des Aghlabites. Caïrouan, loin d'avoir à leur envier ce privilége, vit s'élever, dans ses murs, des mosquées de marbre et se creuser, près de ses portes, d'immenses réservoirs dont l'eau fraîche et limpide ne tarissait pas dans les plus grandes chaleurs de l'été. Des ponts étaient jetés sur les ravins au fond desquels coulent, dans la saison des pluies, de rapides torrents. Des palais, des jardins plantés d'arbres de toute espèce, ornaient les principales cités. A Tunis, deux vastes citernes dans lesquelles on avait introduit l'eau de la mer, fournissaient aux princes de la famille d'Aghlab les poissons les plus délicats de la Méditerranée. La défense du pays n'avait pas été négligée parmi ces travaux divers. Les villes démantelées étaient entourées de murailles; de nombreux châteaux forts protégeaient les frontières du Maghreb, et un système de signaux, à l'aide de feux allumés sur les côtes, pouvait en une seule nuit porter un ordre du détroit de Gibraltar aux frontières de l'Égypte. Un système régulier de communication reliait en outre les points les plus éloignés de l'empire. La surintendance des postes était devenue l'une des premières charges de l'État, et des relais toujours préparés faisaient franchir rapidement aux envoyés du prince les plus longues distances. Souvent même on employait le vol des oiseaux, et les nouvelles importantes, confiées à l'aile d'un pigeon, parvenaient au souverain avec une célérité qui semblait tenir du prodige.

Le commerce, facilité dans ses relations avec l'intérieur par la pacification des tribus; l'agriculture, encouragée par la modération et la taxe régulière des impôts, suffisaient aux dépenses exigées par des améliorations qui renouvelaient la face du pays. Les sciences, les arts, l'éducation publique participaient dans ces lointaines contrées au mouvement progressif qui donnait alors tant d'éclat à la cour de Baghdad. Ibrahim-ben-el-Aghlab recevait à Casr-el-Cadim les ambassadeurs de Charlemagne, tandis que les jeunes légistes de sa capitale allaient étudier, dans les villes saintes, les sages maximes des imams les plus renommés. Les sables du Sahara étaient franchis par ses agents, et ses successeurs armèrent, pour leurs conquêtes, jusqu'aux noirs que leur or arrachait aux déserts du Soudan.

C'était la prévision de ce que peut effectuer une volonté ferme et constante, qui avait déterminé les promesses d'Ibrahim à Haroun-el-Reschid. Jusqu'alors l'Afrique, ajoutée à l'empire des Khalifes, n'avait été, pour les Omeyyades et les Abbassides après eux, qu'une charge pesante. Cent mille pièces d'or passaient chaque année d'Égypte à Caïrouan, et suffisaient à peine pour conserver dans ce pays, aux souverains de Baghdad, une autorité chaque jour plus contestée. En sollicitant l'investiture, Ibrahim renonça aux subsides des Khalifes et leur promit quarante mille dinars. Ses successeurs acquittaient sa promesse alors même que le suzerain les avait vivement mécontentés, ayant soin en pareil cas de choisir des pièces de monnaie frappées au coin de quelque dynastie indépendante, comme un avertissement qu'il ne fallait pas pousser leur patience à bout. C'est au moment où les Aghlabites, forts et puissants, semblaient assurés d'une longue existence, qu'ils se laissèrent aveugler par la prospérité. Perdus dans les excès de la débauche, ils finirent par appeler les crimes au secours de leurs vices, et tentèrent de conjurer la haine par la terreur. Ils ne firent que hâter leur chute; mais auparavant ils avaient porté leurs armes en Sicile, et dépouillé l'empire grec d'un autre lambeau de cette pourpre qui ne couvrait plus que les misères d'un corps en dissolution.

INTRODUCTION.

Si les conquêtes que les Arabes firent en Afrique, conquêtes qui aujourd'hui sont en partie devenues les nôtres; si la lutte qu'ils eurent à soutenir contre les tribus de l'Atlas, nous offrent quelque intérêt, nous devons en trouver encore à les suivre en Sicile. Le tableau de leur séjour dans ce petit coin de l'ancien monde est d'un effet plus général que ne semblent le comporter les bornes de temps et de lieu où il est circonscrit. Recomposer l'histoire de leur invasion d'après les documents qui nous restent, ce serait combler une lacune importante. Pendant plus de deux siècles les Sarrasins ont occupé la Sicile, et nous savons à peine l'ordre de la conquête, le nom de quelques chefs, la prise de quelques cités. Quant à l'organisation intérieure, au mode de gouvernement, à la question de savoir s'il y eut seulement occupation militaire, ou si l'on peut supposer quelque fusion entre la race conquise et celle des vainqueurs, nous n'avons à former que des conjectures. C'est le plus souvent dans les chroniques des Normands qu'il a fallu jusqu'à présent étudier l'état du pays qu'ils ont conquis sur les Arabes : l'invasion normande présente ainsi un double intérêt qu'elle emprunte du passé comme de l'avenir.

Quelques chevaliers, partis de l'une de nos provinces, fondèrent une dynastie catholique sur les débris du croissant. Leur prompte victoire, due à la plus brillante valeur, est moins étonnante encore que la haute sagesse dont ils firent preuve après la défaite de leurs ennemis. Par une transition rapide, la race des envahisseurs devint la protectrice de la masse laborieuse et paisible. Un régime régulier remplaça l'état violent de la conquête, et la tolérance religieuse consacra le principe d'une modération bien rare au onzième siècle. C'est au moment où nos armes nous soumettent en Afrique des populations impatientes de la domination chrétienne, qu'il faudrait rechercher avec soin quelle était l'organisation des Arabes en Sicile, et comment des chevaliers de Normandie surent, il y a huit cents ans, faire de cette contrée un terrain neutre où les exigences du catholicisme, où le prosélytisme musulman se rencontrèrent sans se combattre. Sans doute il y eut tout d'abord une lutte violente, acharnée; mais cette lutte une fois terminée, les passions haineuses s'éteignirent avec les derniers bruits du combat. La race envahie vécut paisible à côté des conquérants, et la Sicile, placée par la nature sur la limite des deux empires du croissant et de la croix, en devint la commune patrie.

Cette île, en effet, semble, par sa position, unir l'Europe à l'Afrique, l'Orient à l'Occident. En la quittant pour se diriger à l'est, on abandonne les mœurs et la civilisation de l'Europe pour ne plus retrouver, sur les terres où l'on abordera, que les coutumes et les langues des peuples orientaux. La ligne de démarcation fut quelquefois tracée dans l'île elle-même; on vit, au neuvième siècle, les quatre évêchés de Catane, Syracuse, Taormine et Messine, former un schisme en faveur du patriarche de Constantinople (1), tandis que le reste de l'île était resté fidèle aux croyances de l'Église latine.

Dès les temps les plus reculés, la position géographique de la Sicile en avait fait un point de rendez-vous pour le commerce des anciens. Ibères, Sicules, Élimes, Phéniciens, Carthaginois, Grecs, vinrent tour à tour peupler ces îles sauvages, y apporter leurs habitudes, leurs arts, et doter cette patrie adoptive des monuments de leur génie particulier. Plusieurs de ces monuments survivent depuis bien des siècles à leurs fondateurs. Les cavernes des Troglodytes, quelques restes de l'architecture punique, les temples des Grecs, les amphithéâtres des Romains, les élégantes ogives des constructions arabes, la tour carrée du Normand, se trouvent encore, malgré les révolutions humaines et les nombreuses éruptions de l'Etna, sur ce sol tant de fois remué. Nous pouvons suivre ainsi la domination de tel ou tel peuple sur telle ou telle province; puis, quand les monuments ont disparu,

---

(1) Sic. Sac. auctore Don Roccho Pirro Disq. prima de patriarch. sic. p. lxxxvii.

quand les secousses du volcan ont enfoui jusqu'aux derniers vestiges d'une antique cité, son nom du moins s'est conservé dans la mémoire des hommes; souvent on le retrouve avec peu d'altération dans un village bâti sur les laves qui la recouvrent.

C'est donc par l'examen attentif de la nomenclature actuelle des noms de lieux en Sicile, par celui des anciennes chartes normandes qui contiennent avec bien peu d'altération les noms arabes, et par la comparaison de ces documents avec les textes orientaux, qu'il est possible de déterminer quelles ont été dans l'île les fondations dues à l'ère musulmane. On arrive ainsi à reconnaître les lieux qui, lors de l'invasion, ont conservé leur appellation première, ceux qui ont reçu des conquérants un nom altéré de leur nom primitif, et ceux enfin dont l'origine se révèle par la signification ou la forme franchement arabe de leur appellation.

On remarque d'abord que peu de noms grecs ou puniques sont restés intacts, et presque tous ils appartiennent à des villes importantes : tels sont Palerme, Messine, Catane, Syracuse, Agrigente, Céfalù, Mazzara. D'autres ont été légèrement altérés par les Arabes, puis, par une altération subséquente, sont devenus l'appellation moderne : c'est ainsi qu'Enna est devenu Cassar-Iani, actuellement Castro-Giovanni. La troisième classe de noms est celle qui diffère totalement du nom ancien;

c'est dans cette classe que, lorsque aucune trace de ruines anciennes, aucun souvenir historique ne viennent démentir cette conjecture, on peut s'attendre à trouver les lieux de fondation sarrasine. Les mots emportant en arabe l'idée d'une place habitée et servant à former des noms de lieu se trouvent au nombre de quatre en Sicile : Rahal, Menzil, Calaat et Cassar. Les deux premiers indiquent une station, un point de repos où, chaque soir, le voyageur descend pour y passer la nuit, puis le lendemain continuer son voyage; les deux derniers, des places fortifiées, des châteaux souvent situés au haut des montagnes. C'est ainsi que Menzil-el-Emir, aujourd'hui Misilmeri, signifie la station de l'émir; Rahal-es-Selam, la station du salut; Calaat-Fimi, maintenant Calatafimi, le château d'Euphemius; Cassar-Noubi, le château Nubien, aujourd'hui Castel-Nuovo. Presque tous les lieux dont le nom commençait par Rahal et Menzil n'existent plus; ceux qui sont encore debout, tels que Misilmeri, Realbutò et quelques autres, sont de simples villages : les lieux, au contraire, dont le nom commence par Calaat et Cassar, quoique bien moins nombreux que les précédents, si à l'aide des anciens documents on en dresse une liste comparative, se trouvent en bien plus grand nombre encore existant sur le sol. Ils indiquent, en général, des villes de troisième ordre bâties sur des hauteurs; telles sont :

Caltanissetta, Caltagirone, Calascibetta, Caltabellotta et bien d'autres. La conséquence que l'on peut tirer de ces observations, c'est que les villes de premier ou de second ordre en Sicile, celles dont la position appelle le commerce des nations, sont de fondation grecque ou punique. Les conquérants, à part les changements nombreux qui firent de Palerme une ville nouvelle, n'ont fondé que des places de guerre et des lieux de station ou des habitations isolées.

En cherchant ensuite quelle est la partie de l'île où les noms de forme arabe se rencontrent en plus grande quantité, il est facile de déterminer que c'est le val de Mazzara, c'est-à-dire, la partie carthaginoise devenue sous les Romains la province panormitaine. La raison de ce fait est indiquée par l'histoire de la conquête. Les Arabes, comme les Carthaginois, pénétrèrent en Sicile par l'Afrique; le cap Lilybée n'en est séparé que par quelques lieues de mer. Ce furent donc les places qui l'avoisinent dont les Musulmans s'emparèrent d'abord. Depuis longtemps ils étaient maîtres de Mazzara, de Palerme, d'Agrigente, et à l'est de la Sicile, les Grecs tenaient encore dans Syracuse où ils étaient à portée des secours que pouvait leur envoyer l'empereur d'Orient. La lutte entre les deux nations ayant duré plus d'un siècle, les traces des peuples anciens s'effacèrent chaque jour dans la partie occidentale; chaque jour, au contraire, les conquérants s'y fortifièrent davantage.

L'histoire d'Ebn-Khaldoun, en complétant celle de Nowaïri dont elle comble en grande partie les lacunes, confirme en entier ce résultat. Les préludes de la conquête, la longue défense des Grecs, défense bien plus acharnée que celle de l'Afrique, car les circonstances de sol et de climat leur faisaient une patrie de la Sicile; la succession des différents gouverneurs envoyés par les Aghlabites et les Obeydites après eux, se retrouvent avec la plus grande exactitude dans les chroniques arabes dont nous donnons les extraits. Parmi les répétitions continuelles de villes assiégées, de tributs levés sur les Grecs, de campagnes ravagées par les deux partis, il est facile d'établir le récit complet de l'arrivée des Arabes, de suivre d'année en année le progrès de leurs armes, et de voir comment les dissensions amenèrent la chute de leur puissance, alors qu'ils ne furent plus réunis par la nécessité de combattre l'ennemi commun. Malgré la sécheresse et la concision des textes, il est même possible de pénétrer par un examen attentif dans l'organisation intérieure du pays, de soulever enfin le voile qui cache l'histoire de l'administration des Arabes, leurs rapports avec les princes d'Afrique, et la politique suivie par ces souverains pour conserver une conquête qui laissait à leur discrétion toute la côte méridionale de l'Italie.

Deux opinions différentes avaient divisé les hommes de l'Occident qui ont écrit jusqu'à présent sur l'histoire de la Sicile, pendant le séjour des Arabes. La plupart d'entre eux ont regardé la période sarrasine comme un temps de désolation, pendant lequel l'île, en proie au prosélytisme barbare des Musulmans, avait vu détruire tous les monuments d'un culte abhorré. Selon eux, les enfants étaient soumis de force à la circoncision, les hommes réduits à apostasier ou à périr dans les tourments. Des autorités imposantes ne manquent pas aux historiens qui partagent ce sentiment. Le pape Urbain II, rendant grâce au Seigneur qui a permis la conquête des Normands, le remercie d'avoir regardé, d'un œil de miséricorde, les misères de l'Église de Sicile où la dignité de la foi chrétienne a péri (*christianæ fidei dignitas interiit*). Albert Piccolo de Messine, dans son ouvrage intitulé *de Jure antiquo Ecclesiæ siculæ*, va jusqu'à prétendre que toutes les traces du catholicisme avaient disparu dans l'île sous la domination musulmane. Les récits du moine Théodose, tombé entre les mains des Sarrasins au siége de Syracuse(1); la mort de quelques martyrs, immolés par eux et sanctifiés par l'Église(2), ont fourni de nou-

---

(1) Voy. Caruso, *Bibliotheca historica Siciliæ*, t. I, p. 29.
(2) Cajetanus. *Vitæ SS. Siculor.* Vol. 2, passim.

velles preuves à ceux qui ne voulaient reconnaître chez les Arabes qu'un fanatisme cruel.

Sans admettre ce qu'il y a de trop absolu dans cette opinion, il faut douter de quelques-uns des arguments employés par ses adversaires. A en croire le Dominicain Corradin, prieur de Sainte-Catherine de Palerme, le souverain de Tunis et de Sicile avait accordé à tous les chrétiens l'autorisation de se rassembler pour exercer leur culte, et aux prêtres la permission de sortir revêtus de leurs insignes pour porter le viatique aux malades. L'abbé Maurolico rapporte que dans les cérémonies publiques, à Messine, on déployait deux étendards : le premier, qui appartenait aux Sarrasins, représentait une tour de couleur noire sur champ vert; le second, qui servait aux chrétiens, portait une croix d'or brodée sur un champ rouge. Il est peu probable que, irrités pas l'énergique défense des Grecs, qui résistèrent pendant plus d'un siècle au joug de l'islamisme, les Arabes aient accordé à la religion de leurs adversaires plus de priviléges que dans les temps les plus paisibles n'en ont obtenu les chrétiens de l'Orient; mais il n'est pas possible de douter que le catholicisme ait persisté en Sicile à l'époque même où le pouvoir des Musulmans s'étendit sur l'île entière. Leur système d'expéditions consistait en ces courses rapides et ces dévastations que nous nommons, d'après eux, *razia,* depuis que notre contact avec ces peuples sur la terre d'Afrique nous a rendu familière leur manière de combattre. Partis de Palerme ou d'un lieu soumis à leur puissance, ils désolaient les campagnes, ravageaient les moissons, enlevaient les bestiaux, emmenaient captifs les habitants dont ils pouvaient s'emparer; et quand les villes, fatiguées de ces attaques incessantes, leur ouvraient enfin leurs portes, elles se rachetaient d'une destruction totale, en se soumettant à l'impôt. On sait que de tout temps l'islamisme offrait aux vaincus deux partis : embrasser la foi musulmane ou payer tribut au vainqueur. Les Sarrasins se conduisirent en Sicile ainsi qu'ils l'avaient fait en Espagne et dans les provinces de l'Asie qu'ils avaient conquises sur l'empire grec.

Une fois la conquête accomplie, ils renoncèrent probablement aux mesures sévères qu'ils avaient adoptées d'abord pour frapper de terreur tout ce qui avait une pensée de résistance. L'île qui depuis les Carthaginois jusqu'alors avait formé deux provinces, la Syracusaine et la Panormitaine, fut partagée en trois vals, division bien mieux appropriée à la géographie physique du pays. Chacun d'eux formait un certain nombre de districts, administrés par des caïds ou gouverneurs, tandis que les stratéges, magistrats imposés autrefois par les empereurs de Constantinople, avaient conservé leur ancien nom, leurs fonctions et leurs priviléges (1). L'agriculture dut aux Arabes ses plus grands progrès : le coton apporté par eux des champs syriens, la canne à sucre trouvée par les premiers pèlerins dans les champs de Tripoli, et que les Arabes naturalisèrent sur la terre féconde de leur conquête nouvelle; le frêne qui produit la manne, le pistachier, ne sont connus en Sicile qu'à partir de l'époque arabe(2); ils introduisirent encore dans l'île ce mode d'aqueducs en siphon dont l'usage est devenu pour le pays d'une incontestable utilité. L'industrie ne fut pas moins protégée par les vainqueurs. Bien que les historiens attribuent au comte Roger l'importation de l'art de travailler la soie, il suffit du fameux manteau de Nuremberg, fait par ordre de Roger et rapporté en Allemagne par Henri VI, en 1196, pour prouver que, puisque ce vêtement, à l'usage des souverains de la Sicile, porte brodée à l'aiguille une longue inscription en caractères coufiques avec la date de l'hégire, il fut fabriqué par des ouvriers arabes déjà fort habiles dans ce genre de travail. L'époque marquée d'ailleurs (année de l'hégire 528, qui se rapporte à l'année de J. C. 1133), est

---

(1) Degli Arabi in Sicilia, memoria di Pietro Lanza, principe di Scordia. Palermo, 1832, p. 33.
(2) Principe di Scordia. loc. cit., p. 37.

antérieure à l'expédition du prince de Sicile en Grèce, expédition à la suite de laquelle on voudrait qu'il eût rapporté avec lui les premiers éléments de l'art de tisser les étoffes de soie. Il faut ajouter à tant d'avantages un commerce aussi étendu qu'il l'ait jamais été à aucune époque, dans un pays si favorisé par sa position. Nous n'en voulons pour preuve que les droits de douane, de fisc, de gabelle, dont la nombreuse nomenclature se retrouve encore dans d'anciens diplômes, et qui, imposés par les Normands à leur entrée dans le pays, prouvent qu'ils durent agir sur une industrie commerciale beaucoup plus développée qu'on ne pourrait le présumer.

Si pour tout ce qui précède les renseignements sont rares et peu précis, il n'en est pas de même lorsqu'il s'agit de reconnaître que les princes aghlabites et obeydites qui ont régné en Sicile, ont doté le pays de monuments d'architecture dignes de la haute civilisation à laquelle ils étaient alors parvenus. Le comte Roger apporte son propre témoignage pour rendre hommage aux belles et nombreuses constructions élevées par les Arabes; Benjamin de Tudelle, Léandre Alberti, le moine Théodose racontent les palais ornés de jaspes précieux et d'éclatantes mosaïques, les viviers de marbre remplis de poissons de toute espèce et couverts de barques dorées, les jardins immenses, les pavillons élégants où l'on avait épuisé tout le luxe des cours de l'Asie; et bien que tant de merveilles aient disparu, cependant les environs de Palerme offrent encore quelques monuments arabes échappés aux nombreuses révolutions qui ont pour ainsi dire nivelé le sol de la Sicile. Le joli château de la Ziza, ceux de Cuba et de Mardolce peuvent donner une idée vraie du style élégant et noble de l'architecture orientale.

C'est au moment où la Sicile était ainsi parvenue sous les Obeydites à un haut degré de prospérité, que les Normands, appelés dans l'île par la division des émirs qui la gouvernaient, soumirent ce beau pays à leurs armes. La reddition de Palerme, en 1072, doit déterminer l'époque véritable où, à l'exception de quelques forteresses, l'île appartint aux chevaliers normands. Dès lors la conduite de Robert Guiscard et de Roger parut entièrement dirigée par le désir de conserver en Sicile la population musulmane qui s'y était fixée. Moyennant le payement d'un tribut annuel, le libre exercice de leur religion fut accordé aux Sarrasins; le comte de Sicile, résistant aux sollicitations les plus puissantes, refusa constamment d'employer la contrainte pour détourner ses nouveaux sujets du culte de l'islamisme. Loin de leur témoigner moins de confiance qu'aux Grecs et aux Normands, il en forma de nombreux bataillons qu'il employa avec succès dans toutes les expéditions auxquelles il prit part dans la suite. En 1096, étant passé en Calabre pour aider son neveu à réduire les habitants d'Amalfi révoltés contre son pouvoir, il rassembla une armée dont la moitié était arabe; ce furent presque les seules troupes qui l'accompagnèrent à son retour en Sicile. Les Normands qui l'avaient suivi, saisis de l'enthousiasme dont se trouvaient alors animées toutes les populations de l'Occident, s'embarquèrent dans les ports méridionaux de l'Italie pour la conquête du saint sépulcre. Quatre langues étaient alors parlées en Sicile : le grec, le latin, l'arabe et le français. Les édits étaient publiés dans toutes ces langues, et chaque peuple était régi par sa loi : les Grecs par le code Justinien, les Normands par le coutumier de Normandie, les Sarrasins par le Coran : cette justice égale pour tous, cette tolérance religieuse si rare à cette époque, appelèrent en Sicile de nouveaux habitants et comblèrent promptement les vides occasionnés par les nombreux combats qui avaient précédé la conquête.

C'est ainsi que des races, différant entre elles de langage, de coutumes, de religion, furent conservées au sol par l'esprit conciliateur des Normands. Ces hommes de fer, dont les exploits semblent appartenir aux temps fabuleux de la Grèce, surent prouver, par la haute portée de leur intelligence, qu'ils étaient dignes du trône conquis par leur valeur. Le récit de leurs victoires est glorieux sans doute pour le pays qui leur donna naissance, mais on préfère en eux l'esprit modérateur qui rallia à leur cause les populations vaincues. Sous leur domination, la Sicile devint la terre de transition où s'accomplit, pour la première fois depuis la naissance de l'islamisme, l'union de l'Orient et de l'Occident : union difficile, souvent rompue, mais que l'intérêt commun des nations doit tôt ou tard faire triompher de la discorde.

Je dois dire, en terminant, quelques mots sur la disposition de cet ouvrage. Le texte arabe que je publie et dont je donne la traduction est, ainsi que le titre l'indique, composé des chapitres qu'Ebn-Khaldoun a consacrés à l'histoire des Aghlabites et à celle des Arabes en Sicile jusqu'à leur expulsion par les Normands. Ils appartiennent à la partie des chroniques d'Ebn-Khaldoun qui traite des dynasties musulmanes postérieures aux premiers Khalifes, et se trouvent dans le manuscrit de la bibliothèque royale qui porte le n° 2402. J'ai pensé qu'il pouvait y avoir quelque intérêt à publier ces deux fragments : le premier nous reporte sur un théâtre où les armes de la France ont joué un rôle important depuis quelques années ; le second, qui complète l'histoire de la Sicile, dont les événements se trouvent confondus dans le premier chapitre avec ceux qui regardent l'Afrique, vient en aide au peu de renseignements possédés sur cette île à l'époque de la domination musulmane. Je n'entrerai pas ici dans les détails qui concernent l'historien arabe auquel j'ai emprunté mon récit. Le nom d'Ebn-Khaldoun a souvent retenti dans le monde savant depuis quelques années. Plusieurs bibliothèques de l'Europe possèdent maintenant tout ou partie de ses ouvrages, et les orientalistes ont pu se convaincre qu'il n'y avait rien d'exagéré dans les éloges que les Arabes lui ont donnés. Savant, judicieux, impartial, il a déployé dans la première partie de son livre un certain esprit de critique, une facilité d'aperçus généraux et de rapprochements ingénieux dont peut-être on ne trouve pas d'autre exemple chez les chroniqueurs orientaux. Les autres parties, écrites dans le style ordinaire des chroniques arabes, sont du moins remarquables par le choix que l'auteur a su faire entre les différentes traditions qu'il avait à recueillir, les sources diverses auxquelles il lui fallait puiser. Dans une savante notice destinée à l'Encyclopédie des gens du monde et consacrée à Ebn-Khaldoun, M. Reinaud, si compétent pour les hommes et les choses de l'Orient, vient d'apprécier avec talent et impartialité les titres de ce célèbre historien. Né à Tunis, l'an 1332 de J. C., il semble porter à la terre d'Afrique une affection particulière, et il s'est étendu avec complaisance sur l'histoire du sol qui l'avait vu naître. Bientôt nous devrons à M. le baron de Slane le tableau complet que l'écrivain arabe a tracé des tribus indigènes de l'Afrique.

L'histoire de la dynastie des Aghlabites est précédée, dans Ebn-Khaldoun, de celle des gouverneurs auxquels a été confiée la province d'Afrykia, depuis la conquête jusqu'à l'avénement d'Ibrahim-ben-el-Aghlab. J'ai cru devoir publier le chapitre en entier. Cette curieuse époque n'avait été connue jusqu'à présent que par les extraits de Nowaïri, dont Cardonne s'est principalement servi pour composer son histoire de l'Afrique et de l'Espagne sous la domination des Arabes. Le manuscrit auquel cet orientaliste a eu recours, est celui qui porte à la bibliothèque royale le n° 702. Des lacunes considérables, causées par l'enlèvement de plusieurs feuillets, interrompent le récit. Je dois à l'obligeance parfaite de M. le baron de Slane, qui avait examiné, avec le plus grand soin, ce manuscrit, dont il se propose de publier de nombreux fragments, d'avoir eu connaissance de ces lacunes dont l'existence a entièrement échappé à Cardonne. Le manuscrit 702 A, composé de divers passages de Nowaïri rassemblés à l'aventure, complète par un heureux hasard l'histoire de l'Afrique. Je me suis servi de ces deux manuscrits dans mes notes. J'ai cru devoir, pour tout ce qui précède l'histoire des

Aghlabites, donner seulement les extraits de Nowaïri, qui éclairent, par de nouveaux détails, le récit d'Ebn-Khaldoun, ou qui en diffèrent. Arrivé à la dynastie d'Aghlab, j'ai presque toujours donné le récit entier de cet historien, alors même que cette méthode devait entraîner quelques répétitions. Les passages d'Ebn-el-Athir qui peuvent commenter la partie de l'histoire d'Ebn-Khaldoun relative à la Sicile sous les Aghlabites et les Obeydites, ont été cités, traduction et texte. J'ai désiré rassembler ainsi, avec un caractère d'autorité plus complet tout ce qui a rapport à cette époque peu connue et souvent mal appréciée.

N'ayant eu à ma disposition qu'un seul manuscrit de la partie du texte d'Ebn-Khaldoun que je publie, j'aurais hésité dans mon entreprise, si je n'avais été encouragé par les secours bienveillants que M. Caussin de Perceval a bien voulu m'accorder. Ce savant professeur, m'aidant, avec la plus grande obligeance, des connaissances profondes qui lui permettent de rétablir avec bonheur les textes si souvent altérés des manuscrits orientaux, a aplani les difficultés de mon travail par ses excellents conseils. Je dois encore à M. Reinaud de précieux renseignements et la disposition des manuscrits dans lesquels j'ai pu puiser les faits dont j'ai espéré quelques éclaircissements pour les chapitres qui font l'objet principal de cette publication. Apporter

INTRODUCTION.

des documents nouveaux aux personnes qui aiment l'étude de l'histoire, c'est le seul but que je me suis proposé, et je serais heureux de l'avoir atteint.

HISTOIRE
DE
L'AFRIQUE
SOUS LES GOUVERNEURS ARABES
ET
LA DYNASTIE DES AGHLABITES.

Nous avons déjà raconté, lorsque nous avons traité du khalifat d'Othman, tout ce qui est relatif à la conquête de l'Afrique (1) par Abdallah, fils d'Abou-

---

(1) Toutes les fois que dans cette traduction nous emploierons le mot *Afrique*, nous restreindrons cette appellation au sens que lui donnent les Orientaux. L'*Afrikia* des Arabes, outre l'*Africa propria* des Romains, qui, d'après Pline (lib. V, c. 4), se bornait à la Zeugitanie, comprend encore la Numidie et une partie de la Mauritanie Césarienne. Elle correspond, d'après les divisions géographiques modernes, aux régences de Tripoli et de Tunis, auxquelles il faut joindre encore la partie orientale de l'Algérie jusqu'à Méliana. Le dictionnaire géographique, connu sous le nom de *Meracid-el-Ittila*, trace ainsi la position et les limites de cette vaste contrée: افريقية هو اسم لبلاد واسعة ومملكة كبيرة قبالة جزيرة صقلية وينتهى اخرها الى قبالة جزيرة الاندلس والجزيرتان فى شماليها وصقلية منحرفة الى الشرق والاندلس الى الغرب سميت بافريقية نسبة الى افريقس بن ابرهة

Sarh(2); nous avons dit comment ce chef pénétra dans cette province à la tête de vingt mille hommes, compa-

الرايش وقيل افريقس بن صيفى بن سبا بن يشحب بن يعرب ابن قحطان وهو الذى اختطها ذكروا انه لما غزا المغرب انتهى الى موضع واسع رحب كثير الماء فامر ان يبنى هناك مدينة فبنيت وسماها افريقية ثم نقل اليها الناس ثم نسبت الولاية باسرها الى هذه المدينة ثم انصرف الى اليمن وحد افريقية من طرابلس الغرب من جهة برقة والاسكندرية الى بجاية وقيل الى مليانة فيكون مسافة طولها نحو من شهرين ونصف وقيل طولها من برقة مشرقا الى طنجة غربا وعرضها من البحر الى الرمال التى فى اول بلاد السودان وهى جبال ورمال عظيمة متصلة من الشرق الى الغرب

« L'Afrique est un vaste pays, et un empire considérable, qui fait
« face à la Sicile et à l'Espagne. Ces deux contrées sont situées au nord
« de l'Afrique, la Sicile du côté du levant, et l'Espagne vers le couchant.
« On pense que l'Afrique doit son nom à Afrikis-ben-Abrahah-erraïsch;
« d'autres disent à Afrikis-ben-Saïfi-ben-Saba-ben-Iaschhob-ben-
« Iarob-ben-Kahtan. Ce chef, à ce que l'on raconte, ayant porté la
« guerre dans le Maghreb, parvint à une vaste contrée, où il trouva
« de l'eau en abondance. Là il donna l'ordre d'élever une ville, et
« lorsqu'elle fut construite, il lui imposa le nom d'*Afrikia*, et la peupla
« de nombreux habitants : plus tard, le pays tout entier prit le nom
« de cette ville. Afrikis retourna ensuite dans l'Yemen. Les confins de
« l'Afrique s'étendent depuis la Tripoli maghrebine, du côté de Barca
« et d'Alexandrie, jusqu'à Bougie et même Méliana, en sorte que sa
« longueur comprend une marche de deux mois et demi : on compte
« aussi sa plus grande longueur depuis Barca, au levant, jusqu'à la
« ville de Tanger, au couchant. Quant à sa largeur, on la calcule
« depuis la mer jusqu'aux déserts du Soudan. Ce vaste empire, de
« l'orient à l'occident, est occupé par des sables ou des montagnes. »
(*Mer.-el-Itt.*, Ms. de la Bib. roy., fol. 49.) On peut consulter aussi les extraits des écrivains orientaux, relatifs à la géographie de l'Afrique, et insérés dans les Mémoires de l'Académie des Inscriptions et belles-lettres, tom. XXI, p. 126.

(2) Cet Abd-Allah n'était pas fils d'Abou-Sarh, mais fils de Saad, fils

gnons du Prophète, ou guerriers éminents parmi les Arabes; nous l'avons montré dispersant tous les chrétiens qui l'habitaient, qu'ils fussent Francs, Grecs ou Berbers; dévastant Sobeïtala(3) leur capitale, et la détruisant de fond en comble; s'emparant de leurs richesses, emmenant captives leurs femmes et leurs filles, et leur faisant perdre à jamais, par ses victoires, toute influence dans le pays. La cavalerie des Arabes se répandant ensuite dans les différentes contrées de l'Afrique, poursuivit les infidèles, mettant à mort ou faisant prisonniers tous ceux qu'elle pouvait atteindre jusqu'au moment où les habitants du pays vinrent demander à Ebn-Abi-Sarh

d'Abou-Sarh : c'était le frère de lait d'Othman qui avait imploré sa grâce auprès de Mahomet lors de la proscription de la Mecque, dans laquelle il avait d'abord été compris. (Voy. *Abou'lf*.) Le lien qui l'unissait au khalife fut la cause première de son élévation.

(3) Sobeïtala, l'ancienne Sufetula en Bysacène, est encore un des lieux les plus remarquables de toutes les régences par l'étendue et la magnificence de ses ruines. Voyez la description qui en est donnée par Shaw, dans son *Voyage en Barbarie*, tom. I, p. 259. On lit dans Abou'lfeda (édition de MM. Reinaud et de Slane, p. 141) :

سبيطلة كانت كرسي مملكة افريقية في القديم ولها آثار عظيمة تدل على ذلك

« Sobeïtala était autrefois la capitale de l'Afrique. Des « traces nombreuses indiquent encore son ancienne splendeur. » Édrisi (trad. de M. Jaubert, t. I, p. 249) dit que cette ville était remarquable par la beauté de son aspect, son étendue, l'abondance de ses eaux et la douceur de son climat : elle était entourée de vergers et de jardins. De Sobeïtala à Cafça on compte un peu plus d'une journée, et à Caïrouan 70 milles. Sir Granville-Temple a récemment visité les ruines de l'antique Sufetula. Il y a constaté l'existence de deux arcs de triomphe, trois temples, des bains, un aqueduc, portant encore sur l'une de ses arcades une inscription où on lit le nom d'Aurélius Vérus. Des chapiteaux travaillés avec soin, de riches colonnes, des pavés en mosaïque, attestent sa puissance déchue.

de les quitter avec ses Arabes pour retourner dans ses foyers, et lui offrirent à cet effet trois cents talents d'or. Il accepta cette proposition, et l'an 27 de l'hégire partit pour l'Égypte (4).

(4) Ebn-Khaldoun ne fait ici, comme il l'annonce, qu'indiquer rapidement les principaux faits de la conquête de l'Afrique, sur lesquels il a insisté davantage en écrivant l'histoire d'Othman-ben-Affan, troisième khalife ou vicaire du prophète. L'un des chroniqueurs orientaux, qui se soit le plus étendu sur les événements de l'occupation de l'Afrique par les Arabes, Nowaïri, donne une description détaillée de la première expédition musulmane à l'ouest de la Cyrénaïque. Otter, dans un mémoire dont on a inséré un extrait dans le 21ᵉ volume des Mémoires de l'Académie des Inscriptions (p. 111 à 125); Cardonne, dans le premier volume de son Histoire de l'Espagne sous la domination des Arabes (p. 19 à 25); et Lebeau, qui a emprunté à ces deux orientalistes ce qu'il dit de cette curieuse époque (édit. de M. de Saint-Martin, t. XI, p. 323 à 330), sauf quelques omissions, quelques incertitudes, qui tiennent peut-être à une lecture trop rapide, ont rapporté le récit de Nowaïri, contenu dans le sixième chapitre de la cinquième partie de son grand ouvrage historique, récit qui occupe les quatre premières pages du Ms. arabe 702, de la Bibliothèque royale. Othman, d'après ce manuscrit, avait rappelé d'Égypte Amrou-ben-el-Ass pour y envoyer son frère de mère Abd-Allah-ben-Abou-Saad. Ce dernier, une fois établi dans son gouvernement, avait dirigé du côté de l'Afrique des partis de cavalerie. Il écrivit au khalife le résultat de ces expéditions, et fit ainsi naître chez lui le désir d'ajouter à ses États cette nouvelle conquête. Othman crut toutefois devoir consulter les compagnons de sa gloire, ces vieux soutiens du prophète et de l'Islamisme; mais ils furent tous de son avis, à l'exception d'Abou-el-Aour-Saïd-ben-Abou-Jezid أبو الأعور سيد بن أبي يزيد qui se prononça hautement contre le projet du khalife, donnant pour raison qu'il avait entendu Omar, fils de Khattab, le prédécesseur d'Othman, s'opposer à un semblable dessein. Othman, en appelant de cet avis à celui de Zeïd, fils de Thabit, qui avait été l'un des secrétaires du prophète, et de Mohammed l'Ansarien, fils de Meslème, obtint leur assentiment, et rassembla une armée nombreuse. Après avoir donné le dénombrement des chefs de cette armée, surnommée l'armée des Abd-Allah, où

MOAWIA-BEN-KHODAIDJ.

Dans l'année 34 de l'hégire, Moawia-ben-Abi-Sofian donna l'ordre à Moawia-ben-Khodaïdj, gouverneur de

figuraient, parmi les Haschemites, Abd-Allah, fils d'Abbas; parmi les Benou-Taïm, Abd-el-Rahman, fils d'Abou-Bekr-el-Siddik; parmi les Benou-Adi, Abd-Allah, fils d'Omar-ben-el-Khattab, Abd-Allah, fils de Zeïd-ben-el-Khattab, Obeïd-Allah, fils d'Omar; parmi les Benou-Açad, Abd-Allah-ben-Zobaïr, et bien d'autres personnages éminents, tous accompagnés d'un certain nombre de guerriers de leur tribu. Nowaïri raconte comment Othman, qui avait fourni, de son propre bien, des chevaux, des armes et mille chameaux pour servir de monture aux pauvres Musulmans, crut devoir prêcher lui-même la guerre sainte. «Je vous ai placés, leur dit-il, sous les ordres de Merwan-ben-el-Hakim jusqu'au moment où vous arriverez dans les pays gouvernés par Abd-Allah-ben-Saad; ce sera lui alors qui prendra le commandement.» En effet, à l'arrivée en Égypte de l'armée d'Arabie, Abd-Allah rassembla ses troupes, et bientôt vingt mille Musulmans se trouvèrent sous les armes. Laissant l'Égypte sous les ordres d'El-Harith-Okbah-ben-Nafi, Abd-Allah partit pour l'Afrique. Le siége de Tripoli abandonné, ainsi que celui de Cabès entrepris ensuite, le rassemblement des troupes de Grégoire, qui avait été, dit toujours Nowaïri, nommé gouverneur de l'Afrique par Héraclius وكان ملكهم يدعى جرجير وسلطانه من طرابلس الى طنجة ولايته من قبل هرقل et dont l'armée se montait à cent vingt mille hommes, l'appel fait par le chef des Musulmans pour le convertir à l'Islamisme et son refus, la demande d'un tribut annuel refusé pareillement, précédèrent une bataille générale que les deux partis se livrèrent à Iacouba بيند و بين دار ملك الروم مسيرة يوم وليلة وهى المدينة المسماة سبيطلة : « Entre cette place et la capitale de l'Afrique, « nommée Sobeïtala, on compte une journée et une nuit de chemin.» La bataille d'Iacouba, les exploits d'Abd-Allah-ben-Zobaïr, les reproches qu'il adressa à Abd-Allah-ben-Saad, que la crainte retenait dans sa tente, la ruse par laquelle il assura la victoire aux Arabes, alors que les Grecs, cédant à la chaleur du jour, s'étaient retirés dans leur camp, la captivité de la belle et courageuse fille de Grégoire,

l'Égypte, d'aller porter la guerre en Afrique ; il le fit en effet, mit le siége devant Djeloula (5), et ayant ren-

tout l'ensemble de ce récit se trouve dans Cardonne, Otter, et mieux encore dans le mémoire que M. Étienne Quatremère a consacré à Abd-Allah-ben-Zobaïr. (*Nouv. Journal asiat.*) Après la perte d'une bataille aussi décisive, et qui avait coûté la vie à un grand nombre de Grecs ainsi qu'à leur chef, les fuyards se réfugièrent sous les remparts de Sobeïtala, mais l'armée musulmane, profitant des avantages de la victoire, les poursuivit avec vigueur. Voici la fin du récit de Nowaïri, relatif à cette première expédition :

ثم نزل المسلمون على المدينة وحاصروها حصارا شديدا حتى فتحها الله عليهم فاصابوا فيها خلقا كثيرا واكثر اموالهم الذهب والفضة فجمع عبد الله بن سعد الغنايم وقسمها بعد ان خمسها فكان سهم الفارس ثلاثة الاف دينار وسهم الراجل الف دينار وبث السرايا والغارات من مدينة سبيطلة فبلغت خيولة الى قصور قفصة فسبوا وغنموا وجازوا الى مرمجنة فاذلت تلك الوقعة من بقى من الروم واصابهم رعب شديد فلجاوا الى الحصون والقلاع واجتمع اكثرهم بحصن الاجم حول الحصن وهو من اعظم حصون افريقية وراسلوا عبد الله بن سعد ان ياخذ منهم ثلثمابة قنطار ذهبا على ان يكف عنهم ويخرج من بلادهم فقبل ذلك منهم بعد امتناع وقيل انه صالحهم على الفي الف وخمس مابة الف وقبض المال وكان فى شرط صلحهم ان ما اصاب المسلمون قبل الصلح فهو لهم وما اصابوه بعد الرداد ردوه عليهم ودعا عبد الله بن سعد عبد الله بن الزبير قال ما احد احق بالبشارة منك فامض وبشر عثمان والمسلمين بها انا الله تعالى عليهم فتوجه عبد الله يجد السير فبعض الناس يقول دخل المدينة من سبيطلة فى عشرين ليلة وبعضهم يقول وافى المدينة فى اربعة وعشرين يوما ولا يستغرب ذلك من مثله فلما وصل المدينة امره عثمان ان يصعد المنبر فيعلم الناس بفاتح الله عليهم

contré à Casr-el-Ahmar un renfort de Grecs venus de
Constantinople, il les força, par une attaque vigou-

فبلغ الزبير فجا الى المسجد ونال من عثمان بكلمات وقال بلغ من
عبد الله بن الزبير ان يرقا موضعًا كان رسول الله صلى الله عليه وسلم
يطأه بقدمه وددت والله اني مت قبل هذا وقيل ان عبد الله لم يرق
المنبر فانما وقف بازايه وخطب وعثمان على المنبر جالسًا قال وكان
فعل عبد الله بن الزبير فى القتال بافريقية كفعل خالد بن الوليد
بالشام وعمرو بن العاص بمصر رضى الله عنهم اجمعين قال ثم انصرف
عبد الله بن سعد الى مصر اثر سفر ابن الزبير قال وكان مقام الجيش
اسـ. بافريقية خمسة عشر شهرا ولم يقعد من المسلمين الا ناس قلايل

« Musulmans s'étant dirigés vers Sobeïtala, en formèrent le siége, qu'ils
« pressèrent avec vigueur. Enfin, Dieu leur accorda la victoire; ils dé-
« truisirent en grande partie la population et s'emparèrent d'immenses
« richesses en espèces d'or et d'argent. Abd-Allah-ben-Saad ayant alors
« réuni tout le butin, en fit le partage après en avoir prélevé la cinquième
« partie. Chaque cavalier eut pour sa part 3,000 dinars, et chaque fan-
« tassin en eut mille. Une fois maître de Sobeïtala, Abd-Allah envoya des
« corps expéditionnaires et des partis de cavalerie qui pénétrèrent jus-
« qu'aux châteaux de Cafça, où ils firent du butin et des prisonniers :
« quelques partis parvinrent jusqu'à Mermadjana (bourg appartenant
« aux Berbèrs de la tribu des Hawarah (*Meraç.-el-Itt.*). Les succès des Mu-
« sulmans ayant complètement abattu le courage des Grecs qui restaient
« encore en Afrique, ils éprouvèrent une vive terreur et cherchèrent
« un refuge dans les places fortes. La plupart d'entre eux se rassembla
« dans le district de Fohss-el-Adjem (Voy. *Meraç.-el-Itt.*), autour du
« château, qui passait pour une des places importantes du pays. De
« là ils dépêchèrent vers Abd-Allah-ben-Saad, et lui firent offrir trois
« cents cantars d'or pour épargner leurs personnes et sortir du pays.
« D'abord il refusa leurs offres, puis enfin il se rendit à leurs prières,
« on dit aussi qu'il consentit à leur accorder la paix, moyennant
« le payement de 2,500,000 dinars. En conséquence, il reçut l'argent
« convenu, et le traité fut conclu de manière que les Musulmans de-
« vaient garder tout ce qu'ils avaient pris avant la paix, tandis que ce

reuse dans laquelle il les battit complétement, à remettre à la voile pour leur pays : s'étant ensuite rendu

« qui aurait été enlevé aux Africains, depuis la conclusion de ce
« pacte, devait leur être rendu. Abd-Allah-ben-Saad fit ensuite appeler Abd-Allah-ben-Zobaïr, et lui dit : « Personne n'est plus digne
« que toi d'annoncer l'heureuse nouvelle de notre victoire : va donc ; dis
« à Othman et aux Musulmans comment Dieu très-haut a béni nos armes. » Abd-Allah-ben-Zobaïr eut à peine reçu cet ordre, qu'il se
« hâta de parcourir la longue route qu'il avait à faire. Quelques personnes prétendent qu'il franchit la distance de Sobeïtala à Médine
« en vingt jours de marche; d'autres disent en vingt-quatre, ce qui n'est
« pas étonnant de la part d'un homme tel que lui. A son arrivée, le
« khalife lui donna l'ordre de monter dans la chaire, et d'annoncer
« lui-même au peuple la victoire remportée par les Musulmans : Zobaïr, le père d'Abd-Allah, apprenant cette nouvelle, se hâta de se
« rendre à la mosquée, et, adressant des reproches à Othman : « Abd-
« Allah, fils de Zobaïr, dit-il, en est-il donc arrivé à occuper cette
« même place que le prophète de Dieu foulait de son pied : plût à Dieu
« que je fusse mort avant une telle profanation ! » On dit aussi qu'Abd-
« Allah-ben-Zobaïr ne monta pas dans la chaire du khalife, mais qu'il
« se tenait devant pour annoncer sa victoire, tandis qu'Othman était
« assis dans la chaire. On a dit des hauts faits d'Abd-Allah-ben-
« Zobaïr en Afrique, qu'ils ont égalé ceux de Khalid-ben-Walid en
« Syrie, et ceux d'Amrou-ben-el-Ass en Égypte. Abd-Allah-ben-
« Saad, après le départ d'Abd-Allah-ben-Zobaïr, ne tarda pas à se retirer
» en Égypte. L'armée arabe avait séjourné en Afrique pendant quinze
« mois, et bien peu de Musulmans avaient péri dans cette expédition. »
(*Nowaïri*, man. de la Bibl. roy., n° 702, f° 1, 2 et 3.)

(5) Djeloula, d'après Édrisi (tom. I, p. 171), est un petit bourg entouré de murs, situé au milieu de beaux jardins et de palmiers. C'est l'Usille des anciens, placée au bord de la mer, vis-à-vis de l'île de Cérine. (Voyez *Shaw*, tom. I, p. 248.) On lit dans le *Meraçid-el-Ittila* :
« جلولا مدينة مشهورة بافريقية ازلية مبنية بالصخر » Djeloula est une ville ancienne et célèbre de l'Afrique, qui est solidement bâtie toute en pierres. » Voici comment Nowaïri raconte la prise de Djeloula :

كان معوية بن حديج مقيما بالقرن وبعث عبد الملك بن مروان الى جلولا فى الف فارس فحاصرها اياما فلم يظفر بها وانصرف

maître de Djeloula, il s'empara d'un butin considérable, ravagea toute la contrée, et revint en Égypte (6).

الناس منكسرين فلم يسر الا يسيرًا حتى راى فى ساقة الناس غبارًا كبيرًا فظنوا ان العدو قد تبعهم فرجعوا فاذا مدينة جلولا قد وقع حايطها من جهة واحدة فانصرف المسلمون اليها فقتلوا من فيها وغنموا وسبوا. « Moawia-ben-Khodaïdj, dont le camp était placé à ElCçrn,
« ayant envoyé Abd-el-Melik-ben-Merwan contre Djeloula à la tête de
« mille cavaliers, ce dernier attaqua la ville, qu'il tint assiégée pendant
« plusieurs jours : n'ayant pu venir à bout de la prendre, il se retirait, et
« n'avait fait que peu de chemin, lorsqu'il aperçut à l'arrière-garde une
« grand poussière. Persuadé qu'il était poursuivi par l'ennemi il fit
« volte face, mais il se trouva que tout un côté des murailles qui défen-
« daient la ville s'était écroulé. Les Musulmans, pénétrant par la brèche,
« passèrent au fil de l'épée toute la garnison, mirent la ville au pil-
« lage et firent un grand nombre de prisonniers. » On prétend aussi
que c'est en venant chercher son arc qu'il avait oublié, pendu à un
arbre, qu'Abd-el-Melik s'aperçut qu'une partie des remparts était
renversée. (*Nowaïri* man. 702, fol. 3 vers. et 4 rect.)

(6) Bien que le Ms. d'Ebn-Khaldoun, dont j'ai extrait ce récit, porte
l'année 34 de l'hégire, il est évident, d'après Nowaïri, Abou'lfeda, et
en général tous les chroniqueurs orientaux, dont les récits concernent
les conquêtes des Arabes, que c'est à l'année 45 qu'il faut rapporter
l'expédition de Moawia-ben-Khodaïdj-el-Kendi. Voici la cause que donne
Nowaïri à cette seconde irruption des Musulmans en Afrique. « L'empereur de Constantinople, que Nowaïri nomme Héraclius, mais qui était
alors Constant II, ayant appris que les habitants de l'Afrique avaient
acheté la paix d'Abd-Allah-ben-Saad-ben-Abou-Sarh, envoya dans cette
province un patrice chargé de la gouverner en son nom, et lui intima
l'ordre de lever sur le peuple une contribution de 300 quintaux d'or,
contribution égale à celle qui avait été payée à Abd-Allah. Le nouveau
patrice, étant arrivé à Carthage, proclama les intentions de l'empereur ; mais les habitants refusèrent de s'y soumettre. Depuis la mort
de Grégoire, les Africains étaient gouvernés par un chef qui portait
le nom de Djenaha جناحة, il chassa le patrice auquel Nowaïri donne
le nom de Aoulia أوليه. Cet acte d'autorité ayant peut-être déplu
aux habitants de l'Afrique, ils mirent à leur tête un homme qui se

OKBAH-BEN-NAFI.

En l'année 45, Moawia ayant ôté le gouvernement de l'Afrique à Moawia-ben-Khodaïdj, le confia à Okbah-

nommait Élatrioun الاطريون selon les uns, El-Atlioun الاطليون selon les autres, tandis que Djenaba, se dirigeant vers la Syrie, allait auprès de Moawia-ben-Abi-Sofian, le successeur d'Ali et le premier khalife de la maison des Omeyyades, afin de lui faire connaître dans quel état de trouble était l'Afrique, et de l'engager à y envoyer avec lui une armée. C'est alors que Moawia-ben-Abi-Sofian ayant fait choix, pour commander les forces arabes, de Moawia-ben-Khodaïdj, les dirigea vers l'Afrique par la route d'Alexandrie. Arrivé dans cette ville, Djenaba mourut; et Ebn-Khodaïdj, continuant sa marche, arriva dans l'Afrique, qui n'était plus, pour ainsi dire, qu'un désert ravagé par l'incendie de la guerre. Au nombre des guerriers qui marchaient sous les ordres d'Ebn-Khodaïdj, on comptait Abd-el-Melik-ben-Merwan, Yahia-ben-el-Hakem, Khalid-ben-Thabet le coréischite, Abd-Allah-ben-Omar-ben-el-Khattab, Abd-Allah-ben-Zobaïr, en un mot, tous les plus braves guerriers de l'armée de Syrie et d'Égypte. A l'arrivée de Moawia, les habitants de l'Afrique croyaient encore qu'il était accompagné de Djenaba, qui était mort au commencement de la campagne. Moawia s'établit à l'ouest de Camounia, au pied d'une montagne placée à dix parasanges de cette ville. A peine y était-il, qu'un violent orage l'assaillit; il dit alors : Certes, la montagne que nous avons choisie est bien orageuse, et le nom d'orageuse lui resta. il ajouta : فقال ان جبلنا هذا لمطور فسمى الجبل مطور الى اليوم ; Portons-nous vers cette pointe de terre, et le lieu qu'il désignait prit pareillement le nom de la pointe (El-corn) فسمى ايضا القرن Après avoir défait trente mille hommes, envoyés par Constant au secours de l'Afrique, et qui avaient débarqués à Santabarta على ساحل البحر بسنطبرطة il s'empara de Djeloula, ainsi que nous l'avons dit dans la note précédente. Abd-el-Melik-ben-Merwan, son lieutenant, ayant réussi dans cette conquête et étant venu retrouver Moawia-ben-Khodaïdj, toujours retranché à El-Corn, où il avait placé son camp, on procéda au partage du butin. Abd-el-Melik voulait que ses soldats seuls, qui avaient emporté la ville d'assaut, recueillissent le fruit de leur victoire, tandis qu'Ebn-Khodaïdj prétendait que les dépouilles

ben-Nafi-ben-Abdallah-ben-Caïs-el-Fahri (7), auquel on doit la fondation de la ville de Caïrouan (8); cet émir

de l'ennemi devaient être également réparties entre tous les Musulmans. On en écrivit au khalife, qui, par une décision spéciale, ordonna un partage général entre toute l'armée. Nowaïri dit encore que Moawia-ben-Khodaïdj est le premier qui ait entrepris la conquête de la Sicile, en dirigeant contre cette contrée une expédition commandée par Abd-Allah-ben-Caïs. (Voy. *Nowaïri*, Ms. de la Bibliothèque royale, n° 702, fol. 3, verso.)

(7) Nowaïri dit à cette occasion: انصرف معوية بن خديج الى مصر
فاقره معاوية بن ابى سفيان عليها و عزله عن افريقية وافردها عن مصر
« Lorsque Moawia-ben-Khodaïdj se retira en Égypte, le khalife
« Moawia-ben-Abi-Sofian l'ayant confirmé dans le gouvernement
« de cette province, lui retira celui de l'Afrique, et sépara ainsi l'ad-
« ministration de ces deux pays. » (*Nov*. Ms. 702, fol. 4 recto.) Il semble que ce soit de cette époque qu'on doive dater d'une manière plus précise l'établissement des Arabes en Afrique. Jusque-là des expéditions, dirigées par les lieutenants du khalife en Égypte, allaient s'enrichir des dépouilles des colonies romaines dans la Bysacène, et revenaient dans des régions plus complètement soumises à l'Islamisme jouir des fruits de leurs triomphes. En séparant dorénavant les deux contrées, en instituant un gouverneur spécial pour la province d'Afrique, le khalife Moawia, bien que plus tard il soit revenu momentanément à un système de réunion, annonçait l'intention formelle de ne plus abandonner sa nouvelle conquête. Okbah-ben-Nafi, envoyé à cet effet, avait été, comme nous l'avons vu, chargé de gouverner l'Égypte pendant l'expédition d'Abd-Allah-ben-Saad. Précédemment encore il s'était rendu maître, comme lieutenant d'Amrou, de tout le pays de Barca, l'ancienne pentapole cyrénaïque.

(8) Voici comment Novaïri raconte les faits relatifs à la fondation de cette ville: لما اراد عتبة بن نافع بنا مدينة القيروان واجابه المسلمون
الى ذلك اتى بهم الى موضعها وهو اذ ذاك شعارى لا تسلك
وقال شانكم فقالوا له انك امرتنا بالبنا فى شعارى وغياض
لا تسلك ولا ترام ونحن نخاف من السباع والحيات وغير ذلك

combattit les tribus berbères(9) et pénétra jusqu'au pays du Maghreb.

من خشاش الارض وكان عقبة مستجاب الدعوة فدعا الله عز وجل وجعل اصحابه يومنون على دعايه وكان فى عسكره ثمانية عشر رجلا من اصحاب رسول الله صلى الله عليه وسلم فجمعهم ونادى ايها الحيات والسباع نحن اصحاب رسول الله صلى الله عليه وسلم ارحلوا عنا انا نازلون ومن وجدناه بعد ذلك قتلناه ونظر الناس فى ذلك اليوم الى السباع تحمل اشبالها والذياب تحمل اجراءها والحيات تحمل اولادها فاسلم كثير من البربر ونادى عقبة فى الناس كفوا عنهم حتى يرتحلوا عنا فلما خرج ما فيها من ذلك جمع عقبة وجوه اصحابه ودار بهم حول المكان واقبل يدعو الله ويقول اللهم املاها علما وفقها واعمرها بالمطيعين والعابدين وامنعنا من جبابرة الارض ثم نزل عقبة الوادى وامر الناس ان يختطوا ويقلعوا الشجر قال فاقام اهل افريقية بعد ذلك اربعين سنة لايرون بها حية ولا عقربا قال واختط دار الامارة والمسجد الاعظم ولم يحدث فيه بنا وكان يصلى فيه وهو كذلك فاختلف الناس فى القبلة وقالوا ان اهل الغرب يضعون قبلتهم على قبلة هذا المسجد فاجهد نفسك فى امرها فاقاموا مدة ينظرون الى مطالع الشتا والصيف من النجوم ومشارق الشمس فلما راى عقبة الاختلاف اهتم لذلك وسال الله تعالى فاتاه ات فى منامه فقال له يا ولى رب العالمين اذا اصبحت فخذ اللوا واجعله على عنقك فانك تسمع بين يديك تكبيرا لا يسمعه غيرك فالموضع الذى ينقطع عنك التكبير فهو قبلتك ومحراب مسجدك وقد رضى الله عز وجل امر هذه المدينة وهذا المسجد وسوف يعز بها دينه ويذل بها من كفره الى اخر الدهر فاستيقظ من منامه وقد جزع جزعا شديدا فتوضأ واخذ فى

ABOU-EL-MOHADJIR.

Moawia ayant donné le gouvernement de l'Égypte et de l'Afrique à Moslema-ben-Makhlid, celui-ci déposa

الصلاة فى المسجد وهو لم يبين بعد ومنع اشراف الناس فلما طلع الفجر وركع عقبة سمع التكبير بين يديه فقال لمن حوله الا تسمعون قالوا لا نسمع شيا فقال ان الامر من عند الله عز وجل واحد اللوا ووضعه على عاتقه واقبل يتتبع التكبير بين يديه حتى انتهى الى محراب المسجد فانقطع التكبير فركز لواء وقال هذا محرابكم ثم اخذ الناس فى بنيان الدور والمساكن والمساجد فعمرت وكان دورها ثلاثة الاف باع وستهاية باع فكملت فى سنة خمس وخمسين سكنها الناس وعظم قدرها وكان فى موضع القيروان حصن لطيف للروم يسمى قمونية ودبر عقبة امر افريقية احسن تدبير الى ان عزل معوية بن ابى سفيان معوية بن خديج عن مصر وولى مسلمة بن مخلد الانصارى مصر وافريقية — Lorsque Okbah-ben-Nafi eut pris la
« résolution de fonder la ville de Caïrouan, et que les Musulmans
« eurent consenti à l'aider dans cette entreprise, il les mena vers le
« lieu qu'il avait choisi : c'était un fourré épais dans lequel aucun che-
« min n'était tracé. Aussi, lui dirent-ils, quand il les engagea à se mettre
« à l'œuvre : Eh quoi, tu voudrais nous faire construire une ville sur
« l'emplacement d'une forêt inextricable ! Comment ne redouterions-
« nous pas les bêtes sauvages de toute espèce et les serpents, dont
« nous aurions à supporter les attaques ? Okbah, dont l'intercession était
« toute-puissante auprès de la Divinité, s'adressant alors à Dieu très-
« haut, tandis que ses guerriers, parmi lesquels se trouvaient dix-huit
« compagnons du prophète, répondaient *amen* à ses invocations,
« s'écria : « O vous, serpents et bêtes sauvages, sachez que nous
« sommes les compagnons du prophète de Dieu ! retirez-vous du lieu
« que nous avons choisi pour nous établir ; ceux de vous que nous
« pourrions rencontrer plus tard seraient mis à mort. » Quand il
« eut achevé ce discours, les Musulmans virent avec étonnement

Okbah-ben-Nafi, et mit à sa place, en l'an 55, l'un de ses affranchis, nommé Abou-el-Mohadjir-Dinar. Ce

« pendant toute la journée les animaux féroces, les bêtes venimeuses
« se retirant au loin, et emmenant avec eux leurs petits; miracle qui
« convertit un grand nombre de Berbèrs à l'Islamisme. Pendant cette
« retraite, Okbah recommandait à ses soldats d'éviter soigneusement
« d'approcher de ces animaux, tant qu'eux-mêmes chercheraient à s'é-
« loigner des hommes. La migration une fois accomplie, Okbah ras-
« sembla ses principaux compagnons, et fit avec eux le tour du lieu où
« il voulait fonder sa ville nouvelle, adressant des vœux au ciel pour
« qu'il y fît prospérer la science et la sagesse; pour qu'elle ne fût habitée
« que par des hommes craignant Dieu et le servant avec amour, et
« enfin, pour qu'elle fût préservée de l'atteinte des puissants de la terre.
« Il s'établit ensuite dans la vallée, ordonnant qu'on traçât les rues et
« qu'on arrachât les arbres. On prétend que pendant les quarante
« années qui suivirent, les habitants n'aperçurent jamais ni serpents,
« ni scorpions. Le premier soin d'Okbah fut de tracer les plans du
« château et de choisir le lieu de la mosquée; mais il ne la fit pas en-
« core construire, et récitait la prière sur l'emplacement de cette mos-
« quée projetée : car il y avait dissentiment dans la population au sujet
« de la kibla : on disait qu'à l'avenir les habitants de l'Afrique adopte-
« raient la kibla de cette mosquée, et on engageait Okbah à en déter-
« miner la position avec le plus grand soin. Les Musulmans restèrent
« longtemps à observer les levers des astres en été et en hiver, et les
« levers du soleil (pour s'orienter exactement); cependant, Okbah,
« voyant persister le désaccord sur un point si essentiel, en conçut une
« vive inquiétude et s'adressa à Dieu très-haut pour obtenir une solu-
« tion. En effet, il eut pendant son sommeil une révélation, et une
« voix d'en haut lui adressa ces paroles : « O toi, qui es aimé du Maître
« des mondes, lorsque le matin sera venu, prends l'étendard, mets-
« le sur ton épaule, tu entendras devant toi réciter le Tekbir sans
« qu'aucun autre que toi puisse l'entendre : le lieu où se terminera la
« prière, c'est celui-là qu'il faut choisir comme kibla; c'est là qu'il
« faut placer dans la mosquée le siége de l'Imam. Dieu très-haut pro-
« tégera cette ville et cette mosquée; sa religion y sera établie sur des
« bases solides et jusqu'à la consommation des temps les incrédules
« y seront humiliés.» A ces paroles, Okbah sortit de son sommeil
« tout éperdu d'une telle révélation, il fit ses ablutions, et se rendit à
« la mosquée qui n'était pas encore bâtie pour y réciter la prière,

nouveau chef attaqua le Maghreb, parvint jusqu'à Tlemçen, et dévasta Caïrouan, fondée par Okbah, s'ef-

« accompagné des principaux habitants. Aussitôt que le jour parut,
« il s'inclina; et, entendant devant lui le Tekbir, il demanda à ceux
« qui l'entouraient s'ils l'entendaient aussi; mais ils lui répondirent que
« non. Les avertissant ensuite qu'il agissait par l'ordre de Dieu très-
« haut, il prit l'étendard, le plaça sur son épaule, et suivit le son de la
« voix qui s'arrêta lorsqu'il fut parvenu à l'endroit où fut placé depuis
« le siége de l'Imam dans la mosquée. Aussitôt il planta là son drapeau,
« et dit : «Voilà dorénavant le lieu vers lequel on doit se tourner pen-
« dant la prière.» Les palais, les mosquées et les habitations, qui peu-
« plèrent bientôt Caïrouan, s'élevèrent avec rapidité; l'enceinte de la
« ville avait 3,600 brasses de tour, et elle fut achevée en l'an 55 de
« l'hégire. De nombreux habitants s'y rendirent de toutes parts, et
« elle ne tarda pas à devenir une puissante capitale. Elle comprenait
« dans son étendue une forteresse qui avait appartenu aux Grecs,
« et qui se nommait Camounia. Okbah gouverna l'Afrique avec une
« grande sagesse, jusqu'au moment où Moawia-ben-Abou-Sofian rap-
« pela d'Égypte Moawia-ben-Khodaïdj, et réunit encore une fois l'É-
« gypte et l'Afrique sous le gouvernement de Moslema-ben-Makhlid.»
(*Nowaïri*, M.S. 702, f° 4 r° et v°.) On trouve le même récit dans le M.S.
de la Bibl. roy., n° 752, qui traite de la conquête de l'Afrique et des
hommes remarquables qui ont illustré ce pays. On attribue ce M.S.
à Aboubekr-Abd-Allah-el-Maleki. (Voy. f° 1 et 2.)

⁹ Les Berbèrs, d'après Ebn-Khaldoun, ont, dès les temps les
plus anciens, habité la Mauritanie. « Leur langue, dit cet historien,
« est une espèce de jargon barbare, dans lequel on distingue plusieurs
« dialectes. Afrikis, fils de Keïs, fils de Saïfi, l'un des anciens princes
« hymiarites de l'Yemen, ayant envahi la Mauritanie, donna son nom
« à l'Afrique. Lorsque ce roi eut vu ces peuplades étrangères, qu'il
« eut entendu leur jargon et qu'il en eut remarqué les différentes
« modifications, il s'écria tout surpris : ما اكثر بربرتكم, que votre
« *berbérat* est nombreux, car le mot *berbérat* signifie, en arabe, *un*
« *mélange confus de sons inintelligibles*. C'est pour cela qu'on les
« appela *Berbèrs*. » (Voy. la trad. de ce passage du livre III, ch. 2,
donné par Schultz dans le 2ᵉ vol. du *Nouveau Journ. asiatique*, p. 117.)
Ebn-Khaldoun entre ensuite dans l'examen des diverses hypothèses
concernant l'origine des Berbèrs. « Quelques généalogistes, selon lui,
« les font descendre d'Abraham, par son fils *Nakschan*; d'autres les

forçant de faire sentir à ce dernier tout le poids de sa disgrâce. Kaçila-el-Aourbi, vaincu par Abou-el-Mohadjir, dans une guerre qui avait éclaté entre eux, embrassa l'Islamisme entre ses mains.

OKBAH-BEN-NAFI REVIENT AU POUVOIR.

Lorsque Yezid-ben-Moawia fut monté sur le trône des khalifes, il fit revenir en Afrique Okbah-ben-Nafi, qui, rentrant en 62, dans cette province d'où l'hérésie avait pénétré chez les Berbèrs, marcha contre ces tribus, après avoir mis à la tête de son avant-garde Zohaïr-ben-Caïs-el-Baloui. A peine les Grecs et les Francs eurent-ils connaissance de son approche, qu'ils prirent la fuite; plus tard, cependant, il leur livra bataille, et s'empara des places fortes qui étaient encore entre leurs

---

« font venir de l'Yemen, lors de la rupture de la digue : quelques auteurs leur donnent pour patrie la Palestine, d'où ils furent chassés par un roi de Perse; d'autres font remonter les Berbèrs à Goliath (*Djalout*). Suivant Tabari, ils sont formés d'un mélange de Cananéens et d'Amalécites, qui se dispersèrent après la mort de Goliath. D'autres auteurs les font descendre de Cham, par Berber, fils de Tamlà, fils de Mazigh, fils de Canaan, fils de Cham; une autre opinion les veut de race sémitique. Mais la version authentique, c'est que les Berbèrs descendent de Canaan, fils de Cham, fils de Noé » (*Ibid.*) Édrisi, qui parle aussi avec quelques détails de l'origine des Berbèrs, les croit anciens habitants de la Palestine, d'où ils passèrent dans le Maghreb, après la victoire de David sur Goliath (Édrisi, vol. I, p. 202). Dans un mémoire lu à l'Académie des Inscriptions, en 1828, M. de Saint-Martin ne voit dans le nom Berbèrs, donné encore maintenant aux indigènes de l'Afrique qui habitent l'Atlas, que la perpétuation de l'appellation de *Barbari*, donnée par les anciens aux peuples qui, gardant leur indépendance, n'avaient pas voulu se soumettre à la civilisation romaine. (Voyez aussi l'article *Berber*, dans l'*Encyclopédie nouvelle*, par M. d'Avezac.)

mains, telles que Lamis et Baghaïa (10). Il se rendit ensuite maître d'Adana (11), capitale du Zab; les princes berbèrs qui la commandaient étaient venus l'attaquer, mais

(10) Baghaïa d'après Edrisi (tom. I, p.327), est située à huit journées de route de Bougie. On lit dans le *Meraçid-el-Ittila* : باغاية مدينة كبيرة فى اقصى افريقية بين بجاية وقسنطينة « Baghaïa est une « grande ville placée au fond de la province d'Afrique, entre Bougie et « Constantine. » Quant à la ville nommée Lamis par Ebn-Khaldoun, Nowaïri l'appelle Malisch مليش. Voici la version de cet auteur sur l'expédition d'Okbah contre ces deux places : ومضى فى عسكر عظيم حتى اشرف على مدينة باغاية وقاتل اهلها قتالا شديدا واخذ لهم خيلا لم ير المسلمون فى مغازيهم اصلت منها ودخل الروم حصنهم فكره عقبة ان يقيم عليه فمضى الى مليش وهى من اعظم حصونهم فلجا اليها من كان حولها منهم وخرجوا اليه وقاتلوه قتالا شديدا حتى ظن الناس انه القيامة فهزمهم وتبعهم الى باب حصنهم واصاب غنايم كثيرة « Okbah s'avança à la tête d'une nombreuse armée, et « parvint à Baghaïa. Il livra un combat meurtrier, sous les murs de « cette ville, aux troupes qui lui servaient de garnison, et leur enleva « une quantité de chevaux tels que les Arabes n'en avaient jamais « vu de plus légers. Les Grecs s'étant retirés dans le fort, Okbah ne « voulut pas en faire le siége, et s'avança sur Malisch, l'une des places « les plus importantes des Grecs en Afrique. Tous les habitants des « alentours vinrent se réfugier dans les murs de cette forteresse; ils « firent ensuite une sortie, et combattirent avec un tel acharnement « qu'on se croyait arrivé au jour du jugement dernier; mais enfin, ils « prirent la fuite, et, poursuivis jusqu'à la porte de leur forteresse, « abandonnèrent à l'ennemi de nombreuses dépouilles. » (Ms. 702 de la Bib. roy., fol. 5 recto.)

(11) Le Ms. d'Ebn-Khaldoun, possédé par la Bibliothèque royale, donne ici le nom d'Adana à la capitale du Zab. C'est peut-être une faute de copiste pour Arbah اربة que l'on trouve dans le *Meraçid-el-Ittila*, p. 25, et dans Nowaïri, qui parle en ces termes de l'importance de cette contrée : فرحل الى بلاد الزاب فسال عن اعظم مداينهم قدرا فقالوا مدينة يقال لها اربة فيها الملك وهى مجمع ملوك

il les mit en fuite, et s'empara de leurs dépouilles. Abou-el-Mohadjir, son prédécesseur, fut renfermé dans une prison par ses ordres et ne recouvra plus sa liberté(12). Okbah poursuivant alors le cours de ses conquêtes, pénétra jusqu'à Tanger. Julien, prince de Gho-

« Okbah se rendit الزاب وحولها ثلثمائة قرية وستون قرية كلها عامرة
« ensuite dans le Zab, et ayant demandé quelle était la principale ville
« du pays, on lui répondit que c'était Arbah; c'est là que le souverain
« du pays faisait sa résidence, et que se rassemblaient les différents
« chefs du Zab. On comptait, dans les environs, trois cent soixante
« bourgades bien peuplées. »

(12) Le fait qu'Abou-el-Mohadjir ne recouvra plus sa liberté est en opposition directe avec le récit de Nowaïri, qui prête à cet ancien rival d'Okbah une conduite généreuse, à laquelle ce dernier répondit en brisant ses fers. Lorsque Okbah se trouva, ainsi que nous le verrons plus bas, sur le point d'être attaqué par des forces bien supérieures aux siennes, il fut averti de cet imminent danger par Abou-el-Mohadjir, et aurait pu y échapper s'il eût suivi ses conseils : aussi dans sa reconnaissance, il lui rendit la liberté, et voulut lui faire éviter la mort qu'il allait braver lui-même. Voici comment s'exprime Nowaïri à cette occasion : فبلغ ذلك عقبة فاطلقه وقال له الحق بالمسلمين
فقم بامرهم وانا اغتنم الشهادة فقال ابو المهاجر وانا اغتنم ما
اغتنمت فصلى عقبة ركعتين وكسر جفن سيفه وفعل ابو المهاجر
كفعله وكسر المسلمون اغماد سيوفهم وامر عقبة ان ينزلوا عن خيلهم
فعلوا وقاتلوا قتالا شديدا فقتلوا عن اخرهم ولم يفلت منهم احد

« Okbah, touché de la générosité d'Abou-el-Mohadjir lui rendit la li-
« berté et lui dit : Va rejoindre les Musulmans, et veille sur eux;
« car j'ai résolu de succomber ici martyr de la foi; mais Abou-el-
« Mohadjir lui répondit: Ton sort sera le mien. Alors Okbah récita deux
« rika, puis, brisant le fourreau de son épée, il se prépara à combattre.
« Abou-el-Mohadjir en fit autant, et tous les soldats imitèrent leur
« exemple; ils descendirent de cheval par ordre de leur chef; et se
« précipitant sur l'ennemi, ils se firent tuer jusqu'au dernier, en com-
« battant avec vaillance. » (*Nowaïri*, Ms. 702, fol. 6, recto.)

marah(13), et seigneur de cette ville, s'étant soumis à lui, non-seulement le combla de présents, mais lui servit de guide pour le conduire vers quelques contrées berbères, situées au delà de ses possessions dans le pays de Maghreb, telles que Oualili, Handzeroun, le pays des Masmoudah et le pays de Sous : Les habitants en professaient le magisme, et ne s'étaient pas convertis à la religion des chrétiens. Okbah s'empara des places fortes, rassembla de nombreuses richesses, fit des prisonniers, ravagea les tribus, et parvint ainsi jusqu'à Sous; de là il alla porter la guerre chez les Masoufah, qui font partie des Bédouins, et dont le pays est placé en arrière de la ville de Sous(14). Arrêté dans sa marche

(13) Les Ghomarah forment une tribu descendant des Masmoudah, descendant eux-mêmes des Beranis. Une autre opinion veut qu'ils descendent d'Himyar (*Ebn-Khaldoun*). Le district montagneux de Ghomarah est à deux journées de Fez. (*Édrisi*, I, p. 237.)

(14) Avant d'arriver à Tanger, pour pénétrer de là dans les provinces les plus méridionales de ce qui forme aujourd'hui le royaume de Maroc, Okbah défit encore une fois les Grecs et les Berbèrs alliés sous les murs de Tahart, ville considérable du Maghreb, située, d'après Édrisi (tom. I, p. 233), à quatre journées de Tlemçen, et à quatre journées de la mer. Comme l'expédition d'Okbah, bien au delà du mont Atlas au milieu des tribus berbères, qui, de toute antiquité, défendent l'approche de ces contrées peu connues, est un des faits les plus curieux de la conquête de l'Afrique par les Arabes, je vais rapporter dans son entier le passage de Nowaïri, jusqu'au moment où la barrière infranchissable de l'Océan arrêta seule les armes musulmanes.

ورحل حتى نزل تادرت فلما بلغ الروم خبره استعانوا بالبربر
فاجابوهم ونصروهم فقام عقبة وخطب الناس وحرضهم على القتال
والتقوا واقتتلوا فلم يكن للروم والبربر طاقة بقتالهم فقتلهم
قتلا ذريعا وفرق جموع الروم عن المدينة ثم رحل حتى نزل طنجة
فلقيه رجل من الروم يقال له ايليان وكان شريفا في قومه فاهدى اليه

par le grand Océan, il revint enfin, permettant à ses troupes de le précéder à Caïrouan. Kaçila, roi d'Aourba

هدية حسنة ولاطفه ونزل على حكمه فساله عن بر الاندلس فقال انه محفوظ فقال دلني على رجال الروم والبربر فقال قد تركت الروم خلفك وليس امامك الا البربر وفرسانهم فى عدد لا يعلمه الا الله تعالى وهم انجاد البربر وفرسانهم فقال عقبة فاين موضعهم قال فى السوس الادنا وهم قوم ليس لهم دين ياكلون الميتة ويشربون الدم من انعامهم وهم امثال البهايم يكفرون بالله ولا يعرفونه فقال عقبة لاصحابه ارحلوا على بركة الله فرحل من طنجة الى السوس الادنا وهى جنوب مدينة طنجة الى مدينة تسمى تارودانت فانتهى الى اوايلهم فقتلهم قتلًا ذريعًا وهرب من بقى منهم وتفرقت خيله فى طلبهم ومضى حتى دخل السوس الاقصى فاجتمع البربر فى عدد كثير لا يحصبهم الا الله تعالى فقاتلهم قتالًا لم يسمع بمثله فقتل خلقًا كثيرًا منهم واصاب نساء. لم ير الناس مثلهن فقيل ان الجارية كانت تساوى بالمشرق الف مثقال واكثر واقل وسار حتى بلغ البحر المحيط

« Okbah ayant continué sa
« marche, parvint jusqu'à Tahart : au bruit de sa prochaine arrivée,
« les Grecs s'empressèrent de demander du secours aux Berbèrs, qui
« consentirent à se joindre à eux. Okbah, de son côté, ayant harangué
« ses troupes et les ayant excité par ses paroles à combattre avec
« courage, les deux armées fondirent l'une sur l'autre. L'armée des
« Grecs fut repoussée ; Okbah en fit un grand carnage, et les dispersa
« loin de la ville. Le général musulman ayant ensuite marché sur
« Tanger, y trouva un Grec nommé Julien, homme important dans
« sa nation, qui le combla de présents et de caresses, et lui fit sa sou-
« mission. Okbah l'interrogea sur l'Espagne, Julien lui répondit :
« elle est bien gardée. Il lui demanda ensuite de lui servir de
« guide pour le mener contre les Grecs et les Berbèrs.—Quant aux
« Grecs, lui répondit Julien, tu les as laissés derrière toi, et en t'avan-
« çant davantage, tu ne trouveras plus que les Berbèrs, et leur cava-
« lerie, dont Dieu seul connaît le nombre, et ces Berbèrs sont les plus

et de Béranis (15), deux contrées berbères, avait conçu contre Okbah une haine violente à cause des humiliations que ce chef lui faisait supporter : on en cite comme exemple, que chaque jour il le faisait venir et lui ordonnait d'écorcher les moutons qu'on tuait pour sa cuisine (16); aussi saisit-il avec empressement l'occa-

« braves de leur nation. Okbah lui demanda encore quels étaient les
« lieux qu'ils habitaient : —Sous-el-Adna, dit Julien. C'est là que ces
« hommes sans religion se nourrissent de chair impure et boivent du
« sang de leurs troupeaux; car ils sont plus semblables à des brutes
« qu'à des hommes, et n'ont aucune idée de Dieu. Okbah dit alors
« à ses compagnons : Marchons contre eux; à la grâce de Dieu. De
« Tanger, il se dirigea vers Sous-el-Adna, qui est au midi de cette
« ville, et parvint à Taroudant; arrivé au milieu des tribus, il les
« tailla en pièces; et ceux qui purent échapper s'étant hâté de prendre
« la fuite, il envoya sa cavalerie à leur poursuite. De là il pénétra
« jusqu'à Sous-el-Akça, et des troupes innombrables de Berbèrs
« s'étant rassemblées pour s'opposer à ses progrès, il leur livra un
« combat tel que jamais on n'en avait vu d'aussi acharné. Un grand
« nombre de Berbèrs furent tués, et leurs femmes, dont les Musulmans
« n'avaient jamais vu les pareilles, réduites en captivité, se vendirent
« sur les marchés d'Orient jusqu'à mille mithkals, plus ou moins. Con-
« tinuant ensuite sa marche et ses conquêtes, Okbah ne s'arrêta que
« sur les bords du grand Océan. » (*Nowaïri*, Ms 702, fol. 5, recto et
verso.) Cardonne dans son *Histoire de l'Afrique et de l'Espagne*, raconte
comment Okbah lança son cheval dans la mer, se plaignant de cet
obstacle à de nouvelles conquêtes, et comment sans un miracle il serait
mort de soif avec son armée; tout ce récit est emprunté à Nowaïri.
(Voy. Cardonne, t. I, p. 37 et 38.)

(15) Les Béranis, l'une des grandes divisions de la nation berbère,
sont fils, d'après Ebn-Khaldoun, de Ber, descendant de Mazigh, fils
de Canaan. On compte parmi les Béranis sept branches principales:
les Azdadjah, les Masmoudah, les Awariah, les Adjisah, les Ketamah, les Sanhadjah et les Aurighah. (*Nouv. Journ. asiat.*, t. II, p. 131.)
Aourba tribu berbère. (Voy. la liste donnée par Édrisi, I, p. 203).

(16) Nowaïri dit à cette occasion que lorsque Kacila reçut cet ordre,
il voulut d'abord le faire exécuter par ses serviteurs; mais, le char-

sion qui se présentait ; il envoya vers Tahouda des Berbèrs qui y dressèrent une embuscade et tuèrent Okbah-ben-Nafi, ainsi que trois cents guerriers d'élite, compagnons du Prophète ou Tabi (17). Dans ce combat fut pris Mohammed, fils d'Aous l'Ansarien (18), avec une troupe que délivra ensuite le gouverneur de Cafça, qui les renvoya à Caïrouan avec les invalides et les enfants restés dans sa ville. Revenu à Caïrouan, Zohaïr-ben-Caïs s'appliqua à pousser la guerre avec vigueur. Quelques discussions éclatèrent entre lui et Hensch, fils d'Abdallah-el-Safani, qui partit pour l'Égypte : une grande partie du peuple l'ayant suivi, Zohaïr, forcé de partir avec eux, parvint jusqu'à Barca, où il s'arrêta et fit des préparatifs de défense. Pendant ce temps les habitants de Caïrouan firent leur soumission à Kaçila, qui les reçut à composition, et entra dans la ville, dont toute la population se rangea sous ses lois.

geant d'injures, Okbah exigea qu'il remplît par lui-même cet office indigne de lui : il le fit, et comme ensuite il essuyait à sa barbe ses mains remplies de sang, les Arabes qui passaient lui dirent : Que fais-tu donc là, Berbèr ? Il leur répondit : Ce que je fais est bon pour le poil. Un scheïkh arabe qui se trouvait là par hasard leur dit alors : Le Berbèr vous menace. Abou-el-Mohadjir de son côté avertit plusieurs fois Okbah de se méfier d'un homme puissant qui avait le cœur ulcéré par le traitement qu'il lui avait fait subir. (Ms. 702, fol. 5 et 6.)

(17) On appelle compagnons du Prophète tous ceux qui ont embrassé l'Islamisme et ont vu Mahomet, ne fût-ce qu'une heure. Les Tabi furent ceux qui avaient vu les compagnons et avaient combattu à leurs côtés.

(18) Aous, fils de Thabet, lorsque Mahomet voulut unir les Musulmans entre eux par des liens de fraternité, avait eu pour frère d'adoption Othman-ben-Affan, depuis khalife.

ZOHAÏR-BEN-CAÏS-EL-BALOUI.

Abd-el-Melik-ben-Merwan étant monté sur le trône des khalifes (19), envoya du secours à Zohaïr-ben-Caïs dans sa résidence de Barca, et lui ordonna de porter la guerre chez les Berbèrs. En conséquence il se mit en marche dans l'année 67, et entra en Afrique. Kaçila vint à sa rencontre à Oss, dans les environs de Caïrouan, où, à la suite d'un combat meurtrier, Zohaïr le mit en fuite et le tua. Un grand nombre des plus braves guerriers d'entre les Berbers fut taillé en pièces dans cette bataille. Après une victoire aussi complète, Zohaïr reprit la route de l'Orient, et déposa le pouvoir dont il était investi, en disant : « Je suis venu pour faire la guerre sainte, et je craindrais d'être séduit par les plaisirs du monde. » Il se dirigeait vers l'Égypte, lorsqu'une flotte de l'empereur de Constantinople l'atteignit sur le rivage de Barca, et lui offrit le combat. Il l'accepta, et fut tué par les infidèles : que Dieu verse sur lui les trésors de sa miséricorde (20).

(19) Ce prince est le cinquième khalife de la famille des Omeyyades. Il commença à régner en l'an 65 de l'hégire, et mourut en 86.

(20) Le récit de Nowaïri, plus développé que celui d'Ebn-Khaldoun, n'en diffère pas dans les circonstances principales. La dissemblance qu'il importe le plus de constater, c'est celle de la date. Nowaïri reporte à l'année 69 de l'hégire, l'entrée de Zohaïr en Afrique. Lorsque ce chef se fut décidé à abdiquer le souverain pouvoir, il laissa une année dans Caïrouan, et partit pour l'Orient avec une suite considérable. Pendant ce temps, les Grecs, qui avaient appris à Constantinople son départ de Barca pour l'Afrique, firent sortir des ports de la Sicile une flotte nombreuse, qu'ils dirigèrent vers Barca, où ils portèrent le meurtre et le pillage. Cette entreprise des Grecs coïncida avec le passage de Zohaïr à Barca, lors de son retour de l'Afrique. C'est alors que, malgré le peu de troupes qui l'accompagnaient, il ne

HAÇAN-BEN-EL-NOOMAN-EL-GHAÇANI.

Lorsque le khalife Abd-el-Melik-ben-Merwan eut mis à mort Abdallah-ben-Zobaïr (21) son rival, et que, par ce succès, il eut affermi sa puissance, il ordonna à Haçan-ben-el-Nooman-el-Ghaçani de porter la guerre en Afrique, et lui confia le commandement d'une armée (22). Arrivé à Caïrouan, ce chef marcha contre Carthage, dont il s'empara par un assaut, et la détruisit si complétement que les habitants, Grecs ou Francs, s'enfuirent en Sicile et en Andalousie. Plus tard, ils voulurent se rassembler encore à Setfoura (23) et à Bizerte; mais il

voulut pas laisser leurs ravages sans vengeance, et succomba avec tous ses compagnons dans cette lutte inégale. (*Now*., 702, fol. 6, verso.)

(21) Après la bataille de Kerbela, dans laquelle fut tué Hoçaïn, fils d'Ali, les habitants de la Mecque et de Médine se soulevèrent contre Yezid, deuxième khalife de la race des Omeyyades, et proclamèrent Abdallah-ben-Zobaïr. Il sut se maintenir pendant neuf années, et ce ne fut qu'en 73, qu'Abd-el-Melik, ayant envoyé contre lui des forces nombreuses, commandées par Hadjdj, ce général parvint à s'emparer de la Mecque après sept mois de siége, et envoya au khalife la tête d'Abdallah.

(22) Ebn-Khaldoun ne donne pas la date précise de l'entrée d'Haçan-ben-el-Nooman en Afrique : Nowaïri cite à ce sujet l'opinion différente de deux chroniqueurs arabes : قال ابن الاثير فى تاريخه الكامل انه استعمله فى سنة اربع وسبعين بعد مقتل عبد الله بن الزبير وقال ابن الرقيق انه ندبه الى افريقية بالجيوش فى سنة تسع وستين • Ebn-el-Athir, dans son Histoire universelle, prétend qu'il « (le khalife Abd-el-Melik) donna le commandement des troupes expé- « ditionnaires à Haçan, en 74, après avoir fait mettre à mort Abd- « allah-ben-Zobaïr; Ebn-el-Rakik rapporte qu'il l'envoya en Afrique « à la tête de l'armée en 69. »

(23) A l'ouest de Carthage, dit Édrisi, est un district fertile, dont le chef-lieu se nomme Setfoura, et qui compte trois villes peu éloignées

les mit une seconde fois en déroute; et ceux qui purent s'échapper, se réfugièrent à Badjah et à Bône, où ils se fortifièrent contre ses attaques. Après cette victoire, Haçan marcha contre El-Kahīna, reine de Djeraoua dans la montagne d'Aouras (24). C'était alors la plus grande puissance qu'il y eût parmi les Berbers. Il l'attaqua; mais cette fois les Musulmans furent mis en fuite, et un grand nombre d'entre eux restèrent prisonniers. El-Kahīna leur rendit la liberté, à l'exception de Khalid-ben-Yezid-el-Caïçi qu'elle retint auprès d'elle, et qu'elle fit élever avec ses deux fils, le traitant comme s'il eût été leur frère (25). A la suite de cette défaite, les Arabes évacuèrent l'Afrique, et Haçan se rendit à Barca, où il reçut une lettre d'Abd-el-Melik qui lui ordonnait d'y rester jusqu'à ce qu'il lui eût envoyé du secours. Vers l'an 74, en effet, arriva un renfort de troupes, à la tête duquel Haçan se mit de nouveau en marche pour l'Afrique, après avoir secrètement envoyé auprès de Khalid-ben-Yezid des affidés chargés de l'attirer dans son parti. Khalid, cédant à leurs instigations, lui fit connaître tout

de Tunis, savoir : Achlouna, اشلونة, Tabakha, تبخة, et Bizerte. Cette dernière, bâtie sur les bords de la mer, est plus petite que Tunis, dont elle est distante d'une forte journée de marche. (Voy. *Édrisi*, traduction de M. Jaubert, tom. I, p. 264.)

(24) La chaîne des montagnes d'Aouras qui, d'après Édrisi, commence à quelques milles de la ville de Baghaïa, se prolonge à douze journées de chemin, et est habitée par des tribus puissantes (*Édrisi*, tom. I, p. 253). Selon Procope (*de Bel. Van.*, l. I, c. 8), le mont Aurasius était dans la Numidie, à treize journées au sud de Carthage.

(25) Il y a dans le texte, qu'elle lui fit sucer le lait dont étaient nourris ses enfants. Peut-être était-ce là un mode d'adoption, une cérémonie nécessaire pour que le jeune Arabe fût considéré comme faisant partie de la tribu.

ce qui se passait chez les Berbers, et l'engagea à les attaquer. Haçan, arrivé en présence d'El-Kahīna, lui livra un combat meurtrier dans lequel elle fut tuée, puis s'emparant du Djebel-Aouras, ainsi que des contrées qui en dépendent, il livra tout le pays des environs à la dévastation et au pillage (26). Après cette expédition, il

(26) Les guerres d'Haçan-ben-el-Nooman contre la reine Kahīna étant rapportées avec plus de détails dans Nowaïri, et en différant dans quelques endroits, la traduction du passage relatif à cette époque de la conquête de l'Afrique ne peut qu'éclairer ce qui en est dit par Ebn-Khaldoun : « Haçan, après avoir apaisé les troubles de l'Afrique, « songea à porter la guerre dans les États de la reine Kahīna. Il avait « demandé aux habitants du pays de lui servir de guides contre ceux « qui étaient restés puissants encore parmi les chefs des indigènes : « — Nous devons donc te guider, lui dirent-ils, contre Kahīna, reine « des Berbers qui habitent les montagnes d'Aouras. Comme elle est « de race berbère, toutes ces tribus se sont rassemblées autour d'elle « après le meurtre de Kaçila : elle prédit l'avenir; et les événe-« ments qu'elle nous a annoncés, nous les avons vus se réaliser plus « tard. Enfin, ils vantèrent à Haçan sa puissance, et lui dirent que « si une fois elle n'existait plus, les Berbers ne songeraient plus à la « révolte. Excité par ce qu'il apprenait ainsi, Haçan se mit en mar-« che; et, lorsqu'il commença à s'approcher d'elle, elle détruisit de « fond en comble la forteresse de Baghaïa, pensant que le seul but du « chef musulman était de s'emparer des places fortes; mais il ne se « laissa pas ainsi détourner de son dessein, et, continuant à s'avan-« cer vers elle, il la rencontra sur les bords du fleuve Nini (on lit « dans le *Mer.-el-Iti.* نيني نهر مشهور بافريقية في اقصاها Nini est un « fleuve célèbre qui a son cours dans les parties reculées de l'Afrique). « C'est là que se livra un combat acharné, dans lequel les Musulmans « furent mis en fuite après avoir perdu un grand nombre des leurs. « Les Arabes qui tombèrent entre les mains d'El-Kahīna furent traités « par elle avec toutes sortes d'égards, et elle les rendit à la liberté, à « l'exception de Khalid-ben-Yezid-el-Caïçi, homme brave et éloquent, « qu'elle adopta comme son enfant. Haçan, fuyant devant les vainqueurs, « avait quitté l'Afrique; et il écrivit à Abd-el-Melik pour lui faire « connaître les revers qu'il venait d'essuyer. Le khalife lui répondit

revint à Caïrouan, et la ligue des Berbèrs se trouva désormais dissoute. Haçan les soumit au kharadj (27), ainsi que tous les Grecs et les Francs qui étaient avec

« aussitôt de ne point quitter son poste qu'il n'eût reçu des ordres : en
« conséquence, il resta cinq années dans le district de Barca, et le
« lieu qu'il habitait prit le nom de Château d'Haçan. Pendant ce temps,
« El-Kahīna s'était rendue maîtresse de toute l'Afrique, et en traitait
« les habitants avec une grande rigueur. Abd-el-Melik, se décidant
« enfin à venger la défaite de ses troupes, envoya à Haçan des soldats,
« de l'argent, et lui ordonna de rentrer en Afrique. A cette nouvelle,
« El-Kahīna harangua son armée : « Que veulent les Arabes? leur dit-
« elle, occuper les villes, prendre l'or et l'argent qu'elles contiennent;
« tandis que nous n'avons besoin que de champs et de pâturages; je
« ne vois d'autre moyen de les arrêter que de ravager le pays telle-
« ment qu'ils n'aient plus le désir de l'occuper. » Aussitôt des hordes de
« Berbèrs se répandent de tous côtés, partout ils portent la dévasta-
« tion. Ils détruisent les villes, coupent les arbres, emportent les
« métaux précieux. Abd-el-Rahman-ben-Ziad dit à ce sujet que l'A-
« frique n'était auparavant qu'une suite de villages et d'habitations
« depuis Tripoli jusqu'à Tanger, mais tout fut détruit. Aussi, en ap-
« prochant de cette malheureuse province, Haçan vit accourir à lui
« tous les Grecs, qui venaient implorer son secours contre les fureurs
« de la reine, ce qui le remplit de joie. C'est ainsi qu'à Cabès, la popu-
« lation tout entière vint se soumettre à lui, tandis qu'auparavant elle
« se renfermait dans ses remparts à l'approche des émirs. Il plaça un
« des siens à la tête de la ville, et marcha sur Cafça et Castilia, qui se
« soumirent pareillement. En apprenant sa venue, El-Kahīna manda
« ses enfants ainsi que Khalid-ben-Yezid, et leur dit : « Je dois périr
« dans la bataille qui va se livrer; allez trouver Haçan et demandez-lui
« la vie. » Ils y allèrent en effet : Le général musulman confia les en-
« fants de la reine à des personnes chargées de veiller sur eux, et
« nomma Khalid au commandement de la cavalerie. Il joignit ensuite
« l'armée d'El-Kahīna, et engagea le combat. Il fut si terrible, que
« les Musulmans se croyaient perdus; mais Dieu puissant leur accorda
« la victoire. Les Berbèrs s'enfuirent après avoir laissé sur le champ
« de bataille un grand nombre des leurs, et la reine, qui avait aussi
« pris la fuite, fut atteinte et tuée dans la déroute. » (*Nowaïri*, Ms. 702,
« fol. 7, recto et verso.)

(27) Capitation, ou contribution personnelle. C'est seulement sous le

eux; il ordonna en outre que douze mille Berbèrs l'accompagneraient partout où il porterait la guerre. Désirant ensuite retourner vers Abd-el-Melik (28), il nomma, pour gouverner l'Afrique à sa place, un homme du nom de Saleh, qui faisait partie de son armée.

MOUÇA-BEN-NOÇAÏR.

A l'avénement au trône de Walid-ben-Abd-el-Melik (29), ce khalife écrivit à son oncle Abdallah, qui gouvernait

règne du khalife qui gouvernait alors (Abd-el-Melik), que le kharadj fut établi.

(28) Le récit de Nowaïri diffère ici de celui d'Ebn-Khaldoun. Suivant lui, c'est seulement à la mort d'Abd-el-Melik que Walid, son successeur, ayant de nouveau réuni le gouvernement de l'Afrique à celui de l'Égypte, nomma comme chef de ces deux provinces Abd-el-Aziz-ben-Merwan, et rappela Haçan auprès de lui. Ce général, chargé des dépouilles arrachées aux Grecs et aux Berbèrs, cacha dans des outres les joyaux, l'or et les perles qu'il avait recueillis, et, arrivé en Égypte, il offrit à Abd-el-Aziz deux cents jeunes esclaves, ainsi qu'un page, choisi parmi tout ce qu'il avait de mieux; comme il menait encore avec lui trente-cinq mille captifs, Abd-el Aziz prit parmi eux ce qui lui convint, et choisit aussi un grand nombre de chevaux. Arrivé en Syrie avec ce qui lui restait, Haçan se hâta de se rendre à l'audience du sultan, et s'y plaignit amèrement de la conduitte d'Abd-el-Aziz; le khalife (frustré dans son attente) se mit en colère, et le reçut fort mal, mais Haçan ayant donné l'ordre à ceux qui l'accompagnaient d'apporter les outres qui contenaient ses trésors, les vida en présence de Walid, et lui dit : « Je n'ai fait la guerre aux infidèles, ô Com« mandeur des Croyants! qu'en vue de la gloire du Très-Haut, et je « n'ai rien pris de ce qui appartenait à Dieu tout-puissant et au kha« life. » Walid, touché de ces paroles, voulut lui rendre son gouvernement, et ce n'est qu'à son refus qu'il écrivit à son oncle, Abd-el-Aziz, d'envoyer en Afrique Mouça-ben-el-Noçaïr. (*Now.*, Ms. 702, fol. 7, verso.)

(29) Walid, fils aîné d'Abd-el-Melik, succéda à son père en l'an 86 de

l'Égypte (on dit aussi que c'était Abd-el-Aziz), pour qu'il eût à envoyer en Afrique Mouça-ben-Noçaïr, dont le père servait dans les gardes de Moawia. Abdallah le fit aussitôt partir pour cette destination. Arrivé à Caïrouan où se trouvait Saleh, le lieutenant d'Haçan, il le déposa, et s'apercevant que les Berbèrs devenaient très-remuants dans le pays, il envoya des troupes de différents côtés. Son fils Abdallah, dirigé vers l'île de Maïorque, la mit au pillage, et revint avec de nombreux prisonniers. Mouça lui donna une mission nouvelle, et en même temps dirigea son fils Merwan sur un autre point; lui-même se mit pareillement à la tête d'une expédition, dont il rapporta au retour de si riches dépouilles, que la cinquième partie du butin montait à soixante-dix mille captifs. Bientôt il attaqua Tanger, s'empara de Déra (30); puis assiégea Tafilalat, et fit marcher son fils contre la ville de Sous. Les Berbèrs s'étant de toutes parts soumis à son pouvoir, il reçut de la tribu des Masmoudah (31), en l'an 88, des otages auxquels il donna la ville de Tanger pour résidence. Il avait nommé gouverneur de cette ville Tarik-ben-Ziad-el-Laïthi. C'est ce même Tarik qui passa plus tard en Andalousie, où il était appelé par Julien, prince de

l'hégire. Sous son règne, qui fut de dix années, les Arabes étendirent leurs conquêtes depuis l'Espagne et la Gaule narbonnaise jusqu'aux Indes. Il mourut en 96.

(30) Réunion de bourgs rapprochés les uns des autres, dans un pays fertile, sur les bords de la rivière qui coule à Sedjelmessa. De cette ville à Déra on compte trois fortes journées (Voy. Édrisi, tom. I, p. 207).

(31) Tribu berbère de la famille des Béranis (Ebn-Khaldoun).

Ghomarah. La conquête de cette province eut lieu en 90, et Mouça-ben-Noçaïr vint en compléter l'entière soumission, ainsi que nous le racontons ailleurs (32). Mouça retourna ensuite en Orient, laissant à sa place en Afrique son fils Abdallah, et en Andalousie son fils Abd-el-Aziz. A la mort de Walid en 96, Soliman (33) monta sur le trône, et, irrité contre Mouça, le fit jeter dans une prison.

MOHAMMED-BEN-YEZID.

Lorsque Soliman, devenu khalife, eut emprisonné Mouça-ben-Noçaïr, il déposa son fils Abdallah, gouverneur de l'Afrique, et nomma à sa place Mohammed-ben-Yezid, affranchi des Koreïschites, qui ne cessa d'y exercer ses fonctions jusqu'à la mort de Soliman (34).

ISMAÏL-BEN-ABI-EL-MOHADJIR.

Après la mort de ce khalife, Omar-ben-Abd-el-Aziz (35)

(32) Voyez Ebn-Khaldoun الخبر عن دولة بنى امية بالاندلس *M. S. de la bibl. roy.*, n° 2402, feuillet 54, recto. Voyez aussi Nowaïri, Ms. 702, fol. 8, 9 et 10.

(33) Soliman-ben-Abd-el-Melik, frère de Walid. Il ne régna pas tout à fait trois ans, et mourut en 99.

(34) D'après Nowaïri, Mohammed-ben-Yezid fut nommé au gouvernement d'Afrique, en l'an 99, et il y resta plus de deux années. Soliman lui envoya l'ordre de se saisir de tous ceux qui appartenaient à la famille de Mouça-ben-Noçaïr, et de les garder, jusqu'à ce qu'ils eussent satisfait au payement de 300,000 dinars, dont Mouça était redevable. En conséquence, après être arrivé à Caïrouan, il fit jeter dans une prison Abd-Allah-ben-Mouça, et l'y fit garder avec soin jusqu'au jour où un courrier du khalife lui apporta l'ordre de le faire mettre à mort. (*Nowaïri*, Ms. 702, fol. 10, verso.)

(35) Huitième khalife de la famille des Omeyyades; il succéda en 99

nomma pour gouverner l'Afrique Ismaïl-ben-Obeïd-Allah-ben-Abi-el-Mohadjir, dont la conduite fut exemplaire. Tous les Berbèrs embrassèrent l'islamisme de son temps.

YEZID-BEN-ABI-MOSLEM.

Yezid-ben-Abd-el-Melik nomma au gouvernement d'Afrique Yezid-ben-Abi-Moslem, affranchi de Hadjadj (36), et son secrétaire; il arriva dans cette province en l'année 101 de l'Hégire, et se conduisit à l'égard des Berbèrs avec une si injuste violence, qu'il voulut imposer le payement du tribut à ceux d'entre eux qui s'étaient soumis à la domination musulmane, à l'exemple de ce qu'avait fait Hadjadj dans l'Irak. Les Berbèrs, poussés à bout, le tuèrent au bout d'un mois de règne, et se soumirent de nouveau à Mohammed-ben-Yezid, affranchi des Ansariens (37), qui les gouvernait avant Ismaïl. Ils écrivirent alors au khalife Yezid pour l'assurer de leur soumission, et s'excuser du meurtre d'Ebn-Abi-Moslem; ce prince ayant consenti à leur faire grâce, confirma Mohammed-ben-Yezid dans son gouvernement.

BESCHR-BEN-SAFOUAN-EL-KELBI.

Yezid nomma ensuite pour gouverner l'Afrique Beschr-

à son cousin Soliman-ben-Abd-el-Melik, et mourut dans l'année 101 de l'hégire, après un règne de deux ans et demi.

(36) Hadjadj, qui défit Abd-Allah-ben-Zobaïr à la Mecque, gouverna l'Irak après cette victoire, et devint célèbre plus encore par ses cruautés que par ses succès. Il fit périr, dit-on, cent vingt mille personnes, et cinquante mille étaient dans les prisons lorsqu'il mourut.

(37) Il y a ici dans le texte une contradiction avec ce qui a été dit plus haut, que Mohammed-ben-Yezid était un affranchi des Koreïschites, assertion corroborée par le témoignage de Nowaïri.

ben-Safouan-el-Kelbi, qui en prit possession l'an 103 de l'hégire; il pacifia le pays, apaisa les troubles qui avaient éclaté de toutes parts, et dans l'année 109, dirigea en personne contre la Sicile une expédition, au retour de laquelle il périt.

OBEÏDAH-BEN-ABD-EL-RAHMAN.

Hescham-ben-Abd-el-Melik ayant déposé de son gouvernement d'Afrique Beschr-ben-Safouan (38), nomma à ce poste Obeïdah-ben-Abd-el-Rahman-el-Salami, neveu d'Abou-el-Aouar (39); il prit possession en l'an 110 de l'hégire.

OBEÏD-ALLAH-BEN-EL-HABHAB.

Obeïd-Allah-ben-el-Habhab, affranchi des Benou-Soloul, gouverneur de l'Égypte, ayant été désigné par

---

(38) Ebn-Khaldoun parle ici de la déposition de Beschr-ben-Safouan, après avoir tout à l'heure annoncé sa mort. On peut supposer une erreur dans ce passage avec d'autant plus de probabilité que Nowaïri dit à ce sujet : ثم غزا بشر جزيرة صقلية بنفسه فاصاب شيًا كثيرًا ثم رجع من غزوته فتوفي بالقيروان فى سنة تسع ومايـة فى خلافـة هشام بن عبد الملك فلما اتصلت وفاتـه بهشام استعمـل عـلى افريقية عبيدة بن عبد الرحمن السلمى. « Beschr, ayant attaqué la « Sicile en personne, revint à Caïrouan avec beaucoup de butin. « Il y mourut en 109, sous le khalifat d'Hescham-ben-Abd-el-Me- « lik, qui, en apprenant sa mort, nomma à sa place, pour gouver- « ner l'Afrique Obeïdah-ben-Abd-el-Rahman-el-Salami. » (Nowaïri Ms. 702, fol. 11 rect.)

(39) Abou-el-Aouar, d'après sNowaïri (fol. 11 rect.), était général de la cavalerie de Moawia-ben-Abi-Sofian au combat de Siffin livré à Ali-ben-Abi-Taleb, quatrième successeur de Mahomet.

Hescham pour succéder à Obeïdah, déposé à son tour par ce khalife (40), reçut l'ordre de se rendre en Afrique. En conséquence il nomma son fils Abou'l-Caçem pour le remplacer en Égypte, et partit pour cette province, où il arriva dans l'année 114 (41). Il fit élever la mosquée de Tunis, établit dans cette ville un arsenal pour la construction des navires, et dirigea contre la ville de Tanger son fils Ismaïl, auquel il donna pour compagnon dans cette expédition Omar-ben-Obeïd-Allah-el-Mouradi. Il envoya ensuite en Espagne Okbah-ben-Hadjadj-el-Caïçi, et dans le Maghreb Habib-ben-Abi-Obeïdah-ben-Okbah-ben-Nafi. Ce dernier étant arrivé à Sous-el-Akça (42), pénétra jusqu'au Soudan : il y fit un butin considérable en or, argent, captifs, et ne revint qu'après avoir soumis le Maghreb, ainsi que les tribus berbères qui l'habitent.

Dans l'année 122, Obeïd-Allah le fit partir de nouveau

(40) Obeïdah avait encouru la disgrâce de Hescham à cause des persécutions qu'il avait dirigées contre les créatures de Beschr-ben-Safouan, qu'il avait jetées dans les prisons, ou condamnées à de fortes amendes, ou torturées de diverses manières. (Voy. Nowaïri, 702, fol. 11, recto et verso.)

(41) Nowaïri donne pour date de l'avénement d'Obeïd-Allah-ben-el-Habbab au gouvernement de l'Afrique, le mois de Rebi premier de l'année 116. (Ms. 702, fol. 11, verso.)

(42) Le pays de Sous-el-Akça, situé près de la mer, à l'entrée du Sahara, au sud de l'empire de Maroc, est remarquable par sa fertilité, bien qu'il touche au désert. On peut consulter sur l'état actuel de ce pays, Jackson (*Account of Mar.*) et J. Riley, qui y séjourna comme esclave. (*Loss of the Brigg commerce*, p. 428-501.) D'après Édrisi, Déra, dont il est parlé plus haut, est à quatre journées de Sous-el-Akça, dont la ville principale est Taroudant تارودنت. Le pays de Sous, qui, selon le géographe arabe, produit des fruits exquis et est couvert d'habitations, appartient à des races mélangées de Berbers Masmoudah. Voy. aussi Bekri, trad. par M. Quatremère. (Not. et extr., t. XII, p. 622.)

pour aller par mer attaquer la Sicile. Il était accompagné de son fils Abd-el-Rahman-ben-Habib. Arrivé à Syracuse, la ville la plus considérable de l'île, il imposa un tribut aux habitants, et ravagea tout le pays. Cependant, Omar-ben-Obeïd-Allah était toujours à Tanger; il s'y conduisait à l'égard des Berbers avec une injustice qui ne tarda pas à leur inspirer des idées de révolte, et avait voulu frapper de l'impôt les possessions de ceux d'entre eux qui s'étaient faits musulmans, prétendant agir en cette occasion comme si c'eût été un droit de conquête. La nouvelle du départ d'une armée, commandée par Habib-ben-Abi-Obeïdah, et dirigée vers la Sicile, vint bientôt les confirmer dans leurs pensées de rébellion. Meïsarah-el-Motghari s'étant déclaré partisan des hérétiques, appelés Sofrieh (43), marcha sur Tanger, mit à mort Omar-ben-Obeïd-Allah, et s'empara de la ville. Les Berbèrs s'étant ralliés à lui de toutes parts, le saluèrent khalife, et lui donnèrent le titre de prince des croyants. L'appel qu'il faisait au peuple se répandant avec promptitude dans toutes les tribus de l'Afrique, Ebn-el-Habhab envoya contre lui Khalid-ben-Habib-el-Fahri, à la tête des soldats qui lui restaient encore. Puis rappelant de Sicile Habib-ben-Abi-Obeïdah et son armée, il se hâta de leur faire suivre les traces de Khalid. Meïsarah et ses Berbers le rencontrèrent dans

(43) Nowaïri semble quelquefois confondre la secte des Sofrieh avec celle des Ibadhieh. On lit dans Ebn-Khaldoun : « De la famille de Sa-« rih, issu de Temim, sortirent Abdallah, fils d'Ibadh, chef des hé-« rétiques appelés Ibadhieh, et Abdallah, fils de Saffar, chef de la « secte des Sofrieh. » (Ebn-Khaldoun, volume qui traite de l'histoire des Arabes avant l'islamisme, fol. 146, verso.)

les environs de Tanger, où ils lui livrèrent un combat opiniâtre, après lequel les deux partis se séparèrent. Meïsarah se retira à Tanger, où sa mauvaise conduite ne tarda pas à lui aliéner l'affection des Berbèrs qui le tuèrent, et élevèrent à sa place Khalid-ben-Hamid-el-Zanati, autour duquel vinrent se rallier les tribus. Khalid-ben-Habib, marchant contre ce nouveau chef, à la tête des Arabes et de l'armée de Hescham, se vit trahi par ses soldats, qui prirent la fuite, et fut tué, ainsi que l'élite des Arabes qui l'accompagnaient. Ce combat fut nommé pour ce fait le combat des scherifs. A la suite de cette défaite, l'Afrique entière se souleva contre el-Habhab. La nouvelle en étant parvenue en Espagne, les habitants chassèrent à leur tour leur gouverneur Okbah-ben-el-Hadjadj, pour lui substituer Abd-el-Melik-ben Catan, ainsi que cela a été dit (44).

(44) Voici le passage auquel Ebn-Khaldoun fait ici allusion : ولى عقبة
ابن الحجاج السلولي من قبل عبيد الله بن الحبحاب فقدم سنة
سبع عشرة واقام خمس سنين محمود السيرة مجاهدا مظفرا حتى بلغ
سكنى المسلمين اربونة صار برباطهم على نهر ردونة ثم وثب عليه
عبد الملك بن قطن الفهري سنة احدى وعشرين فخلعه وقتله ويقال
اخرجه من الاندلس وولى مكانه الى ان دخل بلج ابن بشر
باهل الشام سنة اربع وعشرين كما مر فتغلب عليه وولى
الاندلس سنة او نحوها وقال الرازي ثار اهل الاندلس بعقبة
ابن الحجاج اميرهم فى صفر من سنة ثلاث وعشرين فى خلافة
هشام بن عبد الملك وولوا عليهم عبد الملك بن قطن ولايته الثانية
فكانت ولاية عقبة ستة اعوام واربعة اشهر وتولى بقرطشونة فى صفر سنة
ثلاث وعشرين · Okbah-ben-el-Hadjadj-el-Solouli envoyé en An-

KOLTHOUM-BEN-AYAD.

Hescham-ben-Abd-el-Melik ayant appris la défaite de son armée dans le Maghreb, accusa de ce revers l'incapacité d'Ebn-el-Habhab, et lui écrivit pour le rappeler. En même temps il nomma pour gouverner l'Afrique à sa place, Kolthoum-ben-Ayad-el-Coschaïri, et envoya avec lui douze mille hommes de l'armée de Syrie, qui arrivèrent dans cette province en l'an 123 de l'hégire. Son avant-garde était commandée par Baldj-ben-Beschr-el-Coschaïri. Ce chef s'étant mal conduit envers les habitants de Caïrouan, ils portèrent leurs plaintes à Habib-ben-Abi-Obeïdah, alors à Tlemçen, où il était occupé à combattre les Berbèrs. Habib se hâta d'écrire à Kolthoum pour le détourner d'une telle conduite et le menacer de

« dalousie par Obeïd-Allah-ben-el-Habhab, y arriva dans l'année 117.
« Pendant cinq années, il gouverna cette province à la satisfaction
« générale, faisant toujours la guerre, et toujours vainqueur. Les
« Musulmans poussèrent leurs établissements jusqu'à Narbonne, et por-
« tèrent leurs frontières sur le Rhône. Au bout de ce temps, Abd-el-
« Melik-ben-Catan-el-Fahri vint l'attaquer, et, dans l'année 121, il lui
« arracha les rênes du pouvoir et le mit à mort. On dit aussi qu'il le
« força seulement à sortir de l'Andalousie, et gouverna cette province
« jusqu'à l'année 124, époque à laquelle Baldj y étant entré à la tête
« d'une armée de Syriens, comme il a été dit ailleurs, lui fit la guerre,
« et le défit complètement. Ce dernier chef s'empara du souverain pou-
« voir, qu'il exerça un an ou environ. El-Razi rapporte que ce furent
« les habitants de l'Andalousie qui, s'étant révoltés contre Okbah-ben-
« el-Hadjadj, leur gouverneur, au mois de safar de l'année 123, sous le
« khalifat de Hescham-ben-Abd-el-Melik, mirent à leur tête Abd-el-
« Melik-ben-Catan, qui s'empara une seconde fois du pouvoir. Le gou-
« vernement d'Okbah avait duré six ans. Il mourut au mois de safar 123,
« à Carcassonne. » (Voyez *Ebn-Khaldoun*, Ms. de la Bib. roy., n° 2402.
« fol. 55, recto.)

sa colère. Kolthoum s'excusant aussitôt sans témoigner de ressentiment, quitta Caïrouan dont il laissa le gouvernement à Abd-el-Rahman-ben-Okbah. Il prit la route de Sabiba(45), et s'avança jusqu'à Tlemçen, où il rencontra Habib-ben-Abi-Obeïdah. Ces deux chefs commencèrent par s'adresser de vifs reproches, mais ils se réconcilièrent bientôt et marchèrent de concert contre les Berbèrs. La rencontre eut lieu dans la vallée de Tanger, appelée aussi la vallée de Seboua. Baldj, qui commandait l'avant-garde, prit la fuite. Les Berbèrs pénétrèrent jusqu'à Kolthoum, qui fut forcé de céder. Après un rude combat, Kolthoum, Habib-ben-Abi-Obeïdah et une grande quantité de soldats restèrent sur la place. Les Syriens se réfugièrent avec Baldj-ben-Beschr à Ceuta, où ils ne tardèrent pas à être assiégés par les Berbèrs. Ils envoyèrent alors vers Abd-el-Melik-ben-Catan, gouverneur de l'Andalousie, pour lui demander la permission de passer dans cette province. Abd-el-Melik y consentit, à condition qu'ils n'y resteraient seulement qu'une année, et prit des otages en garantie de la clause qu'il leur imposait. Quand l'année fut écoulée et qu'il voulut exiger l'exécution du traité, ils le mirent à mort, et Baldj devint maître de l'Andalousie, ainsi que cela est rapporté dans son histoire(46). Après la mort de Kolthoum, les Africains et les

(45) Sabiba, d'après Édrisi (t. I, p. 271), est une ville ancienne, à une journée de Caïrouan. Elle est bien arrosée, environnée de jardins, pourvue d'un bazar solidement construit en pierres, et dont dépend un faubourg où sont des caravansérails, et où se tiennent les marchés.

(46) Après la mort d'Abd-el-Melik, Baldj, attaqué par les deux fils de ce gouverneur, Catan et Omeyya, périt en l'année 124 d'une blessure qu'il avait reçue dans le combat. (Voy. Ebn-Khald. 55.)

Égyptiens se retirèrent à Caïrouan, et les Khouaridj (47) Berbèrs se répandirent de tous côtés. Okascha-ben-Ayoub-el-Fazari, embrassant la cause des Sofrieh, déploya à Cabès (48) l'étendard de la révolte ; des troupes vinrent aussitôt de Caïrouan pour le combattre, et furent d'abord mises en déroute ; mais elles revinrent à la charge, et le vainquirent à leur tour. Il se retira dans le désert, et Abd-el-Rahman-ben-Habib passa de Caïrouan dans l'Andalousie.

HANDHALAH-BEN-SAFOUAN.

En l'an 124 de l'Hégire, Handhalah-ben-Safouan-el-Kelbi, gouverneur d'Égypte, fut envoyé par Hescham dans la province d'Afrique, qui se trouvait alors en proie à de grandes agitations. Les Khouaridj s'avancèrent à sa rencontre dans les environs de Caïrouan, sous le commandement d'Okascha-ben-Ayoub-el-Fazari et d'Abd-el-Wahid-ben-Yezid-el-Hawari, à la tête de trois cent mille combattants. Mais Handhalah les mit en fuite après un combat opiniâtre, et se hâta de se diriger vers Caïrouan qu'il voulait mettre à l'abri de leur attaque. Une fois arrivé dans ses murs, il envoya au dehors des troupes chargées de repousser l'ennemi ; les rebelles les mirent

---

(47) Nom générique donné par les Arabes aux hérétiques et dissidents en matière politique ou religieuse.

(48) Le manuscrit d'Ebn-Khaldoun porte le nom de Fez, au lieu de celui de Cabès, donné par Nowaïri. Cette dernière leçon est la véritable. L'autre est une erreur de copiste, puisque la ville de Fez n'existait pas encore à cette époque. (Voy. *Now.*, Ms. 702, fol. 12, recto.)

en fuite et les poursuivirent jusqu'à Caïrouan. Handhalah, ayant alors rassemblé les habitants de la ville,
tenta une sortie; mais lorsque ses soldats virent le grand
nombre des Khouaridj qui venaient les attaquer, ils
furent frappés d'épouvante, ne virent de refuge qu'en
Dieu, et se mirent en prière. Handhalah prosterné in-
voquait le ciel, tandis que ses troupes répondaient *amen*
à ses invocations. Encouragés par cet acte religieux, ils
se résolurent à braver la mort et combattirent avec
vaillance; les Khouaridj furent mis en déroute et s'enfuirent vers Djeloula, poursuivis par les Musulmans,
qui en firent un grand carnage. Cent quatre-vingt mille
rebelles restèrent sur le champ de bataille. Abd-el-Wahid-ben-Yezid fut tué, Okascha fut pris, et Handhalah
ordonna sa mort de sang-froid (49). Après avoir remporté

(49) Les détails donnés par Nowaïri complètent le récit abrégé que
fait Ebn-Khaldoun des principaux événements de cette guerre :

وكان (حنظلة) عامل هشام على مصر ولاه عليها سنة تسع عشرة ومائة
فاقام بها الى ان بعثه الى افريقية فقدمها فى شهر ربيع الاخر
سنة اربع وعشرين ومائة فلم يكث بالقيروان الايسيرا حتى زحف
اليه عكاشة الصفرى الخارجى فى جمع عظيم من البربر لم يراحد افريقية
وزحف مثله ولا اكثر منه وكان جمع قبائل البربر وزحف الى حنظلة
ايضا عبد الواحد بن يزيد الهوارى فى عدد عظيم وكانا قد افترقا من
الزاب فاخذ عكاشة على طريق مجانة فنزل القرن واخذ عبد
الواحد على طريق الجبل فنزل طبيباش وعلى مقدمته ابو عمر
العبلى فراى حنظلة ان يعجل قتال عكاشة قبل ان يجتمعا عليه
فزحف اليه بجماعة اهل القيروان والتقوا بالقرن وكان بينهم
قتال شديد فنى فيه خلق كثير وهزم الله عكاشة ومن معه وقتل

celle victoire importante, il revint à Caïrouan, d'où il envoya en Espagne, par ordre de Hescham-ben-Abd-el-

من البربر ما لا يحصى كثرة وانصرف حنظلة الى القيروان خوفا ان يخالفه عبد الواحد اليها وقيل ان عبد الواحد لما وصل الى باجة اخرج اليه حنظلة رجلا من لخم فى اربعين الف فارس فقاتلوه بباجة شهرا فى الخنادق والوعر ثم انهزم اللخمى الى القيروان وفقد ممن معه عشرين الفا ونزل عبد الواحد بالاصنام من حراوة ثلاث اميال عن القيروان وكان فى ثلثماية الف فاخرج حنظلة جميع ما فى الخزاين من السلاح ونادى فى الناس فكان يعطى لكل منهم درعا وخمسين دينارا فلم يزل يفعل ذلك حتى كثر عليه الناس فرد العطا الى اربعين ثم الى ثلثين ولم يقدم الاشابا قويا فعبا الناس طول ليلته والشمع حوله وبين يديه فعبى فى تلك الليلة خمسة الاف دارع وخمسة الاف نابل واصبح وقدم للقتال وكسرت العرب جفون سيوفها والتقوا ولزم الرجال الارض وجثوا على الركب فانكسرت ميسرة العرب وميسرة البربر ثم كرت ميسرة العرب على ميمنة البربر فكان الهزيمة على البربر وقتل عبد الواحد واتى حنظلة براسه فخر ساجدا لله وقيل انه ما علم فى الارض مقتلة اعظم منها قتل فيها من البربر ماية الف وثمانين الفا وكانوا صفرية يستحلون الدما ويسبى النسا ثم اتى بعكاشة اسيرا فقتله حنظلة وكتب بذلك الى هشام فكان الليث بن سعد يقول ما غزوة كنت احب ان اشهدها بعد غزوة بدر احب الى من غزوة القرن والاصنام

« Handhalah avait été nommé par Hescham au gouvernement
« de l'Égypte dans l'année 119 de l'hégire. Il y resta jusqu'à l'année 124, et
« reçut au mois de Rebi-el-Akhir l'ordre de se rendre en Afrique. Il s'ar-
« rêta peu à Caïrouan, et apprit bientôt qu'Okascha le sofrite se dirigeait
« contre lui avec une quantité si innombrable de tribus berbères, que
« jamais on n'en avait vu une réunion pareille. Dans le même temps
« marchait également contre lui Abd-el-Wahid-ben-Yezid-el-Hawari,

Melik, Abou'l-Khatar-ben-Dherar-el-Kelbi, qui s'embarqua à Tunis, en l'an 125 de l'hégire (50).

« à la tête d'une armée formidable. Ces deux chefs venaient de la pro-
« vince du Zab : Okascha, prenant la route de Medjana, était arrivé à
« El-Corn; Abd-el-Wahid, venant par les montagnes, avait occupé Ta-
« bibasch, ayant à la tête de son avant-garde Abou-Omar-el-abli. Handha-
« lah voyant qu'il pouvait attaquer Okascha avant qu'ils n'eussent opéré
« leur jonction, se dirigea contre lui à la tête de la garnison de Caïrouan :
« la bataille se donna à El-Corn; elle fut conduite des deux côtés avec
« vigueur, et il y périt bien du monde : mais enfin Okascha prit la fuite
« avec ses soldats, et unn ombre infini de Berbèrs resta sur le champ
« de bataille. Handhalah, après la victoire, se hâta d'opérer sa retraite sur
« Caïrouan, craignant d'y être devancé par Abd-el-Wahid. On dit aussi
« que lorsque ce dernier arriva à Badja, Handhalah dirigea contre lui un
« chef de Lakham à la tête de quarante mille cavaliers : ils le combattirent
« pendant un mois, s'opposant à son passage par des fossés et des retran-
« chements, puis enfin ils se virent forcés de fuir vers Caïrouan, après
« avoir perdu vingt mille des leurs. Abd-el-Wahid, libre dans sa marche,
« parvint à El-Asnam, lieu dépendant de Harawa, à trois milles de Caï-
« rouan. Il avait sous ses ordres trois cent mille soldats. Handhalah,
« rassemblant aussitôt tout ce qui se trouvait dans ses magasins,
« appela tout le monde aux armes, donnant à chacun de ceux qui se
« présentaient une cuirasse et 50 dinars. Bientôt le nombre en devint si
« considérable, qu'il réduisit la rétribution qu'il accordait à 40, puis à
« 30 dinars, choisissant encore les jeunes gens les plus vigoureux ; enfin,
« il passa toute la nuit à préparer ses troupes à la lueur des torches :
« cinq mille cuirassiers et cinq mille archers furent ainsi complètement
« équipés. Aux premières lueurs du matin, il donna le signal de l'at-
« taque. Les Musulmans, brisant les fourreaux de leurs épées, se ruèrent
« sur l'ennemi; les uns se couchent à terre, les autres se mettent à ge-
« noux ; l'aile gauche des Arabes et l'aile gauche des Berbèrs sont mises
« en déroute; puis enfin, l'aile gauche des Arabes, étant revenue avec
« impétuosité sur l'aile droite des Berbèrs, ceux-ci prirent la fuite. Leur
« chef fut tué, et sa tête apportée à Handhalah, qui se prosterna et s'hu-
« milia devant Dieu. On prétend qu'il n'y eut jamais de combat plus
« meurtrier. Cent quatre-vingt mille Berbèrs y périrent. Ils étaient de
« la secte des Sofrieh, ne regardaient pas le sang comme une chose
« impure, et ne se faisaient pas scrupule d'enlever des femmes. Quant à

ABD-EL-RAHMÂN-BEN-HABIB.

Abd - el - Rahman - ben-Habib-ben-Abi - Obeïdah - ben-Nafi, lorsqu'il eut perdu son père Habib, tué avec Kol-

« Okascha, il fut aussi fait prisonnier, et Handhalah le fit mettre à mort.
« Il écrivit ensuite à Hescham le récit de ses succès, et El-Laïth-ben-
« Saad dit alors que, depuis le combat de Bedr, il n'y avait pas eu de
« combats auxquels il eut plus désiré d'assister que ceux d'El-Corn et
« d'El-Asnam. (*Nowaïri*, Ms. 702, fol. 12, recto et verso.)

(50) On lit dans Ebn-Khaldoun fol. 55: وقدم ابو الخطار حسام بن ضرار الكلبي من قبل حنظلة بن صفوان عامل افريقية ركب البحر من تونس سنة خمس وعشرين فدانت له اهل الاندلس واقبل اليه ثعلبة وابن ابي لسعة وابنا عبد الملك فلقيهم واحسن اليهم واستقام امره وكان شجاعا كريما ذا راي وحزم وكثر اهل الشام عنده ولم تحملهم قرطبة ففرقهم في البلاد وانزل اهل دمشق البيرة لشبهها بها وسماها دمشق وانزل اهل حمص اشبيلية وسماها حمص لشبهها بها واهل قنسرين جيان وسماها قنسرين واهل الاردن رية وهي مالقة وسماها الاردن واهل فلسطين شدونة وهي شريش وسماها فلسطين واهل مصر تدمير وسماها مصر — Abou'l-Khatar-Ha-
« çam-ben-Dherar-el-Kelbi ayant été nommé au gouvernement de l'An-
« dalousie par Handhalah-ben-Safouan, gouverneur de l'Afrique, s'em-
« barqua dans le port de Tunis. A son arrivée dans le pays, tous les
« habitants s'empressèrent de lui rendre hommage : Thalbah, le fils
« d'Abou-Lasah, et les enfants d'Abd-el-Melik, étant venus le trouver,
« il s'avança au-devant d'eux, et l'indulgence dont il usa à leur égard
« acheva d'établir complètement son autorité. Doué tout à la fois de
« courage, d'intelligence et de générosité, il sut en même temps se mon-
« trer plein de prudence. Les Syriens étaient en grand nombre autour
« de lui : Cordoue ne pouvant les contenir tous, il les dispersa dans
« le pays. Les Damasquins furent établis à Elbira (Elvira); et pour
« leur rappeler la patrie, il donna à ce pays le nom de Damas. Les ha-
« bitants de Homs durent habiter Séville, qui, pour la même raison, prit

thoum-ben-Ayad, et que Baldj ayant opéré sa retraite en Andalousie, se fut rendu maître de ce pays, était passé à son tour en Espagne, dans l'intention de s'y emparer du pouvoir; mais à l'arrivée d'Abou'l-Khatar, envoyé par Handhalah, Abd-el-Rahman désespéra d'atteindre son but, et revint à Tunis en l'an 126 de l'hégire.

Cependant Hescham venait de mourir, et Walid-ben-Yezid lui avait succédé (51). Abd-el-Rahman s'arrogeant le gouvernement de l'Afrique, se dirigea vers Caïrouan. Handhalah voulut éviter de lui livrer bataille, et députa vers lui les principaux officiers de son armée. Abd-el-Rahman, saisissant aussitôt l'occasion qui lui était offerte, s'assura d'eux, pour paralyser ainsi les forces de l'ennemi et se prépara à marcher sur Caïrouan. Handhalah quittant alors l'Afrique, se retira en Orient dans l'année 127 (52), et dès-lors Abd-el-Rahman resta seul maître du pays.

« le nom de leur patrie. C'est ainsi que les habitants de Canasrin re-
« trouvèrent sur les bords du Djar (le Guadalaviar) l'appellation de la
« terre natale. Les habitants d'Ardan furent placés à Riat, ou Malaga,
« qu'ils appelèrent Ardan; ceux de la Palestine à Sidonia, ou Xérès, qui
« prit le nom de Palestine; enfin, les Egyptiens habitèrent le pays de
« Tadmir, devenu pour eux l'Égypte. »

(51) Walid-ben-Yezid, deuxième du nom : c'est le onzième khalife de la famille des Omeyyades. Il ne régna qu'un peu plus d'une année.

(52) Voici comment Nowaïri raconte la retraite d'Handhalah, homme doué d'une douce piété et d'une extrême modération : فلما راى حنظلة ذلك دعا القاضى وجماعة من اهل الدين والفضل وفتح بيت المال بمحضرتهم واخذ منه الف دينار وترك الباقى وقال ما اخذ منه الا بقدر ما يلقينى ويبلغنى ثم شخص عن افريقية - Handhalah voyant la tournure que prenaient les affaires,

Lorsque Merwan-ben-Mohammed fut parvenu à l'empire, il écrivit à ce chef pour le confirmer dans le gouvernement d'Afrique; mais bientôt éclatèrent de tous côtés des révoltes et des soulèvements. Amran-ben-Ataf-el-Azdi s'était retranché dans la ville de Tabniasch (53); Aroua-ben-el-Walid-el-Sadafi dans celle de Tunis; Thabet-el-Sanhadji dans Bougie. Abd-el-Djebbâr et El-Harith dans Tripoli, où ils s'étaient déclarés tous deux partisans de la secte des Ibadhièh (54). Abd-el-Rahman marcha vers ces deux derniers en l'an 131, les vainquit et les fit mettre à mort. Il envoya contre Ebn-Ataf son frère Elyas, qui le mit en fuite et le tua. Quant à Aroua, qui occupait Tunis, il marcha contre lui, et l'ayant tué pareillement, les rebelles se trouvèrent anéantis de toutes parts. Il partit ensuite vers l'an 135 pour aller attaquer des bandes de Berbèrs dans les environs de Tlemçen, remporta la victoire et revint. A son retour, il envoya une armée navale en Sicile et une autre en Sardaigne. Elles y ravagèrent toutes les possessions des Francs, et les contraignirent à payer le tribut.

« fit appeler le cadi et les hommes de la ville les mieux famés pour
« leur esprit religieux et l'excellence de leurs mœurs. Il ouvrit en leur
« présence le trésor public, puis y prenant mille dinars, il laissa tout
« le surplus, et dit aux assistants : Soyez témoins que je n'ai pris rien
« au-delà de ce qui est nécessaire pour mon voyage. Il partit ensuite,
« et quitta l'Afrique. » (*Nowaïri* Ms. 702, fol. 13 rect.)

(53) La ville nommée Tabniasch dans le Ms. d'Ebn-Khaldoun est appelée Tahibasch par Nowaïri; il en a été déjà question dans la note 48.

(54) Hérétiques, ainsi nommés de leur fondateur Abd-Allah-ben-Ibadh-el-Tamimi. (Voyez la note 43.)

Nous voici arrivés à l'époque où la dynastie des Abbassides parvint au khalifat. Abd-el-Rahman fit sa soumission à El-Saffah; puis après lui à Abou-Djafar (55). Plusieurs membres de la famille des Omeyyades, cherchant un asile contre la proscription, émigrèrent en Afrique. Parmi ceux qui se rendirent auprès d'Ab-el-Rahman, se trouvaient El-Assy et Abd-el-Moumin, tous deux fils de Walid-ben-Yezid, qui avaient avec eux la fille de leur oncle; Abd-el-Rahman la maria à son frère Elyas: mais comme il apprit plus tard qu'ils cherchaient à se ressaisir du khalifat, il les fit mettre à mort. Leur cousine en conçut un vif ressentiment, et excitant son mari Elyas contre son frère Abd-el-Rahman, parvint à lui faire partager sa haine.

Abd-el-Rahman avait envoyé à Abou-Djafar (lors de son avénement au khalifat) un présent de peu de valeur; il chercha à s'en excuser, et employa en cette occasion des expressions inconvenantes pour le khalife. El-Mançour lui répondit par une lettre menaçante, en lui envoyant néanmoins le khilat (56) d'investiture; mais à la réception de cette lettre, il rompit tous les liens de vasselage et dé-

---

(55) Abd-Allah-ben-Mohammed, surnommé Abou-'l-Abbas-el-Saffah (Abou-'l-Abbas le Sanguinaire), premier khalife de la race des Abbassides. Il fut proclamé à Coufa au mois de rebi-el-aoual suivant les uns, au mois de rebi-el-akhir suivant les autres, de la 132e année de l'hégire. (Aboulf., *Ann. mosl.*, t. I, p. 480.) El-Saffah étant mort au mois de dzou'-l-hadjhadj de l'année 136, eut pour successeur Abou-Djafar-el-Mançour, son frère. (*Ibid.*, t. II, p. 6.)

(56) Vêtement d'honneur que les supérieurs accordent à leurs subordonnés, soit comme simple présent, soit comme signe distinctif des fonctions qu'ils leur confèrent.

chira le khilat en pleine chaire (57). Son frère Elyas trouva cette occasion favorable pour accomplir ses projets

(57) Nowaïri est moins concis sur les causes de la révolte d'Abd-el-Rahman contre l'autorité des Abbassides : voilà ce qu'il en dit : فلما
صار الامر الى ابى جعفر المنصور كتب الى عبد الرحمن يدعوه الى
الطاعة فاجاب وكتب بطاعته وارسل اليه بهدية بردة كان فيها بزاة
وكلاب وكتب اليه ان افريقية اليوم اسلامية كلها وقد انقطع السبى
منها فلا تسالنى ما ليس قبلى فغضب ابو جعفر وكتب اليه يتوعده
فلما وصل كتابه اليه غضب غضبا شديدا ثم نادى الصلاة جامعة
فاجتمع الناس فى المسجد الحرام ثم خرج عبد الرحمن فى مطرف
خز وفى رجليه نعلان فصعد المنبر فحمد الله واثنى عليه وصلى على
محمد نبيه صلى الله عليه ثم اخذ فى سب ابى جعفر ثم قال انى
ظننت هذا الجاير يدعو الى الحق ويقوم به حتى تبين لى منه خلاف
ما بايعته عليه من اقامة الحق والعدل وانا الان قد خلعته كما خلعت
نعلى هاتين وقد فيها وهو على المنبر ثم دعا بخلعة ابى جعفر التى
كان ارسلها اليه وفيها سواده وكان قد لبسها قبل ذلك ودعا فيها
لابى جعفر وهو اول سواد لبس بافريقية فامر بتحريقه وحرقها وامر كاتبه
خالد بن ربيعة ان يكتب كتابا بخلعه ويقرا على المنابر فى ساير بلاد
المغرب ففعل ذلك Lorsque Abou-Djafar-el-Mançour parvint au
« pouvoir, il écrivit à Abd-el-Rahman qu'il eût à reconnaître son
« autorité. Celui-ci joignit à la lettre par laquelle il se soumettait au
« nouveau khalife un présent de peu d'importance, où se trouvaient
« des faucons et des chiens : toute l'Afrique est maintenant convertie
« à l'Islamisme, écrivait-il, on ne fait plus de prisonniers : ne demandez
« donc pas quelque chose qu'il n'est pas en mon pouvoir de vous en-
« voyer. A la réception du présent, Abou-Djafar, fort mécontent,
« répondit par une lettre de menaces qui excita toute la colère d'Abd-
« el-Rahman. Il convoqua le peuple à la prière, et quand on fut réuni
« à la grande mosquée, il s'y présenta couvert d'une robe de l'étoffe
« nommée khazz, et les pieds chaussés de sandales : il monta dans la
« chaire, et après avoir loué Dieu et son Prophète, il maudit Abou-

contre lui; en conséquence il fit entrer les principaux personnages de l'armée dans un complot qui avait pour but de tuer Abd-el-Rahman et de reconnaître de nouveau l'autorité du khalife. Il fut aidé dans toutes ces machinations par son frère Abd-el-Warith. Mais Abd-el-Rahman ne tarda pas à s'apercevoir de leurs menées, et fit dire à Elyas qu'il eût à se rendre à Tunis. A la réception de cet ordre, celui-ci vint sur-le-champ avec Abd-el-Warith comme pour lui faire ses adieux, et ils le tuèrent par surprise vers la fin de l'an 137 de l'hégire, après dix années de règne (58).

« Djafar: j'avais cru, dit-il, que ce tyran appellerait les hommes à la
« justice, et la pratiquerait lui-même, jusqu'au moment où j'ai re-
« connu en lui l'opposé des qualités et des vertus qui avaient été la
« condition de mon hommage; mais maintenant je répudie sa suzerai-
« neté, je le dépose, comme je dépose ces sandales que voici; et il les
« jeta du haut de la chaire. — Il fit alors apporter le khilat d'investi-
« ture que lui avait envoyé Abou-Djafar, et qui était de couleur noire,
« marque distinctive des abbassides: c'était le premier de cette couleur
« qu'on eût vu en Afrique: déjà il l'avait revêtu plusieurs fois, et
« avait prié, après s'en être couvert, en faveur d'Abou-Djafar, mais
« cette fois il ordonna qu'il fût brûlé, ce qui fut exécuté. Il fit aussi
« écrire par son secrétaire Khalid-ben-Rabiah une lettre qui ordon-
« nait de rompre tous les liens de soumission envers le khalife. En
« effet, cette lettre fut envoyée et lue du haut de la chaire dans toute
« l'étendue du Maghreb. » (*Nowaïri*, Ms. 702, fol. 13, rect.)

(58) Nowaïri, selon sa coutume, rapporte, avec plus de détails qu'Ebn-Khaldoun, les circonstances du meurtre d'Abd-el-Rahman par ses frères. Voici ce qu'il dit à ce sujet : فاجتمع رأي الياس بن حبيب وعبد الوارث اخيه على قتل عبد الرحمن اخيهما وولاهما على ذلك جماعة من اهل القيروان والعرب وغيرهم على ان يكون الامر لالياس والدعا لابي جعفر المنصور فاتاه الياس ليلا فاستاذن عليه بعد العشـا الاخرة فقال ما جابه وقد ردعنى وكان الياس قد عزم على الخروج الى تونس واذن له فدخل عليه ومعى غلالة وردية وابن ل

HABIB-BEN-ABD-EL-RAHMAN.

Après le meurtre d'Abd-el-Rahman, son fils Habib, échappant aux recherches de ses oncles qui avaient fait fermer les portes du palais, dans l'espoir de se saisir de sa personne, s'enfuit vers Tunis, où se trouvait alors son oncle Amran-ben-Habib. Il se rendit auprès de lui, poursuivi vivement par Elyas. Pendant quelque temps ils se livrèrent des combats sans résultat décisif, et finirent par conclure un traité, dont les conditions prin-

صغير في حجره فقعد طويلا وعبد الوارث يغمزه فلما قام يودعه اكب عليه يعانقه فوضع السكين بين كتفيه حتى صارت الى صدره فصاح عبد الرحمن وقال فعلتها يا ابن اللخناء ثم ضربه الياس بالسيف وسقاه يرفعه فابان يده وضربه حتى اتخنه ودش الياس وخرج هاربا فقال له اصحابه ما فعلت قال قتلته فقالوا ارجع وحز راسه والا قتلناك عن اخرنا فعل وثارت الصيحة واخذ الناس ابواب دار الامارة وسمع حبيب بن عبد الرحمن الصيحة فهرب من القيروان

« Elyas-ben-Habib ainsi que son frère Abd-el-Warith se concertèrent
« pour mettre à mort Abd-el-Rahman. Ils étaient secondés dans ce
« projet par des habitants de Caïrouan, quelques Arabes, et d'autres
« encore qui étaient tombés d'accord de laisser le pouvoir à Elyas, à
« condition toutefois qu'il reconnaîtrait de nouveau la suprématie du
« khalife Abou-Djafar-el-Mançour. Elyas s'étant présenté à une heure
« avancée de la nuit au palais d'Abd-el-Rahman, demanda à être in-
« troduit près de lui : Que veut-il, dit le gouverneur, il m'a déjà dit
« adieu. Elyas, en effet, était sur le point de partir pour Tunis ; ce-
« pendant l'entrée lui fut accordée, et il trouva son frère revêtu sim-
« plement d'une robe, et ayant dans ses bras son jeune fils. Il s'assit,
« et restait immobile n'osant encore se décider, tandis que son frère
« Abd-el-Warith lui faisait des signes pour hâter l'accomplissement
« de son dessein : Abd-el-Rahman s'étant alors levé pour lui dire

cipales étaient que Cafça, Castilia et Nefzawa (59) appartiendraient à Habib; que Tunis, Setfourah (60) (même pays que celui de Bizerte) et El-Djezireh (61) resteraient à Am-

« adieu, Elyas se jeta sur lui, le prit à la gorge, et le frappa de son
« couteau entre les épaules avec tant de force que la pointe ressortit
« par la poitrine. Abd-el-Rahman poussa un cri, et dit : Qu'oses-tu
« faire, scélérat... Elyas le frappant alors de son épée, tandis qu'Abd-
« el-Rahman lui opposait son bras, lui coupa la main, et ne cessa de
« frapper que lorsqu'il fut couvert de blessures. Après ce forfait, il
« demeura tout confondu de son crime; puis se réveillant de sa stu-
« peur, sortit en fuyant. Mais ses complices lui dirent : Qu'as-tu fait?
« il répondit : je l'ai tué. Rentre donc, reprirent-ils, et rapporte-
« nous sa tête; sans cela nous périrons tous. Il obéit, et une clameur
« générale s'éleva, pendant que le peuple accourait se saisir des portes
« du palais. Mais Habib, le fils d'Abd-el-Rahman, entendit les cris
« qui retentissaient de toutes parts, et averti par le tumulte, il s'é-
« chappa de Caïrouan. » (*Nowaïri*, Ms. 702, fol. 13 v°.)

(59) Ces trois villes appartenaient à la Bysacène des anciens. Cafça, d'après Shaw (*Voyage en Barbarie*, t. I, p. 270), l'ancienne Capsa, est construite sur une éminence entourée presque de tous côtés de montagnes. El-Békri rapporte qu'elle est bâtie toute entière sur des colonnes et des arcades de marbre, dont les intervalles ont été remplis par des constructions en pierre de la plus solide architecture. (Notice d'un Ms. arabe, contenant la description de l'Afrique par M. Quatremère, not. et ext., t. XII, p. 502.) Édrisi (t. I, p. 253) dit que cette ville est jolie, entourée de murs, et qu'il y coule une rivière dont l'eau est meilleure que celle de Castilia. Quant à cette dernière ville, le même auteur nous dit qu'elle est située à quatre journées de Baghaïa, au milieu de plantations de palmiers qui produisent des dattes très-estimées dans toute l'Afrique. Nefsawa, à deux fortes journées de Cafça, est populeuse et commerçante. (Édrisi, t. I, p. 255.) El-Békri ajoute qu'entourée de fontaines et de jardins elle a six portes, une mosquée, des bains et un marché. (Not. et ext., ibid. p. 503.)

(60) Capitale d'un district. (Voyez Édrisi, t. I, p. 264.) Par cette division, le royaume actuel de Tunis se trouvait partagé de manière qu'Amran en occupait le nord, Habib le midi, tandis qu'Elyas avait tout le centre sous ses lois.

(61) C'est sous ce nom que plusieurs chroniqueurs arabes désignent

ran, pendant que tout le reste de l'Afrique demeurerait sous le pouvoir d'Elyâs. Ces conventions ayant été arrêtées dans l'année 138 de l'hégire, Habib partit pour le Beled-el-Djérid, où se trouvait son gouvernement, tandis qu'Elyâs, ainsi que son frère Amran, se rendaient à Tunis. Ce fut dans cette ville que ce dernier ayant été surpris par le traître Elyâs, fut tué avec tous les Schérifs qui l'accompagnaient. Elyâs (62), revenu à Caïrouan, fit sa soumission qu'il envoya à Abou-Djafar-el-Mançour, et en chargea Abd-el-Rahman-ben-Ziad-ben-Anam, cadi d'Afrique. En apprenant le triste sort d'Amran, Habib avait marché contre Tunis, dont il s'était emparé; son oncle Elyâs se porta à sa rencontre pour le combattre, mais lui, profitant habilement de ce mouvement, alla surprendre Caïrouan, où il entra, et dont il fit ouvrir toutes les prisons. Elyâs

la presqu'île qui, à l'est de Tunis, se termine par le cap Bon; on l'appelle aussi Djeziret Scherik. Édrisi la nomme Djeziret Baschou. Voy. M. Étienne Quatremère dans ses notes sur Békri. (Not. et ext., t. XII, p. 499).

(62) Nowaïri n'accuse pas Elyas de la mort d'Amran. Selon lui il ne fit que le déporter en Andalousie avec les hommes éminents de son parti. Voici ce qu'il en dit :
فوثب الياس على اخيه عمران
وعلى عمر بن نافع بن ابى عبيدة الفهرى وعلى الاسود بن موسى
ابن عبد الرحمن بن عقبة وعلى ابن قطن فشدهم وثاقا ووجههم فى
سفينة الى الاندلس الى يوسف بن عبد الرحمن بن عقبة

« Elias s'empara de son frère Amran, d'Omar-ben-Nafi-ben-Abi-
« Obeidah -el- Fahri, d'el-Açouad-ben-Mouça-ben-Abd-el-Rahman-
« ben-Okbah, et d'Ebn-Catan. Une fois qu'il les eût en son pouvoir, il
« les fit enchaîner, puis les ayant fait embarquer, il les dirigea vers
« l'Andalousie, où ils devaient être remis entre les mains d'Ioucef-
« ben-Abd-el-Rahman-ben-Okbah. (*Nowaïri*, man. 702, fol. 13 vers.)

revint sur ses pas pour lui arracher sa conquête; mais une grande partie de ses troupes l'abandonna pour se joindre à Habib. Lorsque les deux rivaux furent en présence, Habib ayant appelé Elyâs en combat singulier, le défi fut accepté par ce dernier, qui succomba sous les coups de son adversaire(63), et Habib, vainqueur, entra

(63) Le récit du combat singulier entre Elyas et Habib, ne se trouve pas dans le man. 702, auquel jusqu'à présent nous avons emprunté les extraits de Nowaïri, que nous avons cru nécessaires pour compléter ou éclaircir le texte d'Ebn-Khaldoun; mais heureusement le man. 702 A de la Bibliothèque royale permet de combler cette lacune. Cardonne, probablement trompé par les passages tronqués du M.S. 702, n'a pas eu connaissance des événements qui suivent, jusqu'au gouvernement d'Yezid-ben-Hatem. Elyas avait fait saisir Habib, qui avait été embarqué sur un navire destiné à le transporter en Andalousie; mais le vent étant tout à fait contraire à cette traversée, on fut obligé d'écrire à Elyas qu'il y avait impossibilité de songer au départ. Sur ces entrefaites, les affranchis du père d'Habib se rassemblèrent autour du fils de leur ancien maître, et ayant chargé de chaînes Soliman-ben-Ziad, le lieutenant d'Elyas, ils mirent Habib en liberté, et le firent descendre à terre. A la tête de ses braves compagnons, il s'empara d'Arbès, et Elyas, averti de ce succès, arriva de son côté avec toutes les forces qu'il avait pu réunir. C'est alors qu'Habib lui dit : « Pourquoi ferions-nous périr dans notre querelle tant de sujets fidèles : combattons seuls; si je succombe, j'irai rejoindre mon père; si je te tue, je l'aurai vengé. » Elyas hésitait; mais ses soldats lui dirent : « Refuser serait une lâcheté qui tournerait contre toi et contre ton fils. » Voici la fin du récit : فخرج كل منهما الى صاحبه والتقيا ساعة فضرب الياس حبيبًا فأعمل السيف في ثيابه ودرعه ووصل الى جسمه فعطف حبيب عليه وضربه بالسيف ضربة سقط بها عن فرسه الى الارض فالقى حبيب نفسه عليه فحز راسه « Chacun des deux champions s'étant
« précipité sur l'autre, ils combattirent pendant quelques instants
« avec une chance égale; mais Elyas ayant porté à Habib un coup
« de son épée, fendit ses vêtements, sa cuirasse, et le blessa; Habib,
« à son tour, le frappa de son glaive et le précipita de son cheval;

de nouveau dans Caïrouan, dont il resta paisible possesseur, à la fin de l'année 138 de l'hégire. Son oncle Abd-el-Wârath (effrayé par l'exemple d'Elyâs) se réfugia chez les Benou-Werfadjoumah (64), tribu berbère, dont le chef, à cette époque, était Acem-ben-Djamil, qui possédait l'art de la divination et se prétendait prophète. Il accueillit Abd-el-Wârath avec empressement, et Habib s'étant avancé pour les combattre tous deux, ils le repoussèrent jusqu'à Cabès (65), donnant à leur parti, par cette victoire, une force qu'il n'avait pas eue jusque-là.

Les Arabes de Caïrouan écrivirent alors à Acem-ben-Djamil, pour lui offrir de régner sur eux, lui demandant toutefois le serment de les traiter avec bonté, et de reconnaître la suprématie d'El-Mançour (66) ; mais il refusa

« puis s'approchant de son rival étendu, il lui coupa la tête. » (*Nowaïri*, man. 702 A, fol. 43 rect.)

(64) Les Werfadjoumah, d'après Ebn-Khaldoun, descendent des Nefsawah, que nous verrons figurer plus tard dans cette histoire, par Werfadjoum, fils de Tidghas, fils de Welhas, fils de Yathoufat, fils de Nefzaw. (Voy. l'extrait du liv. III d'Ebn-Khaldoun, par Schulz, *Nouv. journ. asiat.* t. II, p. 124.)

(65) Cabès, probablement la Tacape des anciens suivant Shaw, (vol. I, p. 252), est, d'après Édrisi (vol. I, p. 255), une grande ville bien peuplée, à six milles du bord de la mer, à trois journées de Cafça ; le pays produit des palmiers, de la vigne, des oliviers. El-Békri dit aussi que Cabès renferme une citadelle extrêmement forte, des faubourgs, des marchés, des *fondouks*, une mosquée d'une belle architecture et des bains nombreux. Il ajoute qu'on y voit les plus beaux muriers de l'Afrique, et qu'on y récolte de la soie d'une qualité parfaite. (M. É. Quatremère, dans les not. et ext., t. XII, p. 462.)

(66) Le récit de Nowaïri sur la prise de Caïrouan par les Werfadjoumah diffère de celui d'Ebn-Khaldoun. D'après Nowaïri, Habib avait laissé comme son lieutenant à Caïrouan le cadi Abou-Karib. Lors-

leur proposition, et leur ayant livré bataille, il les mit en fuite, ravagea Caïrouan et en saccagea les mosquées, qu'il souilla par toutes sortes d'impiétés. De là il marcha contre Habib-ben-Abd-el-Rahman qui était toujours à Cabès, et lui livra un combat dans lequel il le mit en déroute complète. Habib, ainsi vaincu, se réfugia dans le Djebel-Awrâs, dont les habitants lui prêtèrent leur secours. Acem vint encore l'y poursuivre; mais cette fois ses troupes furent mises en fuite, et lui-même fut tué avec la plus grande partie de ceux qui l'accompagnaient. Abd-el-Melik-ben-Abi-el-Djad lui succéda dans le gouvernement des Werfadjoumah et de Caïrouan. Habib-ben-Abd-el-Rahman quittant alors le Djebel-Awrâs, se dirigea vers lui, et lui livra bataille à Caïrouan; défait par Abd-el-Melik, il fut tué dans la déroute, en l'an 140 de l'hégire. La puissance d'Elyâs en Afrique avait duré un an et demi, et celle d'Habib trois années (67).

qu'Acem se présenta devant cette ville à la tête des Berbèrs et des Arabes, qui étaient venus se réfugier auprès de lui, sous la conduite d'Abd-el-Wârath, Abou-Karib sortit à la tête des habitants pour défendre l'entrée de la place. Les Arabes de Caïrouan qui se trouvaient dans l'armée d'Acem exhortèrent alors leurs compatriotes à se soumettre à lui, et la plus grande partie de la garnison se laissa séduire par leurs discours. Mille hommes seulement, parmi les plus renommés par leur religion et leur esprit d'équité, demeurèrent fidèles au cadi. Ils combattirent à ses côtés, et se firent tous tuer par les Werfadjoumah. (Nowaïri, M.S. 702. A, f° 43 recto et verso.)

(67) Ebn-Khaldoun n'est pas ici d'accord avec Novaïri sur la durée de la puissance d'Elyas et d'Habib. Voici ce que dit ce dernier:

فكانت ولاية عبد الرحمن بن حبيب عشر سنين واشهرا وولاية الياس ستة اشهر وولاية حبيب بن عبد الرحمن سنة واحدة وستة اشهر • Abd-el-Rahman gouverna l'Afrique pendant dix ans et

ABD-EL-MELIK-BEN-ABI-EL-DJAD-EL-WERFADJOUMY.

Abd-el-Melik-ben-Abi-el-Djad ayant tué Habib-ben-Abd-el-Rahman, revint à la tête des tribus de Werfadjoumah vers Caïrouan, dont il s'empara. L'Afrique tomba alors sous la domination des Werfadjoumah, qui se conduisirent envers les habitants de Caïrouan avec autant de cruauté que d'injustice, imitant en cela la conduite d'Acem. Effrayée des effets d'une telle oppression, la population de la ville se dispersa dans les environs pour se mettre à l'abri des violences qui la menaçaient, et ces désastreuses nouvelles s'étant répandues de toutes parts, Abou-el-Khattab-Abd-el-Ala-ben-el-Samha-el-Moughaferi, de la secte des Ibadhïèh, indigné de ces excès coupables, se mit en insurrection ouverte dans les environs de Tripoli, et ayant attaqué cette ville, il s'en rendit maître.

ABD-EL-ALA-BEN-EL-SAMHA-EL-MOUGHAFERI.

Abd-el-Ala s'étant emparé de Tripoli, Abd-el-Melik-ben-Abi-el-Djad envoya des troupes pour le combattre, dans le courant de l'année 141 de l'hégire. Abou-el-Khattab s'avançant aussitôt à leur rencontre, les mit en fuite, en tailla en pièces un grand nombre, et les poursuivit jusqu'à Caïrouan dont il s'empara; il en chassa les Werfadjoumah, confia le gouvernement de cette ville

« quelques mois, Elias pendant six mois seulement, et Habib-ben-
« Abd-el-Rahman pendant un an et demi. » (*Nowaïri*, man. 702 A, fol. 43 vers.)

à Abd-el-Rahman-ben-Roustem, et se dirigea vers Tripoli pour aller à la rencontre de l'armée qu'Abou-Djafar envoyait de ce côté.

MOHAMMED-BEN-EL-ASCHATH-EL-KHOZAIY.

Lorsque tous ces troubles éclatèrent en Afrique et que les tribus de Werfadjoumah s'emparèrent de Caïrouan, les principaux officiers de l'armée d'Afrique se réfugièrent auprès d'Abou-Djafar-el-Mançour, alors khalife, et lui portant les plaintes de tout ce qu'ils avaient eu à souffrir de la part des Werfadjoumah, ils implorèrent son secours. Ce fut alors qu'il nomma gouverneur d'Égypte et d'Afrique Mohammed-ben-el-Aschath-el-Khozaiy, qui fixa en Égypte sa résidence, et envoya contre l'Afrique Abou-el-Ahouas-Amrou-ben-el-Ahouas-el-Idjly. Ce chef partit à la tête de son avant-garde, et arrivé à Sort (68), il rencontra Abou-el-Khattab-Abd-el-Ala qui le mit en fuite. Abou-Djafar-el-Mançour (lorsqu'il apprit cette défaite) fit porter l'ordre à Mohammed-ben-el-Aschath de se mettre en personne à la tête de l'expédition et le nomma spécialement gouverneur de l'Afrique. Il lui envoya en même temps un renfort de

---

(68) Sort, qu'Édrisi écrit par un ص, tandis qu'Ebn-Khaldoun l'écrit par un س, est, d'après ce géographe, une ville située à 11 journées Est de Tripoli; il nous la représente comme enceinte d'un mur de terre, placée seulement à deux milles de la mer, et entourée de tous côtés par des sables. La majeure partie des habitants est berbère. (Voyez Édrisi, t. I, p. 274.) D'après El-Békri, traduit par M. Quatremère, les habitants de Sort parlent entre eux un jargon qui ne ressemble ni à l'arabe, ni au persan, ni au berbère, ni au copte, et qui n'est entendu que d'eux seuls. (Not. et ext. t. XII, p. 451.)

troupes commandées par El-Aghlab-ben-Salem-ben-Ikal-
ben-Khafadjah-ben-Souadeh-el-Tamimi (69). Mohammed partit et rencontra Abou-el-Khattab à Sort, où ils se
livrèrent une seconde bataille, dans laquelle Abou-el-
Khattab fut mis en fuite et tué, ainsi que la totalité de
ceux qui l'accompagnaient (70). La nouvelle de cet évé-

(69) D'après Nowaïri, El-Aghlab était accompagné d'El-Mouharib-
ben-Helal-el-Farsi et de Mokharik-ben-Ghafar-el-Taï. Les ordres du
Khalife étaient que, si Mohammed-ben-el-Aschath venait à périr, El-
Aghlab devait prendre le commandement, puis Mokharik après lui,
s'il venait aussi à succomber, et enfin El-Mouharib après Mokharik; mais El-Mouharib mourut avant d'être arrivé en Afrique. (M.S.
702 A, f° 44 recto.) Ebn-Khallican donne la généalogie d'El-Aghlab
jusqu'à Adnan. Il était fils de Salem, fils d'Ikal, fils de Khafadjah, fils
d'Abd-Allah, fils d'Ibad, fils de Mahreth, fils de Saad, fils de Hezam,
fils de Saad, fils de Malek, fils de Saad, fils de Zeïd Menat, fils de
Tamim, fils de Morr, fils d'Odd, fils de Tabakha, fils d'Elyas, fils de
Modhar, fils de Nezar, fils de Maad, fils d'Adnan. (Voy. Ebn-Khallikan, publié par M. le baron de Slane, t. 1ᵉʳ, p. 470.)

(70) Ebn-Khaldoun ne fait que rapporter ici quelle fut l'issue de
cet important combat. En voici les détails tels que les donne Nowaïri :

وبلغ ابا الخطاب خروج محمد بن الاشعث اليه فجمع اصحابه من
كل ناحية ومضى فى عدد عظيم فوصل الى سرت واستقدم عبيد
الرحمن بن رستم من القيروان فقدم بين معه فضلق ابن الاشعث
ذرعا بلغا ابى الخطاب لما بلغه من كثرة جموعه فاتفق تنازع زناتة
وهوارة فيما بينهم فقتلت هوارة رجلا من زناتة فانتهت زناتة ابا
الخطاب فى ميله مع هوارة ففارقه جماعة منهم فبلغ ذلك ابن
الاشعث فسربه وضبط افواه السكك حتى انقطع خبره عن ابى
الخطاب فرجع الى طرابلس ووصل ابن الاشعث الى سرت فخرج
اليه ابو الخطاب حتى صاروا بوردانة فلما قرب منه ذكر ابن
الاشعث لاصحابه ان خبرا اتاه من المنصور بالرجوع الى السرت
واظهر لهم المسرة بالرجوع فشاع ذلك فى الناس وسار منصرفا

nement, accompli dans le courant de l'année 144, parvint
à Abd-el-Rahman-ben-Roustem, alors à Caïrouan. Il aban-

ميلا ثم نزل فانتهى ذلك الى ابى الخطاب وسمع به من مسعد
فانصرف كثير منهم ثم اصبح ابن الاشعث فسار اميالا متثاقلًا فى
سيره وفعل ذلك فى اليوم الثالث ثم اختار اهل الجلد والقوة من
جيشه وسار بهم ليلة كلة فصبح ابا الخطاب وقد اختل عسكره فلما
التقوا ترجل جماعة من اصحاب ابن الاشعث وقاتلوا فانهزم البربر
وقتل ابو الخطاب وعامة من معه و ذلك فى شهر ربيع الاول من
سنة اربع واربعين وماية فكانت عدة من قتل من البربر اربعين
الفا « Abou-el-Khattab ayant eu connaissance de l'expédition que
« Mohammed-ben-el-Aschath préparait contre lui, rassembla de tous
« côtés les forces dont il pouvait disposer, et s'avança jusqu'à Sort, à la
« tête d'une armée considérable. Il avait rappelé de Caïrouan Abd-el-
« Rahman-ben-Roustem, qui était venu le trouver avec toutes les
« troupes qu'il avait sous ses ordres; aussi Ebn-el-Aschath, en appre-
« nant le grand nombre d'ennemis qu'il aurait à combattre, était-il
« fort inquiet sur le résultat de cette rencontre, quand il fut informé
« que des dissentions venaient d'éclater entre les Zenatah et les
« Hawarah. Ces derniers avaient tué un homme de la tribu des Zena-
« tah, qui soupçonnant Abou-el-Khattab de partialité pour leurs an-
« tagonistes, avaient déserté son armée en grand nombre. Cette nou-
« velle remplit de joie Ebn-el-Aschath, qui intercepta les communica-
« tions, de telle sorte qu'Abou-el-Khattab n'eut plus de ses nouvelles.

« Ce chef revint alors vers Tripoli, et Ebn-el-Aschath s'étant
« à son tour avancé jusqu'à Sort, Abou-el-Khattab sortit de sa posi-
« tion pour se porter à sa rencontre. Lorsqu'ils furent en présence, à
« Ouardana, Ebn-el-Aschath fit répandre le bruit qu'il avait reçu
« l'ordre d'El-Mançour de retourner à Sort, et cette nouvelle circula
« bientôt dans toute l'armée. Il prit, en effet, cette route, et après
« avoir fait un mille en arrière, il s'arrêta, tandis qu'à l'annonce de
« son départ une grande partie des forces d'Abou-el-Khattab s'était
« dispersée. Le lendemain matin, Ebn-el-Aschath fit encore lentement
« quelques milles, et répétant cette manœuvre trois jours de suite, il
« choisit tout à coup les hommes les plus agiles et les plus dispos de
« son armée, et marchant la nuit toute entière, il tomba au point du

donna aussitôt cette ville pour se réfugier à Tàhart (71), où il jeta les premiers fondements de la ville actuelle et y fixa sa résidence. Ebn-el-Aschath, poursuivant le cours de ses succès, s'empara de Tripoli, et y nomma comme gouverneur El-Mokharik-ben-Ghafar-el-Tâi; se dirigeant de là sur Caïrouan, il entra dans cette capitale vers le milieu de l'an 145, et, dans le courant d'une année, il fit construire les murs qui lui servent d'enceinte. Il écrivit alors à Abou-Djafar-el-Mançour pour lui annoncer ses succès; car, dès ce moment, il était maître de l'Afrique qu'il gouverna paisiblement. El-Aghlab-ben-Salem devint, sous ses ordres, gouverneur de Tobna (72)

« jour sur les troupes d'Abou-el-Khattab, dont l'armée était presque
« dissoute. Quand l'attaque commença, une partie des soldats d'Ebn-
« el-Aschath mit pied à terre, et les Berbèrs ne purent soutenir leur
« choc; ils s'enfuirent, et Abou-el-Khattab fut tué ainsi que la totalité
« de ceux qui l'accompagnaient. Cette victoire des Arabes fut rem-
« portée au mois de Rebi-el-aoual de l'année 144. La perte des Ber-
« bèrs monta à quarante mille hommes.» (*Nowaïri*, man. 702 A,
« fol. 44 rect.)

(71) Comparez sur cette ville, dont les Beni Roustem avaient fait la capitale de leurs possessions, Édrisi (t. 1er, p. 233), le mémoire sur l'ouvrage géographique d'El-Békri, inséré par M. Étienne Quatremère dans les notices et extraits des Ms. de la Bibl. roy. (t. XII, p. 522 et 523), M. Reinaud, dans ses notes sur la géographie d'Abou'lféda, et M. d'Avezac (*Nouvelles Annales des voyages*, juin, 1840).

(72) Tobna, d'après Édrisi, est une ville jolie, pourvue d'eau, située au milieu de jardins, de plantations de coton, de champs de blé et d'orge. De Tobna à Bougie, en se dirigeant vers le nord, on compte six journées. (Voyez Édrisi, t. I, p. 240.) D'après Shaw (*Voyage en Barb.*, t. I, p. 166), le district du Zab, la Zebe des anciens, qui faisait autrefois partie de la Mauritanie et de la Gétulie, est un terrain étroit, situé précisément au pied du mont Atlas; il s'étend depuis le méridien de Mesilah jusqu'à celui de Constantine, et consiste en un double rang de villages. Ebn-Khaldoun a traité de l'histoire par-

et du Zab. Dans la suite, les Arabes, issus de Modhar, se révoltèrent contre Ebn-el-Aschath, et le chassèrent de l'Afrique dans l'année 148; il se retira en Orient.

EL-AGHLAB-BEN-SALEM.

Après le départ d'Ebn-el-Aschath pour l'Orient, les Modharites avaient nommé pour chef Iça-ben-Mouça le Khoraçanite; mais bientôt Abou-Djafar-el-Mançour envoya auprès d'El-Aghlab-ben-Salem-ben-Ikal-ben-Khafadjah-ben-Souadeh-el-Tamimi des députés qui l'investirent du titre de gouverneur de l'Afrique. Aghlab-ben-Salem, autrefois l'un des compagnons d'Abou-Moslem dans le Khoraçan, était venu en Afrique avec Ebn-el-Aschath, qui lui avait confié le gouvernement du Zab et de la ville de Tobna. A peine venait-il de prendre Caïrouan et d'y rétablir le calme, qu'Abou-Carra-el-Yagharny, appelant à lui les Berbèrs, se souleva contre lui. Aghlab ayant aussitôt marché à sa rencontre, le mit en fuite, et se préparait à le poursuivre, lorsque ses troupes lui refusèrent tout concours, et se mirent en révolte ouverte (73).

ticulière de ce pays pendant la dynastie des Obeïdites, sous ce titre: الخبر عن بني حمدون ملوك المسيلة والزاب بدعوة العبيديين ومآل أمرهم (Ebn-Khaldoun, feuillet 35, recto.) Shaw prétend (t. I, p. 141,) que c'est à tort qu'Abou'lfeda place Tobna, l'ancienne Thubuna, dans le pays du Zab, attendu que cette ville en est séparée par des vallées et des montagnes. Edrisi est d'accord toutefois avec Abou'lfeda pour la rattacher à ce district.

(73) L'activité déployée par Ebn-el-Aghlab, et les marches forcées qu'il faisait faire à ses troupes, paraissent avoir été la cause de la défection dont il fut victime en cette circonstance. Voici ce qu'en dit No-

Haçan-ben-Harb-el-Kendi, alors à Tunis, envoyant des messages aux troupes d'El-Aghlab, non-seulement acheva de les détacher de ce chef, mais sut si bien les gagner à son parti, qu'elles se rendirent auprès de lui, et qu'à leur tête il marcha sur Caïrouan, dont il s'empara.

El-Aghlab, qui d'abord s'était réfugié à Cabès, revint à la rencontre de Haçan-ben-Harb en l'an 150, le mit en fuite, et s'avançait déjà vers Caïrouan, lorsque Haçan se retournant contre lui, lui livra devant cette ville un combat dans lequel El-Aghlab fut tué par une flèche. Ses troupes nommèrent alors pour chef Mokharik-ben-Ghafar-el-Tâï, gouverneur de Tripoli, puis ils fondirent sur Haçan qui s'enfuit vers Tunis. Il passa ensuite dans le pays des Ketamah (74), chez lesquels El-Mokharik n'osa

waïri : فسار اليه الاغلب فى جميع قواده فهرب منه وقدم الاغلب الزاب وعزم على الرحيل الى تاسان ثم الى طنجة فاشتد ذلك على الجند رجعلوا يتسللون عنه ويخرجون ليلا الى القيروان حتى بقى فى نفر يسير من وجوههم

« Ebn-el-Aghlab se mit à la tête des différents chefs
« auxquels il commandait, et marcha contre Abou-Carra, qui prit
« la fuite à son approche; il le poursuivit dans le Zab, puis il voulait
« marcher vers Tlemçen, et ensuite vers Tanger; mais ses soldats,
« fatigués de le suivre, commencèrent à déserter et à s'enfuir de nuit
« vers Caïrouan, en sorte qu'il ne lui resta plus qu'une petite troupe
« composée d'hommes d'élite qui n'avaient pas voulu abandonner leur
« chef. » (*Nowaïri*, Ms. 702 A, fol. 44 v°.)

(74) Ebn-Khaldoun, après avoir fait, d'après le rapport des généalogistes, descendre les Ketamah des Beranis ou enfants de Ber, descendants de Mazigh, fils de Canaan, ajoute : « Al-Kalbi veut que
« les tribus de Ketamah et de Sanhadjah n'appartiennent pas aux Berbèrs; ils ne sont, selon lui, que des tribus de l'Yemen, qu'Afrikis,
« fils de Saïfi, laissa en Afrique avec les gens de la postérité de Cham
« qu'il y avait établis. » Il dit encore plus loin : « La vérité est, que les
« Berbèrs sont un peuple bien différent des Arabes, excepté peut-

pas le poursuivre. Deux mois après, il retourna à Tunis, où il fut tué par les troupes. On ajoute que les soldats d'El-Aghlab le mirent à mort dans l'endroit même où ce dernier avait succombé (75). El-Mokharik-ben-Ghafar resta dès lors maître de l'Afrique, jusqu'aux événements que nous allons rapporter.

« être, comme l'observent aussi les généalogistes, les tribus des San-
« hadjah et des Ketamah, qui, selon moi, doivent être regardées
« comme parentes et alliées des Arabes. Mais Dieu le sait. » (Voy. Ext.
d'Ebn-Khaldoun par Schulz. *Journ. asiat.* t. II, p. 121 et 142.)

(75) Voici le récit de Nowaïri sur la guerre soutenue par Haçan-ben-Harb-el-Kendi contre El-Aghlab-ben-Salem; il diffère de celui d'Ebn-Khaldoun, tant sous le rapport des détails que sous celui de quelques faits importants qui y sont rapportés d'une manière dissemblable: « Tandis qu'El-Aghlab était occupé à réprimer la révolte d'Abou-Carra, « El-Haçan-ben-Harb-el-Kendi qui occupait la ville de Tunis, écrivit « à plusieurs de ses officiers pour tâcher de les amener à lui. En effet, « quelques-uns d'entre eux, ceux qui avaient abandonné leur chef « dans le Zab, vinrent se réunir à El-Haçan qui, s'étant mis à leur tête, « marcha sur Caïrouan. Aidé dans ses projets de conquête par Ebn-« el-Hodaïl, Fadhl-ben-Mohammed et quelques autres, il s'empara « de la ville sans résistance, et jeta dans une prison Salem-ben-Soua-« deh-el-Tamini, auquel El-Aghlab, en partant, avait confié le gou-« vernement de sa capitale. En apprenant les succès d'El-Haçan, « El-Aghlab s'approcha à la tête du petit nombre de ceux qui lui « étaient restés fidèles, et écrivit à El-Haçan pour lui rappeler com-« bien la soumission était une vertu digne de louange, et combien, « au contraire, la rebellion était sévèrement punie. » Nowaïri, après avoir rapporté la réponse par laquelle El-Haçan refusait de se soumettre, donne le détail de la défaite de ce chef insoumis, dont les troupes attirées par la douceur et la générosité d'El-Aghlab avaient à leur tour changé de parti pour se réunir au lieutenant des Abbassides. El-Haçan, mis en fuite, revint à Tunis après avoir perdu beaucoup de monde, et El-Aghlab était sur le point d'entrer dans Caïrouan, lorsque son antagoniste revint à la charge à la tête d'une nombreuse armée; c'est dans le combat qu'ils se livrèrent alors, et dans lequel El-Aghlab n'était soutenu que par un petit nombre de compa-

OMAR-BEN-HAFS-HEZARMERD.

Abou-Djafar-el-Mançour ayant appris la mort d'El-Aghlab-ben-Salem, envoya pour gouverner l'Afrique à sa place, Omar-ben-Hafs-Hezarmerd (76), l'un des fils de Kabiça-ben-Abi-Sofra, frère d'El-Mohalleb. Il prit possession de son gouvernement en l'an 151, et pendant trois années tout marcha avec une grande régularité. Au bout de ce temps, il partit pour aller présider à la construction des murs de la ville de Tobna, et en son absence il confia le gouvernement de Caïrouan à l'un de ses parents, nommé Abou-Hâzem-Habib-ben-Habib-el-Mohallebi. A peine avait-il quitté la ville dans ce but, que les Berbèrs se révoltèrent de toutes parts. Ils eurent tout d'abord l'avantage sur les Arabes qui étaient venus se fixer en Afrique; et se dirigeant vers Caïrouan, ils livrèrent à Abou-Hazem une bataille dans laquelle il fut tué; tous les Berbèrs qui étaient de la secte des Ibadhièh se rassemblèrent ensuite dans Tripoli, et prirent pour

gnons fidèles, qu'il fut atteint par une flèche, après avoir enfoncé l'aile droite des ennemis. Au moment où il tomba, un cri s'éleva dans toute l'armée, et Salem-ben-Souadeh dit à Abou-el-Anbas : « Après « un pareil jour je ne veux plus reparaître à la face du monde. » Il se jeta en même temps au milieu des troupes d'El-Haçan et en fit un affreux carnage. El-Haçan lui-même resta au nombre des morts. Cet événement eut lieu au mois de Schaaban de l'année 150 de l'hégire. » (*Nowaïri*, man. 702, A, fol. 44 verso.)

(76) On lit à propos du nom de ce gouverneur dans le récit de Nowaïri : وتفسيره بالفارسية ألف رجل . « Ce nom, qui est d'origine persane, veut dire dans la langue de ce pays : mille hommes. » (*Nowaïri*, 702 A, 44 v°.)

chef Abou-Hâtem-Yacoub-ben-Habib-el-Ibâdhi, affranchi de Kendah.

Tripoli se trouvant à cette époque sous le commandement de Djoneïd-ben-Bechar-el-Açadi, qui gouvernait cette ville au nom d'Omar-ben-Hafs, ce dernier s'empressa d'envoyer au secours de son délégué des troupes, qui livrèrent à Abou-Hatem un combat, à la suite duquel elles furent mises en pleine déroute et resserrées dans Cabès.

L'Afrique devint ainsi en proie de tous côtés aux troubles et aux agitations. Les révoltés, partagés en douze corps d'armée, se rendirent à Tobna pour y assiéger Omar-ben-Hafs. Parmi eux se trouvaient Abou-Carra-el-Yagharny, à la tête de quarante mille hommes des Sofrieh; Abd-el-Rahman-ben-Roustem, à la tête de quinze mille hommes de la secte des Ibadhièh, venus avec lui de Tahart; Abou-Hatem, à la tête de ceux qui s'étaient rassemblés autour de lui à Tripoli; Açem-el-Sadrati, avec six mille hommes des Ibadhièh; El-Mouçaouer-el-Zenati, à la tête de dix mille hommes, appartenant à la même secte, et une multitude innombrable de Khouaridj des tribus de Sanhadjah, de Zenatah et de Hawarah. Dans cette conjoncture, Omar-ben-Hafs eut recours à ses richesses pour se défendre contre cette ligue menaçante. Il sut jeter la division parmi les ennemis, et distribuant aux soldats d'Abou-Carra une grande somme d'argent, il les détermina à opérer leur retraite; ce qui obligea leur chef à les suivre. Des troupes envoyées contre Ebn-Roustem, alors à Tahouda, le forcèrent à s'enfuir vers Tahart; en sorte que les Ibadhièh n'étant plus en nombre assez grand pour continuer le siége de Tobna, se retirèrent. Abou-Hatem se dirigea alors sur Caïrouan, qu'il assiégea durant huit mois, et qu'il pressait fortement, lorsqu'Omar-ben-Hafs marcha au secours de cette ville, après avoir organisé dans Tobna un corps de troupes chargé de la défendre. A peine fut-il parti, qu'Abou-Carra vint attaquer Tobna, mais il fut repoussé par la garnison de cette ville, tandis qu'Abou-Hatem ayant appris devant Caïrouan qu'Omar-ben-Hafs marchait contre lui, se portait à sa rencontre.

Omar, qui était alors à El-Arbès (77), se dirigea aussitôt vers Tunis; puis se portant immédiatement sur Caïrouan, il y entra, et se prépara à soutenir un siége. En effet, Abou-Hatem et les Berbèrs l'ayant suivi de près, l'assiégèrent, et le pressèrent à tel point, qu'ayant fait une sortie furieuse pour les repousser ou y perdre la vie, il resta mort sur le champ de bataille à la fin de l'année 154. Son frère de mère, Hamid-ben-Sakhr, prenant à sa place les rênes du gouvernement, fit la paix avec Abou-Hatem, à condition qu'il reconnaîtrait à Caïrouan l'autorité des Abbassides (78). La plus grande partie de l'armée

---

(77) Arbès, à deux journées de Bône, deux journées de Tunis et trois de Caïrouan, d'après Édrisi, est située dans un bas-fond, et arrosée par deux sources d'eau courante qui ne tarissent jamais; le territoire contient des mines de fer, mais on n'y voit absolument aucun arbre. (Édrisi, t. I, p. 268. Voy. aussi not. et ext., t. XII, p. 502.)

(78) Voici le récit beaucoup plus détaillé de Nowaïri depuis le moment où Hezarmerd se vit entouré, dans Tobna, par la multitude des berbèrs révoltés contre son autorité, jusqu'à la reddition de Caïrouan : « Hezarmerd, lorsqu'il se vit entouré par un si grand nombre
« de révoltés, assembla tous ses chefs, et leur demanda conseil sur le

se retira alors vers Tobna, mais non pas sans qu'Abou-Hatem eût auparavant brûlé les portes de Caïrouan et détruit ses murailles.

« parti qu'il y avait à prendre. Tous furent d'avis qu'il ne devait pas
« s'exposer à sortir de la ville; en conséquence il prit le parti d'avoir
« recours à la ruse pour dissiper cette ligue formidable. Il députa donc
« vers eux un habitant de Mequinez, nommé Ismaïl-ben-Yacob, au-
« quel il confia quarante mille dirhems et un grand nombre de riches
« vêtements, avec mission de les donner à Abou-Carra pour obtenir de
« lui son départ et l'abandon de ses alliés. N'ayant pu réussir à le
« séduire, cet homme alla trouver son fils, d'autres disent son frère, et
« le gagna par le don de vêtements précieux et de quatre mille dir-
« hems. Il engagea donc l'armée à se retirer, et Abou-Carra, qui était
« demeuré étranger à toutes ces manœuvres, voyant ses troupes l'a-
« bandonner, fut obligé de les suivre. Les Sofrieh étant ainsi retournés
« dans leur pays, Omar-ben-Hafs envoya Moamer-ben-Iça-el-Saadi à la
« tête de quinze cents hommes contre Ebn Roustem, qui occupait
« Tahouda avec quinze mille cavaliers; ils en vinrent aux mains, et
« Ebn-Roustem, mis en fuite, se retira vers Tahart. Après ce se-
« cond succès, Omar-ben-Hafs voulant secourir Caïrouan, laissa la
« ville de Tobna sous les ordres d'El-Mouhanna-ben-el-Mokharik-ben-
« Ghafar-el-Taï, et se mit en marche. A peine Abou-Carra en eut-il
« connaissance, qu'il vint assiéger Tobna; mais El-Mouhanna-ben-
« el-Mokharik, dans une vigoureuse sortie, le mit en complète dé-
« route. Cependant depuis huit mois Abou-Hatem assiégeait Caïrouan;
« il n'y avait plus dans le trésor de cette ville un seul dirhem, ni dans
« ses greniers les moindres provisions. La garnison, obligée chaque
« jour à de nouveaux combats contre les Berbèrs, n'avait d'autre res-
« source, dans la dure extrémité où elle était réduite par la famine,
« que les chiens et les bêtes de somme qui étaient sacrifiés aux besoins
« sans cesse renaissants de la population. Déjà même un grand nombre
« d'habitants sortaient de l'enceinte de la ville pour aller se joindre
« aux Berbèrs. Instruit de ce triste état des choses, Omar-ben-Hafs
« hâta sa marche, et, à la tête de sept cents hommes, arriva jusqu'à
« Arbès. Les Berbèrs, de leur côté, n'eurent pas plutôt connaissance
« de sa marche, qu'ils quittèrent Caïrouan et se portèrent en avant
« pour le surprendre. Omar se retira vers Tunis, et les Berbèrs étant

YEZID-BEN-HATEM-BEN-CABIÇAH-BEN-EL MOHALLEB.

La nouvelle de la révolte qui venait d'éclater en Afrique contre Omar-ben-Hafs, ainsi que celle du siége

« parvenus jusqu'aux environs de Samnadjah سمنجة, Djamil-ben-
« Sakhr profita de ce moment pour sortir de Caïrouan, et Omar-ben-
« Hafs, revenant en toute hâte de Tunis, ces deux chefs opérèrent
« leur jonction à Bir-el-Selama بير السلامة et Omar rentra dans
« Caïrouan, qu'il approvisionna sur-le-champ en envoyant de diffé-
« rents côtés des partis de cavalerie chargés de rapporter des vivres.
« Il fit tout ce qu'il fallait pour se préparer à soutenir un siége, et dé-
« fendit la porte d'Abou-el-Rebi par un large fossé, en avant du-
« quel il plaça son camp. Bientôt arriva Abou-Hatem avec toutes ses
« forces montant à cent trente mille hommes. Omar, à la tête de ses
« troupes, lui livra un combat acharné, mais il fut obligé de se replier
« sur son camp, et l'on combattit au milieu des tentes; cependant
« les Berbèrs arrivèrent en nombre si supérieur, qu'ils forcèrent
« Omar à chercher un refuge derrière le fossé qu'il avait fait creuser
« devant la porte d'Abou-el-Rebi. Chaque jour, depuis ce temps, Omar
« faisait une sortie nouvelle, et il ne cessa de harceler l'ennemi tant
« que ses forces ne furent pas entièrement épuisées; mais bientôt la
« famine se fit sentir de nouveau, il fallut encore dévorer les bêtes de
« somme, les chats, les chiens. Au milieu de telles privations les ha-
« bitants perdaient courage : Omar leur dit alors que s'ils consentaient
« à sa proposition, il allait faire une sortie, pénétrer dans le pays des
« Berbèrs qui les assiégaient, pour y chercher les ressources qui leur
« manquaient, et que, pendant ce temps, il placerait à leur tête ou
« bien Hamil, ou bien El-Mokharik. Cet avis fut d'abord approuvé,
« et il se prépara au départ. Cependant trois cent mille Ibadhich, au
« nombre desquels étaient trente-cinq mille cavaliers, entouraient la
« ville. Les habitants changeant d'avis dirent à Omar : « Reste avec
« nous. — Je le veux bien, dit-il, et je vais mettre à la tête de l'expé-
« dition Hamil ou El-Mokharik. » Cette fois les troupes expédition-
« naires se refusèrent à leur tour à cet arrangement : « Tu resterais en
« repos, dirent-elles à Omar, tandis que nous braverions les dangers

qu'il avait soutenu dans Tobna, et plus tard dans Caïrouan, étant parvenues à El-Mançour, il envoya à son secours Yezid-ben-Hatem-ben-Cabiçah-ben-el-Mohalleb-ben-Abou-Safrah, à la tête de soixante mille combattants; ce fut même l'annonce de ce puissant renfort qui porta Omar-ben-Hafs à cette résistance désespérée dans laquelle il succomba. A la suite de cet événement, El-Mançour ayant envoyé à Yezid l'investiture du gouvernement de l'Afrique, il en prit possession alors qu'Abou-Hatem-Yacoub-ben-Habib y était tout-puissant. Ce chef s'étant dirigé vers Tripoli, où il voulait aller attaquer Yezid, confia pendant son absence le gouvernement de Caïrouan à Omar-ben-Othman-el-Fahri; mais ce dernier s'étant révolté bientôt, fit mettre à mort les principaux officiers de la garnison, tandis qu'El-Mokharik-ben-Ghafar se soulevant aussi, forçait Abou-Hatem à revenir sur ses pas pour se venger de cette double trahison. A son approche, les rebelles s'enfuirent de Caïrouan et se retirèrent à Djidjel (79), ville située sur le bord de la mer et appartenant aux Ketamah. Abou-Hatem

« d'une sortie. » C'est au moment où il était furieux de cette constante
« opposition, qu'il reçut une lettre de sa femme, par laquelle elle lui
« apprenait que le khalife, mécontent de ne pas recevoir de ses nou-
« velles, l'avait rappelé, et envoyait en Afrique Yezid-ben-Hatem à
« la tête de soixante mille hommes. Cette nouvelle acheva de l'exas-
« pérer, et, moins sensible aux secours qu'il allait recevoir qu'à la
« honte de les devoir à celui qui venait le remplacer, il tenta une
« sortie dans laquelle il tomba mort, après des prodiges de valeur.
« C'était un samedi, au milieu du mois de Dzou'l-Hadjah de l'an 154. »
(Voy. Nowaïri, M.S. 702, fol. 14, recto et verso.)

(79) Voyez Shaw (t. I, p. 114,) et Edrisi (t. 1ᵉʳ p. 245).

les y ayant laissés tous deux, confia le gouvernement de Caïrouan à Abd-el-Aziz-ben-el-Samih-el-Moghaferi, et marcha de nouveau à la rencontre d'Yezid, qui venait d'arriver à Tripoli. Abou-Hatem, suivi jusque dans les montagnes des Nefousa, qu'il venait d'atteindre, par l'armée d'Yezid, la mit en fuite dans un premier combat; mais bientôt ce général se mettant à la tête de ses troupes, lui livra une bataille meurtrière dans laquelle les Berbèrs, forcés à prendre la fuite, perdirent leur chef Abou-Hatem et trente mille des leurs. Yezid poursuivit les débris de leur armée, vengeant la mort d'Omar-ben-Hafs par le meurtre de tous ceux qu'il pouvait atteindre; puis, après cette victoire, il marcha sur la ville de Caïrouan, dans laquelle il fit son entrée vers le milieu de l'an 155. Abd-el-Rahman-ben-Habib-ben-Abd-el-Rahman-el-Fahri, qui avait suivi le parti d'Abou-Hatem dans cette expédition, se retira chez les Ketamah. Yezid ayant envoyé des troupes à sa recherche, on cerna la tribu; et les Ketamah ayant été défaits, Abd-el-Rahman prit de nouveau la fuite après avoir vu tomber autour de lui tous ceux qui l'avaient accompagné. Yezid envoya ensuite El-Mokharik-ben-Ghafar, comme gouverneur, dans le pays du Zab. Il arriva à Tobna, défit les Berbèrs dans plusieurs combats qu'il livra, soit aux Werfadjoumah, soit à d'autres tribus, jusqu'à la mort d'Yezid, qui arriva dans l'année cent soixante-dix, sous le khalifat d'Haroun-el-Reschid (80). Son fils

---

(80) Cette révolte des Berbèrs, réprimée par un des lieutenants d'Yezid, est rapportée avec plus de détails par Ebn-el-Athir, qui, dans le *Ka-*

Daoud ayant pris les rênes du gouvernement, les Berbèrs se soulevèrent contre lui; mais il réprima prompte-

mel-el-Tawarikh (Ms. arabe 45, fond supplém., fol. 3 r° et v°), parle en ces termes, à l'année 156, des derniers efforts tentés par les Berbèrs contre le gouvernement d'Yézid : قد ذكرنا هرب عبد الرحمن بن
حبيب الذى كان ابوه امير افريقية مع الخوارج واتصاله بكتامة فسير
يزيد بن حاتم امير افريقية العسكر فى اثره وقاتلوا كتامة فلما كان هذه
السنة سير يزيد عسكرا اخر مددا للذين يقاتلون عبد الرحمن فاشتد
الحصر على عبد الرحمن فمضى هاربا وفارق مكانه فعادت العساكر
عنه ثم ثار هذه السنة على يزيد بن حاتم ابو يحيى بن فوناس الهوارى
بناحية طرابلس فاجتمع عليه كثير من البربر وكان بها عسكر ليزيد
ابن حاتم مع عامل البلد فخرج العامل والجيش معه فالتقوا على
شاطى البحر من ارض هوارة فاقتتلوا قتالا شديدا فانهزم ابو يحيى
ابن فوناس وقتل عامة اصحابه وسكن الناس بافريقية وصغت ليزيد
ابن حاتم « Déjà nous avons raconté la fuite d'Abd-el-Rahman-ben-
« Habib, dont le père avait été gouverneur de l'Afrique; nous avons
« dit comment il se retira, avec tous les Khouaridj, chez les Ketamah,
« et comment Yezid-ben-Hatem, gouverneur au nom des khalifes,
« envoya à sa poursuite des troupes chargées de combattre les Keta-
« mah, qui lui avaient donné asile. Dans le courant de l'année à la-
« quelle nous voici parvenus (156 de l'H.), Yezid envoya des troupes
« nouvelles au secours du premier corps d'armée, et Abd-el-Rahman se
« vit pressé avec tant de vigueur, qu'il quitta la place, et s'enfuit de
« nouveau. Les troupes qui l'attaquaient revinrent alors, et c'est dans
« cette même année qu'Abou-Yahia-ben-Founas-el-Hawari se ré-
« volta contre l'autorité d'Yezid, dans les environs de Tripoli; les
« Berbèrs vinrent en grand nombre se rassembler autour de lui. La
« province était gouvernée par un des lieutenants d'Yezid, qui l'oc-
« cupait à la tête d'une armée. Ils marchèrent contre les révoltés,
« et les rencontrèrent du côté de la mer, sur le territoire des
« Hawarah. La bataille fut longue, et la victoire chaudement disputée;
« mais enfin, Abou-Yahia-ben-Founas fut mis en fuite, et beaucoup

ment leur révolte, et revint à Caïrouan, où il demeura jusqu'aux événements que nous allons rapporter (81).

« de ses adhérents trouvèrent la mort dans le combat. A partir de ce
« moment, le calme se rétablit en Afrique, et Yezid gouverna tranquille-
« ment cette province. » Nowaïri ajoute aux récits des exploits d'Yezid
l'éloge de ses qualités, comme fondateur habile et bon administrateur.
Voici ce qu'il en dit à ce propos : « C'est Yezid qui a réédifié la grande
« mosquée de Caïrouan, œuvre qui fut accomplie en 157. Il établit
« aussi de nombreux marchés, et plaça chaque corps de métier dans un
« quartier qui lui était consacré. Enfin, si on disait que ce fut lui qui
« fonda la ville, on ne s'éloignerait pas beaucoup de la vérité. Tant
« qu'il vécut, le pays demeura tranquille, et aucun trouble fâcheux ne
« vint compliquer le cours paisible des affaires publiques. Il mourut au
« mois de Ramadhan de l'an 170. » (*Nowaïri*, Ms. 702, fol. 15, verso.)

(81) Ebd-Khaldoun parle à peine de Daoud-ben-Yezid, et a l'air de ne pas le considérer comme l'un des lieutenants du Khalife, en Afrique, probablement parce qu'il ne reçut pas l'investiture d'Haroun-el-Reschid. Nowaïri, qui lui consacre, ainsi qu'aux autres gouverneurs, une section de chapitre, en parle en ces termes : « Yezid
« étant tombé malade, institua, pour son successeur, son fils Daoud,
« qui, à sa mort, se mit à la tête du gouvernement. Les Berbèrs se
« révoltèrent contre son autorité, dans les montagnes qui environnent
« Badjah, et Saleh-ben-Naçir se mit à la tête des Ibadhieh. El-Mohal-
« leb-ben-Yezid ayant voulu d'abord s'opposer à leurs entreprises,
« fut mis en fuite, et laissa sur le champ de bataille la plus grande
« partie de ses troupes. Daoud alors envoya contre eux Soliman, fils
« de Simma, qui, à la tête de dix mille cavaliers, les mit en fuite, et les
« poursuivit avec un tel succès, qu'il leur tua plus de dix mille
« hommes. Le gros de leur armée ne fut cependant pas détruit; plus tard,
« Saleh-ben-Naçir vit son parti s'accroître par l'adhésion d'hommes
« éminents, parmi les Berbèrs; mais Soliman marcha de nouveau contre
« eux, et ne retourna à Caïrouan, qu'après les avoir complètement
« affaiblis par la perte de leurs plus braves soldats. Daoud gouverna
« l'Afrique jusqu'à l'époque où son oncle, Rouh-ben-Hatem, vint, au
« nom du khalife, en prendre possession. Après avoir été pendant dix
« mois et demi à la tête des affaires, Daoud retourna en Orient, où
« le khalife El-Reschid le combla de bienfaits. Il l'avait nommé d'abord

ROUH-BEN-HATEM, FRÈRE D'YEZID.

Haroun-el-Reschid ayant appris la mort d'Yezid-ben-Hatem, rappela de la Palestine, où il commandait alors, Rouh-ben-Hatem, frère de ce gouverneur, et l'ayant instruit de la mort de son frère, il lui confia le gouvernement de l'Afrique, où il arriva au milieu de l'an cent soixante-onze de l'hégire, tandis que Daoud son neveu se rendait à la cour du khalife. Comme Yezid avait réprimé les révoltes et pacifié tout le pays, Rouh eut un gouvernement calme et tranquille. Ayant désiré vivre en paix avec Abd-el-Wahab-ben-Roustem, qui était un Wahab (82), il conclut avec lui une alliance. C'est au

---

« gouverneur d'Égypte, et lui donna plus tard le commandement de
« la province du Sind, où il mourut. » (*Nowaïri*, Ms. 702, fol. 15, v°.)
Ebn-el-Athir, qui rapporte les mêmes faits d'une manière plus abrégée, ne donne que neuf mois de durée au pouvoir de Daoud. (*Voy.* le *Kamel* Ms. arab., n° 45, fol. 41, recto.)

(82) Nowaïri dit qu'Abd-el-Wahab-ben-Roustem, qui était d'après lui maître de la ville de Tahart, appartenait non pas à la secte *Wahabia*, mais à celle des Ibadhieh عبد الوهاب بن رستم الاباضي صاحب تهرت (*Nowaïri*, man. 702 A, fol. 46 verso). Édrisi, en parlant des habitants de la ville de Wardjelan, dit : « Ils sont en général
« de la secte dite Wahabia وهبية, c'est-à-dire, qu'ils sont schisma-
« tiques et dissidents. » (Voyez t. I, p. 272.) A propos des insulaires qui habitent l'île de Zirou زيرو, près de l'île de Djerbeh, il dit encore :
« Les habitants sont des Musulmans schismatiques de la secte dite
« Wahabia : ils pensent que leurs vêtements seraient souillés par le
« contact de ceux d'un étranger; ils ne lui prennent pas la main, ne
« mangent pas avec lui. Si un voyageur étranger s'avise de tirer de

mois de Ramadhan de l'an 174 que mourut Rouh-ben-Hatem (83). El-Reschid avait envoyé en secret le titre de gouverneur à Naçr-ben-Habib-el-Mohallebi, l'un des membres de cette famille; ce nouveau chef prit les rênes du gouvernement à la mort de Rouh, et les garda jusqu'à l'élévation d'El-Fadhl (84).

« l'eau de leur puits pour boire, et qu'ils s'en aperçoivent, ils le mal-
« traitent, le chassent et mettent le puits à sec. » (*Edr.*, p. 282.)

(83) Ebn-el-Athir rapporte que Rouh-ben-Hatem fut enterré à Caïrouan, à côté de son frère Yezid: « Lorsque ce dernier, dit-il, avait
« été nommé par Haroun-el-Reschid gouverneur de l'Afrique, Rouh fut
« envoyé pour gouverner le Sind: aussi quelqu'un dit-il au khalife:
« Certes, tu as éloigné toutes les chances, pour que les tombes des deux
« frères soient jamais réunies. » Et cependant Rouh ayant été nommé
« gouverneur d'Afrique après son frère, ils reposent ensemble à Caï-
« rouan. » (Man. 45. fol. 43 rect.)

(84) Bien que le gouvernement de l'Afrique par Naçr-ben-Habib soit à peine indiqué par Ebn-Khaldoun qui, ainsi qu'il l'a fait pour Daoud-ben-Yezid, ne considère l'époque de son pouvoir que comme une sorte d'interrègne, Nowaïri lui a consacré, ainsi qu'aux autres gouverneurs, une section de chapitre. En voici la traduction : « Rouh
« était un homme âgé et infirme qui s'endormait en donnant audience.
« Aussi deux personnages considérables de l'Afrique, Abou'l-Anbar
« le caïd, et l'intendant des postes écrivirent au khalife pour lui
« représenter que l'âge et les infirmités de Rouh le rendaient inca-
« pable de gouverner, qu'on craignait qu'il ne mourût tout à coup, et
« qu'il était nécessaire d'avoir une autorité ferme dans le pays. En
« conséquence, ils l'engagèrent à nommer secrètement, en cas de mort
« de Rouh, Naçr-ben-Habib-el-Mohallebi, homme d'une conduite
« exemplaire, et dont la nomination serait agréable à tous les habitants
« de la province. En effet Haroun-el-Reschid signa sa nomination
« sans la rendre publique, et lorsqu'à la mort de Rouh tout le peuple
« était assemblé dans la mosquée pour proclamer son fils Cabiçah, le caïd
« et l'intendant des postes allèrent trouver Naçr, lui firent connaître
« l'acte qui lui donnait l'investiture, et revenant avec lui vers le temple
« où l'on était encore assemblé, ils y lurent la lettre du khalife, et pro-

EL-FADHL-BEN-ROUH, FILS DU PRÉCÉDENT.

Après la mort de Rouh-ben-Hatem, Naçr-ben-Habib prit sa place. Mais Fadhl, fils de Rouh, s'étant rendu auprès du khalife, El-Reschid lui donna le gouvernement de l'Afrique à la place de son père. Il retourna donc à Caïrouan au mois de Moharrem de l'an 177, et nomma gouverneur de Tunis, El-Moghaïra, fils de son frère Beschr-ben-Rouh. C'était un jeune homme dépourvu de toute expérience, et qui mécontenta les troupes en leur témoignant peu de considération. D'un autre côté, les troupes n'avaient aucun attachement pour Fadhl, qui les avait traitées avec malveillance, leur reprochant d'être affectionnées à Naçr-ben-Habib (85). Dans cet état de choses, les habitants de Tunis avaient demandé à Fadhl de changer leur

« clamèrent Naçr, aux applaudissements du peuple. Naçr, homme
« juste et bon, gouverna les pays du Maghreb avec succès pendant
« deux ans et trois mois. Fadhl, fils de Rouh, qui était gouverneur du
« Zab lorsque son père mourut, voyant que l'édit rendu par le khalife
« donnait le gouvernement de l'Afrique à Naçr, quitta l'occident pour
« se rendre auprès d'El-Reschid, et resta à sa cour jusqu'au jour où il
« eut obtenu le gouvernement qui avait appartenu à son père. »
(*Novaïri*, M. S. 702. A. fol. 46. vers.)

(85) Bien que le texte d'Ebn-Khaldoun porte *Habib fils de Naçr*, il est probable que c'est une erreur de copiste, et qu'il faut lire *Naçr fils de Habib*, c'est là du reste la leçon donnée par Ebn-el-Athir : وكان الفضل ايضا قد اوحشهم وراسا السيرة معهم بسبب ميلهم الى نصر بن حبيب الوالي قبله « Fadhl s'était montré hostile à l'armée à cause de
« l'attachement qu'elle avait pour Naçr-ben-Habib, son prédéces-
« seur. » (*Ebn-el-Athir*, man. 45, fol. 50 verso.)

gouverneur Moghaïra; il se refusa à leur requête, et ce
refus leur servant de prétexte, ils se soulevèrent, confièrent le pouvoir à Abd-Allah-ben-el-Djaroud, connu
sous le nom d'Abd-Rabih-el-Anbâry (86), et le recon-

(86) Le surnom d'Abd-Rabih, donné à Ebn-el-Djaroud dans le man.
d'Ebn-Khaldoun, diffère peu par la forme des lettres arabes de celui d'Abdouïah que porte le man. 702 A, de Nowaïri. Si l'autorité du man. 702,
dans lequel existe en cet endroit une assez longue lacune, nous manque pour l'éclaircissement de ce cas douteux, voici ce que dit Ebn-el-Athir, et ce qui confirme l'orthographe de Nowaïri : فاجتمع من
بتونس على ترك طاعته فقال لهم قايد من الخراسانية يقال له
محمد بن الفارسي كل جماعة لا رئيس لها فهى الى الهلاك اقرب
فانظروا رجلا يدبر امركم قالوا صدقت فاتفقوا على تقديم قايد
منهم يقال له عبد الله بن الجارود يعرف بعبدويه الانباري « Les
« habitants de Tunis s'étant révoltés contre l'autorité de Fadhl, un
« caïd du Khoraçan, nommé Mohammed-ben-el-Farçi, leur dit :
« Toute réunion qui n'a pas de chef est bien près de sa ruine; regardez autour de vous et choisissez quelqu'un qui puisse se mettre à la
« tête de votre entreprise. » Chacun approuva cet avis, et on convint de
« nommer pour chef Abd-Allah-ben-el-Djaroud, connu par le nom
« d'Abdouïah-el-Anbâry. » Le passage où Nowaïri parle de l'avénement de ce nouveau chef au gouvernement de Tunis est conçu en ces
termes : ولي الفضل على تونس ابن اخيه المغيرة بن بشر بن روح
وكان غرا فاستخف الجند وسار فيهم بغير سيرة من تقدمه ووثق
ان منه لا يعذله فاجتمعوا و كتبوا الى الفضل كتابا يخبرونه بسوء صنع
المغيرة فيهم وقبح سيرته فتثاقل الفضل عن جوابهم فانضاف هذا
الى امور كانوا قد كرهوها من الفضل منها استبدادة برايه دونهم
فاجتمعوا وولوا امرهم عبد الله بن الجارود وهو المعروف بعبدويه
وبايعوه بعد ان استوثق منهم ثم انصرفوا الى دار المغيرة فحصروه
فبعث اليهم يسالهم ما الذى يريدون فقالوا ترحل عنا وتلحق
بصاحبك انت ومن معك « El-Fadhl avait nommé comme
« gouverneur de Tunis, son neveu, El-Moghaïra-ben-Beschr-ben-Rouh,

nurent momentanément pour chef, à condition, toutefois, qu'il se soumettrait à l'autorité du khalife. Ils renvoyèrent alors Moghaïra, et écrivirent à Fadhl qu'il leur donnât pour gouverneur telle personne qu'il jugerait convenable. Aussitôt il fit partir pour Tunis, son cousin Abd-Allah-ben-Yezid-ben-Hatem qu'il investit des fonctions de gouverneur de la ville rebelle. Lorsqu'il en fut proche, Ebn-el-Djaroud, le chef provisoire des Tunisiens, envoya une troupe de soldats à sa rencontre, pour lui demander le motif de sa venue, mais ces soldats se jetèrent sur lui à l'improviste, et le tuèrent. Ce crime, dont le principal instigateur était Mohammed-ben-el-Farçi, l'un des chefs des troupes du Khoraçan, et qui avait été commis sans la participation d'Ebn-el-Djaroud, le força à arborer l'étendard de la révolte. Il écrivit aussitôt aux gouver-

« jeune homme sans expérience, qui avait paru faire peu de cas de l'ar-
« mée, et s'était comporté vis-à-vis des troupes tout autrement que ne
« l'avaient fait ses prédécesseurs, croyant sans doute que son oncle ne
« voudrait pas trouver à redire à sa conduite. Cependant l'armée s'étant
« concertée, écrivit à Fadhl une lettre dans laquelle elle se plaignait
« vivement de la conduite de Moghaïra à son égard. Fadhl négligea de
« répondre, et augmenta ainsi les torts que les Tunisiens lui croyaient
« envers eux, parmi lesquels un des plus graves était de n'avoir ja-
« mais agi que d'après lui et sans avoir égard à leurs avis. En consé-
« quence ils se réunirent, et nommèrent pour chef Abd-Allah-ben-el-
« Djaroud, connu sous le nom d'Abdouïah. Ils lui prêtèrent un hommage
« solennel après s'être engagés par serment à le soutenir, et se préci-
« pitèrent vers le palais de Moghaïra qu'ils tinrent assiégé. Ce gouver-
« neur leur envoya demander ce qu'ils voulaient, mais ils lui répon-
« dirent : « Quitte cette ville à l'instant, et retourne vers ton maître, toi
« et tous ceux qui sont venus à ta suite. » (*Nowaïri*, man. 702, A, fol.
46 vers.)

neurs et aux officiers militaires des villes voisines, qu'il excita à se révolter aussi contre l'autorité de Fadhl. De nombreux partisans se trouvant ainsi rassemblés pour soutenir Ebn-el-Djaroud, Fadhl fut mis en déroute, lorsqu'il voulut marcher contre lui. Ebn-el-Djaroud, se mettant à sa poursuite, le força dans Caïrouan, et le remit, ainsi que sa famille, entre les mains d'hommes de confiance qu'il chargea de le conduire à Cabès; mais à moitié chemin il le rappela, et le fit mettre à mort vers le milieu de l'an 178 de l'hégire (87).

(87) D'après Ebn-el-Athir ce sont les habitants de Caïrouan qui ouvrirent eux-mêmes les portes de la ville à Ebn-el-Djaroud. Cet auteur, du reste, attribue au rebelle vainqueur la mort de Fadhl. D'après Nowaïri, au contraire, Ebn-el-Djaroud n'avait pas l'intention de mettre à mort son rival. Voici le texte du man. 702 A : سار ابن الجارود
فيمن معه الى القيروان وقاتل الفضل وهزمه واستولى على البلد
واخرجه منها ثم قبض عليه واراد ان يحبسه فقال اصحابه لا نزال
في حرب ما دام الفضل حيًا فدافع عنه محمد بن الفارسى واشار
ان لا يقتلوه فعاموا اليه وقتلوه فعند ذلك امر عبدويه المهلب
ابن يزيد ونصر بن حبيب وخالدًا وعبد الله بن يزيد بالخروج
من افريقية فخرجوا كلهم . « Ebn-el-Djaroud s'étant porté sur Caïrouan
« avec toutes ses troupes, y combattit Fadhl, qu'il mit en fuite, et le
« chassa du pays dont il s'empara. Fadhl étant ensuite tombé entre ses
« mains, il voulait le retenir en prison, mais ses compagnons lui dirent:
« Tant que ton rival conservera la vie, la guerre n'aura pas de fin. » Mo-
« hammed-ben-el-Farçi voulut sauver la vie à Fadhl, et chercha à per-
« suader aux autres de ne pas le mettre à mort; mais on n'en tint
« compte, et le malheureux Fadhl fut tué. Après cet événement, Ab-
« douïah obligea à sortir de l'Afrique El-Mohalleb-ben-Yezid, Naçr-
« ben-Habib, Khalid et Abdallah-ben-Yezid. « (Nowaïri, man. 701, A, fol. 47 rect.)

Ebn-el-Djaroud revint ensuite à Tunis. La mort de Fadhl causa à une grande partie des troupes commandées par Malek-ben-el-Mondzir, un mécontentement général. Elles se soulevèrent dans Caïrouan, dont elles se rendirent maîtresses. Ebn-el-Djaroud quittant Tunis pour se diriger contre elles, leur livra un combat, dans lequel Malek-ben-el-Mondzir fut tué, ainsi que les principaux guerriers de son parti. Ceux qui avaient échappé passèrent en Espagne; ils s'y donnèrent pour chef Ala-ben-Saïd, et revinrent à Caïrouan (88). Dès ce moment, l'Afrique devint la proie des factions.

HORTHOMAH-BEN-AIAN.

Haroun-el-Reschid ayant appris la mort de Fadhl-ben-Rouh et les troubles qui avaient éclaté en Afrique, nomma gouverneur de cette province Horthomah-ben-Aïan; puis il envoya vers Ebn-el-Djaroud, Yahja-ben-Mouça, qu'il avait choisi à cause du crédit dont il jouissait auprès des Khoraçaniens (on dit aussi que c'était Ioc-

---

(88) Nowaïri ne parle pas de cette retraite en Espagne; il dit qu'à la mort de Fadhl, le caïd Schamdoun fut exaspéré d'un semblable crime, et se réunit dans la ville d'Arbès à Felah-ben-Abd-el-Rahman-el-Kolaï, à Moghaïra, et à quelques autres encore, qui nommèrent pour chef Malek-ben-el-Mondhir, qui leur avait amené un nombreux renfort de soldats. Ainsi constitués en corps d'armée, ils marchèrent contre Ebn-el-Djaroud, mais ils furent défaits, et Malek périt dans le combat. Ceux qui échappèrent se réfugièrent à Arbès, et Schamdoun écrivit à El-Ala-ben-Saïd qui était dans le Zab, afin qu'il vint se réunir à eux, ce qu'il effectua; de là ils se portèrent sur Caïrouan. (*Nowaïri*, man. 702 A. fol. 47 rect.)

tin (89). Il avait pour mission d'engager Ebn-el-Djaroud, à reconnaître l'autorité du khalife. Ce chef y consentit,

(89) Cette dernière opinion, adoptée définitivement par Ebn-Khaldoun dans la suite de son récit, bien que contraire à celle d'Ebn-el-Athir (man. 45, fol. 51), est confirmée par le témoignage de Nowaïri qui dit : خرج الجارود من القيروان يريد يحيى بن موسى خليفة هرثمة ابن أعين وذلك ان الرشيد لما اتصل به وثوب ابن الجارود على الفضل وإفساده افريقية وجه يقطين بن موسى لمحله من دعوتهم و مكانه من دولتهم وكبر سنه وحاله عند أهل خراسان وأمره بالتلطف بابن الجارود وإخراجه من البلد ووجه معه المهلب بن رافع ثم وجه منصور بن زياد وهرثمة بن أعين أميرا على المغرب « Djaroud sortit de Caïrouan pour فأقام ببرقة وقدم يقطين القيروان
« aller à la rencontre d'Yahia-ben-Mouça, lieutenant d'Horthomah.
« Voici comment cela s'était fait : aussitôt que Reschid avait eu con-
« naissance de la révolte de Djaroud et de l'état dans lequel se trouvait
« l'Afrique, il avait envoyé dans ce pays Ioctin-ben-Mouça, que des
« services rendus à la cause des Abbassides, la considération dont il jouis-
« sait à la cour, son âge et son influence sur les Khoraçaniens rendaient
« très-propre à cette mission. Il lui avait donné l'ordre d'employer
« la voie de la douceur, pour déterminer Ebn-el-Djaroud à quitter le
« pays. Il adjoignit à Ioctin, El-Mohalleb-ben-Rafi, Mançour-ben-
« Ziad et Horthomah-ben-Aïan, qu'il nomma gouverneur du Ma-
« ghreb; ce dernier s'arrêta à Barca, tandis que Ioctin s'avançait
« vers Caïrouan. » (M. S. 702. A, fol. 47; recto.) Après avoir présenté à Djaroud la lettre par laquelle Haroun-el-Reschid nommait Horthomah gouverneur d'Afrique, Ioctin voyant qu'il ne pouvait le décider à abandonner ses prétentions, et que, sous le prétexte des succès probables d'El-Ala, qui prendrait une influence fâcheuse dans le pays s'il obtempérait aux ordres du khalife, il ne voulait que les éluder, chercha quelque autre manière de vaincre sa résistance : فاجتمع يقطين مع محمد بن يزيد الفارسي و هو صاحب ابن الجارود ووعده التقدم وقيادة الف فارس وصلة وقطيعة فى اى المواضع شاء على ان يفسد حال عبد الله بن الجارود ففعل ذلك

sous la condition, toutefois, de voir se terminer les dissensions qui existaient entre lui et Ala-ben-Saïd; mais

وسعى فى افساد الخواطر على ابن الجارود ورغب الناس فى الطاعة
فمالوا اليه وانضموا له وخرج على ابن الجارود فخرج عبد الله
لقتاله فلما تواقفا للقتال ناداه ابن الجارود ان اخرج الىّ حتى
لا يسمع كلامى وكلامك غيرنا فخرج اليه فحدثه وشاغله بالكلام
وكان قد وضع على قتله رجلا من اصحابه يقال له ابو طالب فخرج
اليه وهو مشغول بحديث عبد الله فما شعر حتى حمل عليه وضربه
فدق صلوعه فانهزم اصحابه وقدم يحيى بن موسى خليفة هرثمة الى
طرابلس فصلى عيد الاضحى بالناس وخطبهم وقدم عليه جماعة من
القواد واستفحل امره واقبل العلا بن سعيد يريد القيروان فعلم
ابن الجارود انه لا طاقة له بالعلا فكتب الى يحيى ان اقدم الى
القيروان فانى مسلم اليك سلطانها فاجاب الى الطاعة فخرج
يحيى بن موسى بمن معه من طرابلس فى المحرم سنة سبع وسبعين
وماية فلما بلغ قابس تلقاه بها عامة الجند الذين بالقيروان وخرج ابن
الجارود من القيروان فى مستهل صفر واستخلفى عبد الملك بن عباس

« Ioctin ayant eu une conférence avec Mohammed-ben-Yezid-el-Farçi,
« l'un des familiers d'Ebn-el-Djaroud, lui promit, s'il voulait trahir le
« parti de ce chef, de lui donner le commandement de mille chevaux, de
« le combler de présents, et de lui accorder, dans le pays qu'il choisirait,
« les terres qui seraient à son gré. Ces propositions furent acceptées,
« et Mohammed chercha à entraîner le peuple dans sa défection et à
« porter les esprits à l'obéissance envers l'autorité légitime. Il y réus-
« sit, et bientôt son parti fut assez fort pour qu'il vint attaquer ouver-
« tement Ebn-el-Djaroud. Ils étaient en présence, lorsqu'Ebn-el-
« Djaroud appela Mohammed à une entrevue secrète : « viens, lui
« dit-il, et que nos paroles ne puissent être entendues de ceux qui
« nous entourent. » Mohammed en effet le suivit à l'écart, et tandis qu'il
« était attentif aux discours de son rival, un homme du nom d'Abou-
« Taleb, aposté par Djaroud, arriva sans être aperçu de Mohammed,
« et le frappa dans le côté. Ses troupes, privées de leur chef, s'enfuirent
« en désordre. Cependant Yahia-ben-Mouça, lieutenant d'Horthomah,

Ioctin ayant su que par cette apparente soumission il ne cherchait qu'à le tromper, s'introduisit auprès de Mohammed-ben-el-Farçi, son compagnon d'armes, et sut si bien le gagner à ses intérêts, qu'il abandonna la cause d'Ebn-el-Djaroud. Ce dernier sortit de Caïrouan pour se dérober aux poursuites d'El-Ala, dans le mois de Moharrem de l'an 179; il avait gouverné cette ville pendant sept mois. Son premier soin, en sortant, fut de se diriger vers Ebn-el-Farçi : ces deux antagonistes se livrèrent quelques combats, à la suite desquels Ebn-el-Djaroud fit demander à Mohammed-ben-el-Farçi une entrevue secrète. Là il avait fait aposter des hommes de son parti, qui tombèrent sur lui au moment où il était hors de ses gardes, et le tuèrent. Tous ses soldats, effrayés de la mort de leur chef, prirent aussitôt la fuite.

A la suite de cet événement, El-Ala-ben-Saïd et Ioctin cherchèrent à se gagner réciproquement de vitesse pour atteindre Caïrouan. El-Ala y ayant précédé son concur-

« s'était rendu à Tripoli où il fit la prière publique et le prêche à la
« fête des sacrifices. Un certain nombre de caïds vinrent se réunir à lui,
« et augmenter ses forces. Pendant ce temps, El-Ala-ben-Saïd, s'étant
« dirigé sur Caïrouan, Ebn-el-Djaroud, qui reconnut de suite l'im-
« possibilité où il était de lui résister, écrivit à Yahia que s'il voulait
« se rendre à Caïrouan il lui remettrait la ville, et se soumettrait au
« khalife. A la réception de cette lettre, Yahia-ben-Mouça s'empressa de
« quitter Tripoli au mois de Moharrem de l'an 177. Arrivé à Cabès, il
« y fut rejoint par toute l'armée qui était à Caïrouan. Quant à Ebn-el-
« Djaroud, il quitta cette ville au commencement du mois de Safar, et
« y laissa pour lieutenant Abd-el-Melik-ben-Abbas. » (*Nowaïri*, man.
702 A, fol. 47 recto et vers.)

rent, s'empara de la ville et fit mettre à mort tous ceux qui appartenaient au parti d'Ebn-el-Djaroud. Ce dernier s'était rendu auprès d'Horthomah, qui l'envoya à la cour de Reschid, et écrivit à ce khalife qu'Ala-ben-Saïd était celui qui était parvenu à le chasser de Caïrouan. Reschid ayant exigé qu'Ala fût également envoyé près de lui, Horthomah le fit partir pour Baghdad, ainsi que Ioctin. Ebn-el-Djaroud, arrivé à la cour du khalife, fut étroitement resserré dans Baghdad, tandis qu'Ala, au contraire, jouit auprès de Reschid d'une grande faveur jusqu'au moment où il mourut en Égypte.

Horthomah étant parti pour Caïrouan, où il arriva en 179, apaisa tous les troubles, se montra clément envers tous les partis, et bâtit le grand château de Monastir (90), un an après son arrivée. Ce fut encore lui qui fit construire les murs de Tripoli, du côté de la mer. Ibrahim-ben-el-Aghlab était alors maître du Zab et de Tobna; il envoya des présents à Horthomah, chercha à capter sa bienveillance, et réussit à se faire confirmer dans son gouvernement.

(90) Monastir, d'après Shaw (*Voy. en Barb.* t. I, p. 243), est une ville propre et florissante, bâtie sur l'extrémité d'un petit cap. Les châteaux de Monastir, selon Edrisi (vol. I. p. 258), sont au nombre de trois: ils sont habités par des religieux auxquels les Arabes ne font aucun mal, et dont ils respectent les habitations et les vergers. C'est à Monastir, dit toujours Edrisi, que les habitants de la ville de Mahdia, située à 30 milles, vont par mer ensevelir leurs morts. On lit aussi dans Bekri (notice de M. E. Quatremère) que le grand palais de Monastir fut bâti par les ordres de Horthomah-ben-Aïan, l'an 180 de l'hégire, et qu'il s'y tient, chaque année le 10 de Moharrem, une foire importante qui attire une foule immense (*Not. et Ext.* t. XII, p. 488).

Horthomah, tranquille possesseur de l'Afrique, faisait respecter son autorité et aimer ses lois, lorsqu' Aïadh-ben-Wahab-el-Hawari et Kolaïb-ben-Djami-el-Kelbi s'étant révoltés contre lui, rassemblèrent des troupes. Horthomah, pour réprimer cette rébellion, envoya contre eux Yahïa-ben-Mouça, l'un des chefs des Arabes venus du Khoraçan. Yahïa dispersa les rebelles, en tua un grand nombre, et rentra vainqueur dans Caïrouan. Malgré cette victoire, Horthomah, voyant l'Afrique en proie de nouveau aux troubles et aux révoltes, demanda à Haroun-el-Reschid sa révocation, qui lui fut accordée par ce khalife. Il revint dans l'Irak, après avoir gouverné l'Afrique pendant deux ans et demi.

MOHAMMED-BEN-MOKATIL-EL-AKKI.

Haroun-el-Reschid envoya comme successeur d'Horthomah, en Afrique, Mohammed-ben-Mokatil-el-Akki, fils d'un des vassaux de ses domaines. Il arriva à Caïrouan dans le mois de Ramadhan de l'année 181 de l'hégire. Sa conduite devint bientôt si intolérable, que l'armée se révolta contre lui, et prit pour chef Makhlad-ben-Morrah-el-Azdi. Mohammed dirigea contre lui des troupes qui le mirent en fuite et le tuèrent (91). Mais à peine cette rébellion était-elle apaisée, que Temam-ben-Temim-el-Temimi

---

(91) d'après Ebn-el-Athir, Makhlad s'était réfugié dans une mosquée pour échapper à la mort, mais il y fut saisi et égorgé par les vainqueurs: فانهزم مخلد واختفى فى مسجد فاخذ وذبح. (Man. 45, fol. 57 vers.)

se révolta dans Tunis, en l'an 183. Un grand nombre de mécontents étant venus se joindre à lui, tous marchèrent sur Caïrouan. Mohammed-ben-Mokatil s'était porté d'abord à la rencontre de Temam; mais il lâcha pied et revint à Caïrouan, poursuivi de près par ce chef, qui y entra en même temps que lui. Temam vainqueur lui accorda la vie, à condition qu'il quitterait l'Afrique. Obéissant à cette injonction, Mohammed partit pour Tripoli.

La nouvelle de sa défaite parvint à Ibrahim-ben-el-Aghlab dans son gouvernement du Zab. Plaignant le sort de Mohammed, il partit pour Caïrouan, à la tête de son armée. Temam, qui prit la fuite à son approche, alla se réfugier à Tunis, et Ebn-el-Aghlab, maître de Caïrouan, se hâta de rappeler de Tripoli Mohammed-ben-Mokatil, qu'il rétablit dans son gouvernement à la fin de l'année 183.

Quelque temps après, Temam revint encore, espérant cette fois triompher des deux chefs; mais Ibrahimben-el-Aghlab marcha à sa rencontre, le mit en fuite, et le poursuivit jusqu'à Tunis. Temam, après cette seconde défaite, fit sa soumission entre les mains d'Ebn-el-Aghlab, qui lui accorda merci, et le fit partir pour Baghdad, où Reschid le fit jeter dans une prison.

IBRAHIM-BEN-EL-AGHLAB (92).

Le pouvoir une fois rétabli dans les mains de Mo-

(92) Bien qu'El-Aghlab-ben-Salem eût momentanément gouverné l'Afrique trente-quatre ans auparavant, c'est Ibrahim qui est regardé

hammed-ben-Mokatil, les populations de l'Afrique prirent en haine et sa personne et la manière dont il les gouvernait. Bientôt elles insinuèrent à Ibrahim-ben-el-Aghlab qu'il ferait bien de demander à Reschid le gouvernement de leur pays. Ibrahim écrivit à ce prince, et lui promit, s'il voulait le nommer, non-seulement de renoncer à la subvention des 100,000 dinars qui d'Égypte étaient envoyés en Afrique, mais encore de lui en envoyer 40,000 chaque année (93). Reschid, en recevant

par tous les historiens comme le fondateur de la dynastie des Aghlabites. Nowaïri dit, en parlant de son avènement au commandement de l'Afrique : « La Dynastie des Aghlabites est la première qui se soit formée
« dans cette province, et à laquelle on puisse véritablement donner ce
« nom. Jusques-là il n'y avait dans ce pays que des gouverneurs. Lorsque
« l'un d'eux mourait, ou qu'il devenait nécessaire d'opérer son rappel,
« c'était le khalife, alors à la tête de l'empire, qui nommait à sa volonté
« son successeur; mais une fois que les Aghlabites furent arrivés au pou-
« voir, ils ne reconnurent aux souverains de Baghdad qu'une suprema-
« tie dont les effets étaient peu sensibles, et ne consentirent qu'à une
« soumission mêlée d'indépendance : وتظهر طاعة مشوبة بمعصية. Ainsi ils
« se crurent en droit de désigner après eux celui de leurs fils ou de leurs
« frères qu'ils voulaient avoir pour successeur, et la moindre tentative
« pour rappeler l'un d'eux, en le remplaçant par un étranger, aurait été
« suivie de révolte. » (*Nowaïri*, M. S. 702, fol. 16 vers.) On voit d'après cette opinion de l'un des chroniqueurs les plus renommés parmi les Arabes pour la véracité et la justesse de ses jugements, que les princes Aghlabites n'ont jamais joui de cette indépendance complète que leur ont presque toujours supposée les historiens occidentaux. Ils ne pouvaient pas l'appuyer, comme les Edrisites ou les Obeydites, sur le prestige religieux d'une descendance directe du prophète, et à défaut d'un mobile si puissant, ils n'étaient parvenus qu'à jouir d'un pouvoir modifié par la suzeraineté du khalife de Baghdad. Plusieurs exemples dans la suite de cet ouvrage, confirmeront ce fait.

(93) On voit par ce passage que l'occupation de l'Afrique avait été jusqu'alors une charge pour les khalifes. Ils ne parvenaient à soutenir

cette demande, prit le conseil de ceux qui l'entouraient, et l'avis d'Horthomah fut de faire à Aghlab une réponse les gouverneurs envoyés dans ce pays qu'au moyen de subsides destinés à repousser, ou quelquefois à corrompre des tribus indigènes toujours remuantes, et prêtes à prendre les armes contre les étrangers qui avaient envahi leur territoire. Depuis les Romains jusqu'à nos jours, les populations de l'Atlas se sont montrées impatientes du joug qu'elles n'ont jamais entièrement subi. Ce fait emprunté probablement par Ebn-Khaldoun à Ebn-el-Athir, qui l'exprime à peu près dans les mêmes termes, n'est pas rapporté par Nowaïri. Voici comment ce dernier raconte l'avènement du fondateur de la dynastie des Aghlabites :

ولما كان من امر ابرهيم بن الاغلب ما ذكرناه كتب يحيى بن زياد صاحب البريد بالخبر الى هرون الرشيد فقرى الكتاب على اصحابه وقال لهرثمة بن اعين انت قريب العهد فقال يا امير المومنين قد سالتني في مقدمي منها عن طاعة اهلها واخبرتك انه ليس بها احد افضل طاعة ولا ابعد صيتا ولا ارضى عند الناس من ابرهيم ثم صدق قولي قيامه بطاعتك فامر الرشيد بكتابة عهده على افريقية

« Après qu'Ibrahim-ben-el-Aghlab fut venu au secours d'El-Akky, ainsi
« que nous l'avons rapporté tout-à-l'heure, Yahia-ben-Ziad, intendant
« des postes, écrivit au khalife, pour lui faire connaître tout ce qui
« s'était passé. Ce prince ayant lu la lettre à ses conseillers, interrogea
« Horthomah et lui dit : « Donne-moi ton avis, toi qui es revenu depuis
« peu. — Commandeur des Croyants, lui répondit cet ancien gouver-
« neur de l'Afrique, vous m'avez déjà demandé, à l'époque de mon re-
« tour, des renseignements sur l'état du pays, et je vous ai dit qu'il
« n'y avait pas un homme plus dévoué à votre dynastie qu'Ibra-
« him-ben-el-Aghlab, c'est celui dont la renommée a le plus d'éclat,
« c'est celui pour lequel les peuples ont le plus d'affection, et ses ser-
« vices ont confirmé mes paroles. » Déterminé par cet éloge, Haroun-el-
« Reschid lui fit envoyer les lettres qui le nommaient gouverneur de
« l'Afrique. » (*Nowaïri*, Ms. 702, fol. 16, vers.) Ce ne fut cependant pas sans obstacles qu'Ibrahim parvint au pouvoir : Mohammed-ben-Mokhatil-el-Akky, qui d'abord avait feint de reconnaître les droits du nouveau gouverneur, employa la ruse, et alla même jusqu'à supposer des actes qui prononçaient la déchéance d'Ibrahim. Mais le peuple

favorable. En conséquence, le khalife lui écrivit vers le milieu de l'an 184, pour lui accorder l'investiture du gouvernement d'Afrique.

Ayant ainsi obtenu le titre qu'il ambitionnait, Ibrahim tint d'une main ferme les rênes du gouvernement; et Ebn-Mokatil, rappelé, partit pour l'Orient. Sous le nouveau gouverneur, le pays jouit enfin de quelque tranquillité. Ibrahim bâtit, près de Caïrouan, la ville d'Abbacieh(94), qu'il vint habiter avec tous les siens. En l'an

n'en fut pas la dupe, et témoigna à Ibrahim combien l'ingratitude que montrait El-Akky pour les services éminents qu'il lui avait rendus lui enlevait toute sympathie : « Vous avez bien raison, leur dit alors Ibrahim, « et jamais il n'aurait osé se conduire ainsi s'il ne se sentait fort de sa po- « sition auprès de Djafar, fils d'Yahia. » L'intendant des postes, de son côté, fit savoir à Reschid tout ce qui se passait, et le khalife furieux de voir son autorité méconnue, se hâta d'écrire à El-Akki une lettre, par laquelle il lui reprochait vivement sa conduite : « Tu finis, lui disait-il, « comme tu as commencé ; et pourquoi donc te préférerai-je à Ibrahim « pour te confier le gouvernement de l'Afrique? serait-ce à cause de sa « bravoure et de ta lâcheté, de ta faiblesse et de sa force, de sa soumis- « sion à mes volontés, et de ton esprit de révolte? » Il joignit à cette lettre la confirmation de la nomination d'Ibrahim. Le courrier qui l'apportait le rejoignit dans le Zab, où il s'était rendu à la tête de ses troupes. C'est le 10 du mois de Djomadi second, de l'année 184, qu'Ibrahim-ben-el-Aghlab se trouva ainsi porté au commandement de l'Afrique, qu'il transmit à ses enfants après lui. (*Ibid.* fol. 16, vers. et 17 rect.)

(94) M. Castiglioni, dans un mémoire géographique et numismatique sur l'Afrikia des Arabes, a consacré un article séparé à la ville d'Abbacieh, dont on trouve fréquemment le nom sur les monnaies des khalifes Abbassides. Il y discute l'opinion que le château de Caïrouan (Casr-el-Caïrouan) et la ville d'Abbacieh, sont l'appellation commune d'un même nom de lieu. Cette opinion est confirmée par le témoignage de Nowaïri, qui ne parle que de la construction d'un château. Dans le dictionnaire géographique arabe, connu sous le nom de *Meracid-el-Itila*, on trouve décrits cinq lieux différents portant le nom d'Abbacieh. L'un est une montagne de sable non loin de la Mecque, l'autre un bourg

186, Hamdis, l'un des principaux chefs arabes qui habitaient l'Afrique, se révolta dans Tunis, et rejeta le cos-

de la Haute-Égypte, le troisième un quartier de la ville de Baghdad, le quatrième un bourg en avant de Koufa, le cinquième enfin, c'est la ville bâtie dans les environs de Caïrouan, par Ibrahim-ben-el-Aghlab. (*Mer-el-Itt.* fol. 247). العباسية مدينة بناها ابرهيم بن الاغلب قرب القيروان Voici maintenant le passage auquel nous avons fait allusion tout à l'heure : ابتنى ابرهيم قصرا وجعله متنزها ثم جعل ينقل السلاح والاموال سرا وهو مع ذلك يراعي امور اجناده ويصلح طاعتهم ويصبر على جفاهم واخذ فى شرا العبيد واظهر انه يحب ان يتخذ من كل صناعة من يغنيه من استعمال الرعية فى كل شى ثم اشترى عبيدا للحمل سلاحه واظهر للجند انه اراد بذلك اكرامهم من حمله ولما تهيا له من ذلك ما اراده انتقل من دار الامارة وصار الى قصره بعبيده وحشمه واهل بيته وكان انتقاله ليلا واسكن معه من يثق به من الجند Ibrahim
« fit construire un château dont il se fit un lieu de plaisance;
« il y fit transporter secrètement ses armes et ses richesses. Cependant
« il s'occupait activement de son armée, s'étudiait à la contenir dans
« l'obéissance, et supportait avec douceur l'air altier de ses soldats;
« mais en même temps il donnait ordre qu'on lui achetât des esclaves,
« faisant courir le bruit qu'il voulait par tout moyen éviter au peuple
« les différentes corvées auxquelles il se trouvait obligé; il en fit acheter
« aussi qu'il chargea de porter ses armes, et persuada à ses soldats
« qu'il agissait ainsi pour les soulager dans leurs fonctions. Lorsque
« tout fut prêt à son gré, il quitta pendant la nuit le palais où il rési-
« dait dans sa capitale, et vint habiter son château avec ses esclaves,
« sa maison, sa famille, et tous ceux de ses soldats sur lesquels il pou-
« vait compter. » (M.S. 702, fol. 17, recto.) Ce château devint le séjour habituel des princes Aghlabites; c'est là qu'Ibrahim reçut les envoyés de Charlemagne, qui venaient, au nom de cet empereur d'Occident, solliciter la permission d'emporter en Europe le corps de saint Cyprien enterré près de Carthage (Voy. M. Reinaud, *Invasions des Sarrasins en France*, p. 117.). Eginhard, dit à ce propos, que des ambassadeurs musul-

tume noir (95), marque distinctive des officiers soumis aux Abbassides. Ebn-el-Aghlab envoya contre lui des troupes commandées par Amran-ben-Modjaled, qui combattit le rebelle, le força à prendre la fuite (96), et lui

mans, furent en retour envoyés à Charlemagne, et débarquèrent à Pise : « Unus enim ex eis erat Persa de Oriente legatus regis Persarum... alter « Sarracenus de Africâ legatus amirati Abraham, qui in confinio Africæ « in fossato præsidebat. » (*Annales de gestis Caroli Magni.* Recueil des Historiens de France, par dom Bouquet, t. V, p. 53.) Il ne peut y avoir aucun doute, que par cette expression *in fossato,* Eginhard n'ait voulu désigner le château dont les descendants d'El-Aghlab firent leur habitation favorite, et qui venait seulement d'être élevé à cette époque (A. J.-C. 801.). Le Glossaire de Ducange donne à cette expression de la basse latinité le sens qui lui est attribué ici (t. III, p. 660), et c'est probablement par erreur que M. Pertz, dans le recueil intitulé *Monumenta Germaniæ historica*, aura mis en note (t. I, p. 190), que par ce mot il fallait entendre Fez. Cette ville ne fut fondée que quelques années plus tard. C'est à l'obligeance de M. Reinaud que je dois cette observation.

(95) Le costume des khalifes de la maison d'Abbas et de tous leurs officiers était noir. M. Silvestre de Sacy cite à ce propos le fragment d'un chapitre des Prolégomènes d'Ebn-Khaldoun, dans lequel il dit : « Le drapeau des Abbassides était noir, et ils avaient adopté cette cou- « leur comme une marque de deuil, à cause de leurs proches, les des- « cendants de Haschem, qui avaient péri martyrs de leurs opinions, et « comme un signe propre à reprocher aux descendants d'Ommia le « meurtre de ces Haschemi. » (*Chrest. Arab.* t. II, p. 393.) On trouve quelquefois dans les historiens Arabes qu'un khalife Abbasside oblige un gouverneur de province ou quelqu'autre officier à prendre les habits blancs; cela signifie qu'il fut déplacé et réduit à la condition de simple particulier (*ibid.* p. 570). Ebn-Khaldoun cite dans le cas présent un exemple contraire, en disant de Hamdis qu'il se dépouilla de ses habits noirs; il veut exprimer l'intention, chez ce gouverneur, de se soustraire à l'autorité du khalife.

(96) D'après Nowaïri (M.S. 702, fol. 17.), ce Hamdis, qui était fils d'Abd-el-Rahman-el-Kendi, fut non pas mis en fuite, mais tué dans le combat. Amran étant entré dans Tunis, après sa défaite, fit

tua environ dix mille hommes. Tous les soins d'El-Aghlab furent ensuite employés à pacifier les contrées du Maghreb-el-Akça. Déjà, dans ce pays, commençait à s'étendre la puissance d'une dynastie Alide, dont le chef était Edris-ben-Abdallah. Edris mourut, et les Berbèrs élevèrent au souverain pouvoir son fils, Edris le jeune, dont l'éducation fut confiée par eux à son affranchi Raschid. Edris grandit, son pouvoir s'affermit par les soins de Raschid; mais Ibrahim ne cessa point de chercher à capter les Berbèrs et de répandre l'or parmi eux, jusqu'à ce que Raschid eût été mis à mort, et que sa tête lui eût été envoyée. Bahloul-ben-Abd-el-Ouahid-el-Motghari, l'un des hommes les plus influents parmi les Berbèrs, était devenu ensuite tout-puissant auprès d'Édris. Le pouvoir du jeune prince se consolidait encore par ses soins; mais Ibrahim, redoutant cette influence, ne cessa de le circonvenir par des présents et des lettres, jusqu'à ce qu'il fût parvenu à le détacher du parti des Édrisites pour le gagner aux Abbassides. Édris alors chercha à faire la paix; et ayant écrit à Ibrahim pour se faire un mérite auprès de lui de sa descendance du prophète, ce gouverneur s'abstint de l'inquiéter davantage (97).

poursuivre tous ses partisans, et les condamna à mort. L'opinion d'Ebn-Khaldoun toutefois se trouve corroborée par celle d'Ebn-el-Athir (M.S. 45, fol. 58, recto.).

(97) Ebn-Khaldoun a consacré un chapitre particulier de son grand ouvrage historique à la dynastie des Édrisites, dans le Maghreb. Ces souverains, ayant eu pour ennemi le plus redoutable, au milieu des populations barbares sur lesquelles ils surent conquérir un empire absolu, Ibrahim-ben-el-Aghlab, il peut être de quelque intérêt de retracer, d'après Ebn-Khaldoun, les commencements de leur puissance.

Les habitants de Tripoli s'étant révoltés contre l'autorité d'Ibrahim, en l'an 189, attaquèrent leur gouver-

« Lorsque Hoçaïn, le descendant d'Ali, fils d'Abou-Taleb, se révolta à la Mecque, au mois de Dzoul-kaada de l'an 168, sous le règne d'El-Hadi, ses parents, parmi lesquels se trouvaient ses deux oncles, Edris et Yahia, vinrent se réunir à lui; mais bientôt ils furent attaqués par Mohammed, fils de Soliman, fils d'Ali, qui les défit à Fadj, situé à trois milles de la Mecque. Hoçaïn ayant été tué dans le combat, ses parents et ses partisans furent anéantis, pris, ou mis en fuite. Quant à Edris, il passa en Égypte. Wadhih, affranchi de Saleh-ben-el-Mançour, connu sous le nom d'El-Meskin, avait la surintendance des postes de cette province, et c'était un partisan des Alides; à peine eût-il appris le sort d'Edris, qu'il vint le trouver dans le lieu où il s'était caché, et, favorisant sa fuite à l'aide des relais dont il pouvait disposer, le fit partir pour le Maghreb. Arrivé dans le Maghreb-el-Acsa, Edris, accompagné de son affranchi Raschid, s'arrêta, dans l'année 172, à Oualili, où se trouvait alors Ishak-ben-Mohammed-ben-Abd-el-Hamid, émir d'Aourba, ainsi que les principaux chefs de la nation, qui lui prêtèrent serment d'obéissance; il députa ensuite Ishak dans les tribus pour appeler les Berbèrs à reconnaître sa suprématie, et ils répondirent à cet appel. Les Zouaghah, les Lawatah, les Sadaratah, les Ghayyathah, les Nefzah, les Meknaçah, les Ghomarah, enfin généralement tous les Berbèrs du Maghreb se rassemblèrent autour de lui et le reconnurent pour leur chef. Une fois solidement établi dans le pays, Edris marcha contre ceux des Berbèrs qui professaient la religion des mages, le judaïsme ou le christianisme, tels que les Fendalawah, les Bahloulah, les Madiwanah; il pénétra aussi dans le pays de Fazaz بلاد فازاز, s'empara de Tamesta تامستا (comp. *Edrisi*, t. I, p. 217), conquit la ville de Schala (Salé) et de Tadela تادلا (*Edrisi*, t. I, p. 220). La plus grande partie de ces tribus étaient juives ou chrétiennes: il les soumit de gré ou de force à l'Islamisme. Après plusieurs expéditions heureuses, dans l'une desquelles il s'était emparé de Tlemçen, il revint à Oualili, où il devait bientôt succomber sous les ruses d'Haroun-el-Reschid. Ce khalife, envieux de son pouvoir, se servit contre lui d'un des affranchis de son père El-Mahdi. Cet homme, qui s'appelait Soliman-ben-Hariz, surnommé El-Schemakh, fut envoyé par le khalife à Ibrahim-ben-el-Aghlab, qui après lui avoir donné des instructions le fit partir pour le Maghreb.

neur Sofian-ben-el-Madha; et l'ayant chassé de son palais, le forcèrent à chercher un asile dans la mosquée. Ils mirent à mort un grand nombre de ceux qui lui étaient restés fidèles, et ne le reçurent enfin à composition que sous la condition qu'il sortirait de la ville. Il la quitta au mois de Schaban, après l'avoir gouvernée pendant un mois. Après son départ, les habitants prirent pour chef Ibrahim-ben-Sofian-el-Temimi. Ebn-el-Aghlab ayant mandé en sa présence ceux qui avaient fo-

Il se rendit auprès d'Edris, feignant d'avoir à se plaindre des Abbassides, afin de capter la confiance de ce chef, et se faisant passer pour médecin, il sut si bien s'emparer de l'affection d'Edris, qu'un jour où ce prince se plaignait fortement d'un mal de dents qui lui faisait souffrir les douleurs les plus vives, il lui administra un prétendu remède qui n'était autre qu'un poison violent. Ce fait se passa en 175; Edris fut enterré à Oualili, et El-Schemakh avait déjà pris la fuite lorsqu'il fut poursuivi par Raschid, qui l'atteignit sur les bords de la rivière Malouïa ملويّة. Là ils se livrèrent un combat dans lequel Raschid abattit d'un coup d'épée la main d'El-Schemakh, en sorte qu'ayant voulu traverser le fleuve, ce dernier ne put parvenir à l'autre bord. Après la mort d'Edris, les Berbèrs d'Aourba et d'autres tribus se réunirent pour donner la couronne à son fils, Edris le jeune. Ce prince était encore dans le sein de sa mère, ce qui n'empêcha pas qu'il ne fut reconnu comme le chef futur de la nation; plus tard on l'éleva dans ce but, depuis l'enfance la plus tendre jusqu'à l'adolescence, et lorsqu'il fut parvenu à l'âge de onze ans, en l'an de l'hégire 188, on lui prêta serment d'obéissance dans la mosquée de Oualili. C'était deux ans auparavant, en 186, qu'Ebn-el-Aghlab, répandant l'or de toutes parts pour pouvoir réussir dans son dessein, était parvenu à faire mettre à mort l'affranchi Raschid qui eut pour successeur, dans l'éducation d'Edris, Abou-Khalid-ben-Iezid-ben-Elyas-el-Abdi; ce dernier occupa ce poste jusqu'à la majorité d'Edris. » (*Ebn-Khaldoun*, fol. 6 verso, et 7 recto.) Ce récit se retrouve avec quelque différence dans le *Cartas*, traduit en portugais par le père Moura. (*Historia dos Soberanos mohametanos que reinarão na Mauritania*. Voy. les trois premiers chapitres.)

menté cette révolte, ils se rendirent auprès de lui dans le mois de Dzou'lhadjah, vers la fin de l'année. Ebn-el-Aghlab, satisfait de leur soumission, leur pardonna et les renvoya chez eux. En 195, Amran-ben-Modjaled-el-Riy, qui habitait Tunis, prit les armes contre Ebn-el-Aghlab (98), et s'unit dans ce projet de révolte à Koreïsch-ben-el-Tounisi. Ces deux chefs ayant réussi à rassembler un grand nombre de troupes, Amran partit pour Caïrouan, dont il se rendit maître, et Koreïsch vint l'y trouver de Tunis. Ibrahim s'était fortifié dans la ville d'Abbacieh, dont les rebelles firent le siége durant une année entière. Pendant tout ce temps, plusieurs combats furent livrés avec des chances diverses; mais, à la fin, la victoire se déclara pour Ebn-el-Aghlab. Amran envoyant alors, vers le cadi Açad-ben-el-Firat, quelques-uns des siens, le fit engager par eux à se réunir à sa cause; mais il repoussa une première fois ces insinuations. Dans une seconde ambassade, Amran lui fit offrir des présents; pour cette fois il répondit : « Quand j'irais me réunir à vous,

(98) Nowaïri raconte la cause futile qui détermina Amran à se révolter contre l'autorité d'El-Aghlab. Ce gouverneur, à l'époque où il faisait bâtir son château, se promenait un jour en compagnie d'Amran. Ce dernier causait ainsi qu'on peut le faire en pareil cas, mais Ibrahim, tout occupé du prochain changement qu'il allait opérer en se fixant dans sa nouvelle habitation, ne prêtait aucune attention aux discours de son compagnon; aussi, parvenu au petit oratoire qu'on appelle l'oratoire de Rouh, il avoua à Amran qu'il n'avait pas écouté un mot de ce qu'il lui avait dit; il n'en fallut pas d'avantage pour irriter sa susceptibilité et le déterminer plus tard à la révolte. (*Nowaïri*. M.S. 702, fol. 17, recto et verso.) Ce même fait est rapporté par Ebn-el-Athir. (M.S. 45, fol. 58, recto.).

je vous dirais : Ceux qui tuent et ceux qui sont tués sont destinés au feu. » Dès-lors Amran s'abstint de lui adresser de nouveaux messages.

Reschid ayant envoyé à Ibrahim des sommes considérables, ce gouverneur les fit distribuer au peuple; et ces largesses attirant bientôt dans les rangs de son armée tous les compagnons d'Amran, le parti de ce rebelle se trouva dissous. Obligé de se réfugier dans le Zab, il y demeura jusqu'à la mort d'Ebn-el-Aghlab. Dans le courant de l'année 196, Ibrahim avait envoyé à Tripoli son fils Abd-Allah; les troupes se soulevèrent contre lui, l'assiégèrent dans son palais, et ne lui rendirent ensuite la liberté que sous la condition qu'il s'éloignerait de la ville; ce qu'il fit à l'instant. Mais ce ne fut que pour rassembler d'autres troupes, et, par ses largesses, attirer dans les rangs de son armée les Berbèrs, qui de toutes parts vinrent se ranger sous ses drapeaux. Il partit à leur tête pour Tripoli, mit en déroute les rebelles, et entra dans la ville. Son père l'ayant rappelé à la suite de cette victoire, donna le gouvernement de cette cité à Sofian-ben-el-Madha; mais il n'en demeura pas longtemps paisible possesseur; les Hawarah se révoltèrent et mirent en fuite la garnison, qui se retira auprès d'Ibrahim-ben-el-Aghlab. Ce chef la renvoya sous le commandement de son fils Abd-Allah, qui, à la tête d'une armée de treize mille hommes, attaqua à l'improviste les Hawarah, leur fit éprouver de grandes pertes, et, s'étant rendu maître de la ville, en augmenta les fortifications. Aussitôt qu'Abd-el-Wahab-ben-Abd-el-Rahman-ben-Roustem eut connaissance de ce nouvel exploit d'Abd-Allah, il rassembla les Berbèrs et partit pour Tripoli, dont il fit le siége. Il avait formé le blocus de la porte des Zenatah, et Abd-Allah venait de faire une sortie par la porte des Hawarah, lorsque ce dernier reçut la nouvelle de la mort de son père. Il s'empressa aussitôt de faire la paix, aux conditions qu'il aurait la souveraineté de Tripoli et de la mer, mais que le reste du territoire appartiendrait à Abd-el-Wahab, et partit pour Caïrouan. La mort d'Ibrahim eut lieu au mois de Schewal de l'an 196 de l'hégire (99).

ABOU-EL-ABBAS-IBRAHIM-BEN-ABD-ALLAH, FILS DU PRÉCÉDENT.

Ibrahim-ben-el-Aghlab laissa en mourant le gouvernement à son fils Abd-Allah, qui, dans ce moment, se trouvait à Tripoli, assiégé par les Berbèrs, comme nous l'avons déjà raconté. En conséquence, il avait ordonné à son autre fils, Ziadet-Allah, de le faire reconnaître comme souverain. Accomplissant fidèlement la dernière volonté de son père, ce prince reçut, au nom

(99) Ibrahim, qui d'après Nowaïri, avait cinquante-six ans lorsqu'il mourut, avait régné pendant douze ans, quatre mois et dix jours. Cet historien, d'après le témoignage d'Ibn-el-Rakik, en fait le plus pompeux éloge sous le rapport de la ... ce, de la droiture, de la science, de la fermeté, de l'éloquence et de l'aptitude aux affaires. L'Afrique, dit-il encore, n'avait jamais eu un tel maître avant lui. (*Nowaïri*, M.S. 702, fol. 17, verso.)

de son frère, le serment de fidélité des habitants de Caïrouan, et lui fit savoir ce qu'il venait d'accomplir en son nom. Abou'l-Abbas-Abd-Allah revint à Caïrouan au mois de Safar de l'année 197; mais il n'eut pas pour son frère les égards que méritait sa conduite, et lui témoigna en toute circonstance peu de considération. Rien ne troubla de son temps la paix qu'avait établie son père, si ce n'est toutefois les injustices dont il se rendit coupable (100), et qui furent poussées à un tel point, qu'il périt, dit-on, victime des vœux adressés au ciel contre lui par Hafs-ben-Hamid, homme d'un rang distingué, habitant de la presqu'île de Scherik (101). Ce saint per-

(100) Ebn-el-Athir, en rapportant les événements qui signalèrent le gouvernement d'Abou'l-Abbas-Abd-Allah-ben-Ibrahim, ne fait nulle mention des injustices que lui reproche Ebn-Khaldoun. (Voy. M. S. 45, fol. 58, vers.) Nowaïri, au contraire, cite quelques-uns des griefs qui lui valurent l'animadversion publique. Voici comment il rend compte de l'acte arbitraire auquel la superstition arabe attribua sa mort:

واراد عبد الله ان يحدث جورا عظيما على الرعية فاهلكه الله من رجل قبل ذلك وكان قد أمر صاحب خراجه ان لا يأخذ من الناس العشر ولكن يجعل على كل زوج يحرث ثمانية دنانير

« Abd-Allah voulut se porter contre ses sujets à des excès de pouvoir
« qui attirèrent sur lui la colère divine, et elle le fit périr avant qu'il
« n'eût pu les accomplir. Il avait ordonné à l'intendant des finances de
« changer le mode de perception de l'impôt, en sorte qu'au lieu de
« prendre la dîme, il devait imposer sur chaque paire de bœufs de
« labour huit dinars. » C'est pour obtenir de lui le retrait de cette ordonnance qui pesait fortement sur le peuple, que Hafs-ben-Hamid obtint de lui l'audience à la suite de laquelle ses imprécations attirèrent sur le gouverneur la vengeance céleste. (Nowaïri, M.S. 702, fol. 17, verso et 18, recto.)

(101) Voyez sur le Djeziret scherik la note 61, et le géographe Abou-Obaïd-el-Bekri (notices et extraits, t. XII, p. 499 et 501).

sonnage, à la tête d'autres hommes remarquables par leur piété, était venu trouver Abd-Allah pour se plaindre de ses injustices ; mais ses plaintes n'avaient pas été écoutées. A peine sorti de chez le gouverneur, il adressa au ciel des prières, pendant que ses compagnons répondaient *Amen* à ses vœux. Peu de temps après, Abd-Allah fut atteint à l'oreille d'un ulcère dont il mourut, au mois de Dzou'l-hadjah de l'année 201, après cinq ans de règne.

ZIADET-ALLAH-BEN-IBRAHIM, FRÈRE DU PRÉCÉDENT.

Après la mort d'Abou'l-Abbas, son frère Ziadet-Allah prit sa place, et reçut du khalife El-Mamoun l'investiture du gouvernement d'Afrique. Ce prince lui écrivit en même temps pour lui ordonner de faire en pleine chaire des vœux en faveur d'Abd-Allah-ben-Taher (102). Cet ordre l'irrita, et non-seulement il s'y refusa complétement, mais il envoya au khalife, par le messager, des dinars, frappés au coin des Edrisites, afin de donner à entendre à El-Mamoun qu'il était dans l'intention de changer de parti.

Quelques-uns de ses parents lui demandèrent ensuite la permission d'accomplir le pèlerinage : c'était son frère

(102) Abd-Allah-ben-Taher, l'un des plus fameux guerriers de son temps, avait décidé la victoire en faveur d'El-Mamoun dans la guerre qui éclata entre ce fils cadet d'Haroun-el-Reschid et son frère Amin, qui était monté sur le trône des khalifes à la mort de son père. (Voy. *Aboul'feda*, Ann. Moslm., t. II, p. 96 à 104.)

El-Aghlab (103) et les deux fils de son frère Abou-el-Abbas, Mohammed-Abou-Fahr et Ibrahim-Abou-el-Aghlab. En conséquence, ils se mirent en route pour remplir cette obligation religieuse, et à leur retour de la Mecque, ils s'arrêtèrent en Égypte, jusqu'au moment où la dissension s'établit entre Ziadet-Allah et son armée (104). Ce prince les rappela à cette époque, et prit pour vizir son frère El-Aghlab; mais au milieu des troubles qui agitaient l'Afrique, tout gouverneur de province fut revêtu par lui d'une autorité de vizir; il en résulta que chacun d'eux voulut se rendre indépendant dans son gouvernement, et que marchant réunis sur Caïrouan, ils assiégèrent Ziadet-Allah dans cette ville. Le premier qui donna l'exem-

(103) Nowaïri dit que la cause qui détermina El-Aghlab à solliciter la permission de faire le pélerinage, c'est qu'il craignait, comme il était frère utérin d'Abd-Allad, que Ziadet-Allah ne voulût se venger sur lui de la conduite de ce dernier à son égard. Il succéda ensuite à ses deux frères sous le nom d'Abou-Ikal. (*Nowaïri*, M.S. 702, fol. 20, recto.)

(104) Les causes de cette dissension, qui ne sont pas indiquées par Ebn-Khaldoun, se trouvent expliquées dans Nowaïri. Voici ce que dit cet auteur: « Lorsque Ziadet-Allah monta sur le trône, il se montra « inflexible envers ses soldats, répandant leur sang sous le moindre « prétexte, et n'ayant, en toute occasion, nulle espèce de considération « pour eux. Ce qui le portait à agir ainsi, c'était le peu de confiance « que lui avaient inspirée leurs fréquentes séditions sous les précédents « gouverneurs et entre autres leur révolte contre son père, lorsqu'ils « avaient mis à leur tête le rebelle Amran. Ibrahim, cependant, « s'était toujours montré rempli de bonté pour eux, et de clémence « pour les fautes qu'ils pouvaient commettre, aussi son fils prit-il la « résolution de se conduire tout différemment que ne l'avait fait son « père, et se montra-t-il envers eux cruel et sanguinaire, surtout « lorsqu'il s'était livré aux plaisirs de la table, et que sa raison « était troublée par des boissons enivrantes. Une telle conduite ne « tarda pas à déterminer des révoltes. » (*Nowaïri*, M.S. 702, fol. 18, recto.)

ple de la rébellion fut Ziad-ben-Sahel-ben-el-Siclyeh; il leva l'étendard de la révolte, en l'an 207, rassembla une armée, et mit le siége devant la ville de Badjah; mais Ziadet-Allah envoya contre lui des troupes qui le mirent en fuite et tuèrent un grand nombre de ses soldats. Mançour-el-Tabnadi (105) s'étant ensuite révolté à Tabnada,

(105) Nowaïri donne, sur les causes de la révolte d'El-Mançour et sur ses développements, des détails qui ne se trouvent pas dans Ebn-Khaldoun. D'après son récit, Ziadet-Allah avait nommé gouverneur de Casraïn, Omar-ben-Moawia-el-Caïçi, l'un des chefs de l'armée et l'un des braves parmi les plus braves. Ce guerrier s'empara de tout le pays et leva l'étendard de la révolte. Il avait deux enfants, dont l'un s'appelait Habab, et l'autre Saknan. Ziadet-Allah envoya contre lui Mouça, affranchi d'Ibrahim, connu sous le nom d'Abou-Haroun, et auquel était confié le gouvernement de Caïrouan. Mouça partit et assiégea les rebelles pendant plusieurs jours. Lorsqu'Omar et ses fils se virent tellement pressés, que toute résistance devenait impossible, ils vinrent se mettre entre les mains de Ziadet-Allah, qui d'abord les confia à la garde de son cousin Ghalboun, mais bientôt les fit amener dans la prison de son palais, et, le même jour, ordonna qu'ils fussent mis à mort. Mançour-ben-Naçr-el-Tabnadi, un des descendants du fameux Doraïd-ben-Samma, gouverneur de Tripoli, fut outré de ce meurtre: les propos qu'il avait tenus à ce sujet ayant été rapportés à la cour, devinrent la cause de sa déposition et de son rappel. Heureusement que Ghalboun s'intéressait à lui. Il présenta sa cause à l'émir sous des couleurs favorables, et éloigna son protégé de Ziadet-Allah jusqu'à ce que sa colère fut apaisée. Mançour implora ensuite la permission de retourner dans ses foyers, et on la lui accorda. Il se rendit à Tunis, et se retira dans un château nommé Tabnada qui lui appartenait, et dont il avait pris le surnom d'El-Tabnadi. A peine se trouvait-il en sûreté qu'il cherchait déjà à soulever l'armée, rappelant aux soldats la mort d'Omar, et prédisant à chacun que le sort de ce malheureux chef finirait par devenir celui de tous ceux qui resteraient au service d'un tyran tel que Ziadet-Allah. A ces nouvelles, l'émir fit partir Mohammed-ben-Hamza à la tête de 500 cavaliers, et lui donna l'ordre d'aller se saisir de Mançour et de ses adhérents, qu'il devait lui ramener chargés

marcha sur Tunis, dont il s'empara. Cette ville avait alors pour gouverneur Ismaïl-ben-Sofian, frère d'El-Aghlab; il le fit mettre à mort, voulant ainsi s'assurer la soumission des troupes. Ziadet-Allah envoya de Caïrouan un corps d'armée commandé par Ghalboun, son cousin et son vizir, dont le nom était El-Aghlab-

de chaînes. Arrivé à Tunis, Mohammed trouva Mançour renfermé dans son château, et lui députa Sadjrah-ben-Aïça, le cadi, qui, à la tête de 40 des habitants les plus considérables de Tunis, devait le rappeler à des idées de soumission et d'obéissance ; mais ils le trouvèrent ayant toutes les apparences d'une déférence parfaite aux ordres de Ziadet-Allah : il les assura qu'il était disposé à les suivre, les engageant seulement à l'attendre tout le jour, et s'empressa d'envoyer à Mohammed-ben-Hamza des provisions de toute espèce. Mohammed, trompé par ces belles paroles, se livra ainsi que ses compagnons aux plaisirs de la bonne chère. Cependant, dès que le soir fut venu, Mançour, s'emparant du cadi et des scheiks qui l'avaient accompagné, les enferma dans son château, puis, sortant à la tête de ses troupes, il se rendit à Tunis où Mohammed ne se douta de son approche que lorsque les tambours retentirent à la porte de l'arsenal, dans lequel il s'était logé avec ses soldats. Ainsi surpris, ils furent aisément taillés en pièces, et il ne s'échappa que ceux qui se jetèrent dans la mer. Poursuivant le cours de ses succès, Mançour vit bientôt la garnison de Tunis se réunir à lui. La ville était alors sous les ordres d'Ismaïl-ben-Sofian-ben-Salem, parent de Ziadet-Allah. Mançour le fit mettre à mort ainsi que son fils. Ce double meurtre excita Ziadet-Allah à la vengeance ; il leva une armée et en confia le commandement à Ghalboun, déclarant que si un seul homme prenait la fuite, il leur ferait à tous trancher la tête. Cette excessive sévérité ne fit qu'exciter les esprits contre lui, et si les chefs de l'armée ne se révoltèrent pas sur le champ, ils s'entendirent du moins secrètement avec Mançour pour fuir à son approche, et abandonnant Ghalboun, ils se dirigèrent sur différents points, s'emparant des pays à leur convenance. Dès ce moment tout fut trouble et confusion en Afrique, et l'armée se groupant autour de Mançour, le reconnut pour chef. (Voy. *Nowaïri*, M.S. 702, fol. 18, recto et verso.)

ben-Abd-Allah-ben-el-Aghlab. Dans l'intention de s'assurer la victoire, ce général menaça de mort quiconque, parmi ses soldats, prendrait la fuite; mais ils n'en furent pas moins mis en déroute par Mançour. Craignant alors pour leur vie, ils quittèrent le vizir et se répandirent en Afrique, où ils s'emparèrent de Badjah, d'El-Djezireh, de Satfourah, d'Arbès et de plusieurs autres places. L'Afrique devint alors la proie des partis qui, cependant, finirent par se grouper autour de Mançour. A la tête de ces nouvelles forces, ce rebelle se dirigea sur Caïrouan, dont il se rendit maître. Il assiégea ensuite Ziadet-Allah dans Abbacieh pendant quarante jours, et reconstruisit le marché de Caïrouan qui avait été détruit par Ibrahim-ben-el-Aghlab. Ziadet-Allah ayant fait une sortie, lui livra bataille, le mit en fuite et s'avança jusqu'à Tunis. A la suite de cette victoire, il détruisit de nouveau le marché de Caïrouan (106). Les chefs des

---

(106) Au lieu du marché de Caïrouan سوق القيروان, Nowaïri parle des murailles de Caïrouan سور القيروان. Voici ce qu'il dit à ce sujet:

وكان اهل القيروان امانوا منصورًا على قتال زيادة الله فقال له اصحابه ابدا بها واقتل من فيها فقال اني عاهدت الله ان ظفرت ان اعفو واصفح فعفا عنهم الا انه هدم سور القيروان ونزع ابوابها

« Les habitants de Caïrouan s'étant montrés favorables à Mançour, et
« lui ayant prêté leur secours pour combattre Ziadet-Allah, les com-
« pagnons de celui-ci lui conseillèrent, lorsqu'il fut vainqueur, de
« traiter cette ville avec la dernière rigueur, et de passer au fil de l'épée
« tous les habitants, mais il leur répondit : « J'ai promis à Dieu, si j'é-
« tais vainqueur, de leur accorder leur pardon. » En conséquence, il
« leur pardonna et se contenta de détruire les murailles de la ville et
« d'en enlever les portes. » (Ms. 702 A, f° 50 r°.)

insurgés s'étant dispersés pour regagner chacun le pays qu'ils avaient conquis, Amer-ben-Nafi-el-Azrak, qui se trouvait parmi eux, se retira à Ceuta. Ziadet-Allah dirigea contre lui, en l'an 209, une armée commandée par Mohammed-ben-Abd-Allah-ben-el-Aghlab; mais elle revint vers Caïrouan, après avoir été mise en fuite par Amer.

Mançour marcha sur cette ville pour en faire sortir les familles qui appartenaient aux soldats de son armée. Ziadet-Allah l'assiégea seize jours, jusqu'à ce que les troupes eussent fait sortir tous ceux qui leur appartenaient. Mançour revint ensuite vers Tunis, et il ne resta plus alors au pouvoir de Ziadet-Allah, en Afrique, que Tunis, le Sahel, Tripoli et Nefzawah. L'armée des révoltés avait envoyé vers Ziadet-Allah pour lui proposer de cesser toute hostilité contre lui, à condition qu'il quitterait l'Afrique; mais il apprit alors qu'Amer-ben-Nafi se dirigeait vers Nefzawah, et que les Berbèrs de cette contrée l'appelaient à leur secours pour repousser cette aggression. En conséquence, il envoya vers eux deux cents combattants commandés par Sofian, qui repoussa Amer et le força à s'enfuir vers Castilia; Sofian revenait de cette expédition, lorsqu'il apprit qu'Amer venait de s'enfuir encore de la ville qui lui servait d'asile. Profitant de cette faute, Sofian s'empara de Castilia et s'y établit d'une manière solide; cet événement eut lieu en l'an 209. Ziadet-Allah reprit ainsi Castilia, le Zab, Tripoli, et ses affaires prirent une tournure plus favorable.

Bientôt éclatèrent de nouvelles dissensions entre

Mançour-el-Tabnadi et Amer-ben-Nafi, dissensions qui avaient eu pour cause l'envie que Mançour portait à Amer, et les propos qu'il tenait contre lui. Ce dernier sut gagner les troupes à son parti, assiégea Mançour dans son château de Tabnada et le força à capituler, sous la condition qu'il s'embarquerait pour l'Orient : condition qui fut acceptée. Cependant Mançour, contrairement à la capitulation, s'enfuit pendant la nuit pour se réfugier à Arbès, où Amer revint l'assiéger jusqu'à ce qu'il l'eut forcé à faire de nouveau sa soumission entre les mains d'Abd-el-Selam-ben-el-Mofradj, l'un des généraux de l'armée. Ce chef lui promit le pardon d'Amer-ben-Nafi, s'il voulait prendre l'engagement de partir pour l'Orient, promesse qui fut en effet ratifiée par Amer. Mançour fut alors dirigé vers Tunis par ce dernier qui le fit accompagner de gens de confiance, et ordonna à son fils, alors à Gharisa (107), de le tuer lorsqu'il y passerait : il obéit et lui envoya la tête du rebelle ainsi que celle de son fils.

(107) Le nom de la ville où se trouvait alors le fils d'Amer est à peu près illisible dans le MS. d'Ebn-Khaldoun. Nowaïri la nomme Carna. Voici ce qu'il en dit : فوجه معه خيلا وامر صاحب الخيل ان ياخذ به على طريق قرنة وان يصيره فى سجنها فعل ذلك وحبسه بها عند حمديس بن عامر ثم كتب عامر الى ابنه ان يضرب عنقه ففعل
« Amer fit accompagner Mançour par un parti de cavalerie, et donna « l'ordre au chef de cette troupe de prendre avec lui la route de Carna, « et de l'enfermer dans la prison de cette ville. Cela fut exécuté et « Mançour fut confié à la garde de Hamdis, fils d'Amer. Plus tard, « Amer écrivit à son fils de faire mettre à mort le prisonnier, ordre « auquel Hamdis obtempéra sur-le-champ. » (*Nowaïri*, M. S. 702, fol. 19, recto.)

Amer demeura dans la ville de Tunis jusqu'à sa mort, qui arriva en l'an 214. Abd-el-Selam-ben-el-Mofradj revint à Badjah, où il resta jusqu'à la révolte de Fadhl-ben-Abi-el-Aïr dans Djeziret-Scherik, en l'an 218. Abd-el-Selam-ben-el-Mofradj-el-Riy se réunit à lui; mais l'armée de Ziadet-Allah ayant marché à leur rencontre, leur livra un combat dans lequel Abd-el-Selam fut tué.

Fadhl s'enfuit à Tunis où il se défendit contre les troupes de Ziadet-Allah qui vinrent l'y assiéger et emportèrent la ville de vive force. Une grande partie des habitants fut tuée, les autres prirent la fuite, mais Ziadet-Allah leur ayant accordé une amnistie, ils revinrent dans la ville.

CONQUÊTE DE LA SICILE PAR AÇAD-BEN-EL-FIRAT (108).

La Sicile, l'une des possessions de l'empire grec, obéissait à des gouverneurs envoyés par l'empereur de

(108) Depuis les premières années qui suivirent la naissance de l'Islamisme et l'agrandissement de la puissance arabe, les Musulmans avaient dirigé vers la Sicile des expéditions qui préparaient la conquête que, deux siècles plus tard, ils firent de l'île entière. Lebeau qui, ainsi que l'observe M. de Saint-Martin, a tiré cette indication de la vie du pape Martin, par Anastase le Bibliothécaire (*vit. pontif. Rom.* p. 51), reporte le premier débarquement des Arabes sur les côtes de la Sicile à l'année de Jésus-Christ 651 et 652 (31 et 32 de l'hégire), c'est-à-dire, alors que les Musulmans venaient, pour la première fois, de pénétrer, sous la conduite d'Abd-Allah, dans la province d'Afrique. Nowaïri, ainsi que nous l'avons vu dans la note 6, rapporte à Abd-Allah-ben-Caïs, lieutenant de Moawia-ben-Khodaïdj la gloire d'avoir le premier porté la guerre en Sicile. Ce serait environ vers l'an de l'hégire 45 (de Jésus-Christ 665-666.) C'est à cette expédition qu'on pourrait peut-

Constantinople. Dans l'année 211 de l'hégire elle était régie par un patrice nommé Constantin. Il nomma au commandement général de sa flotte un officier grec rempli de prudence et de bravoure, qui se porta sur les côtes d'Afrique et les ravagea. Quelque temps après, l'empereur de Constantinople écrivit à Constantin pour lui donner mission de s'emparer de cet officier et de le faire mettre à mort (109); mais celui-ci, averti de cet or-

être rattacher celle dont parle Paul Diacre (*de Gestis Longobard.* lib. v. cap. 13), *gens Saracenorum subito cum multis navibus venientes Siciliam invadunt, Syracusas ingrediuntur.* D'après Rampoldi (*Ann. musulm.* t. III, année 673, cité par Martorana, *Notizie storiche dei Saraceni Siciliani*, t. I, p. 200), un navire commandé par Mohammed-ben-Abd-Allah aurait aussi tenté d'exercer des ravages sur les côtes orientales de l'île, dans l'an 673 de notre ère. Enfin, Mohammed-ben-Abi-Edris-el-Ansari, sous le khalifat d'Yezid-ben-Abd-el-Melik, Beschr-ben-Safouan sous celui de Hescham, Habib-ben-Abi-Obeïdah en 122 de l'hégire et son fils Abd-el-Rahman, quelques années après, tentèrent divers expéditions qui eurent en général un succès momentané, mais qui n'annonçaient pas, de la part des Arabes, l'idée d'un établissement fixe et durable dans la belle île placée si près de leurs possessions. Le texte de Nowaïri, relatif à l'occupation de la Sicile par les Arabes, ayant été traduit en français par M. Caussin de Perceval, et inséré avec une traduction latine dans l'ouvrage du chanoine Gregorio (*rer. Arab. quæ ad hist. sic. spectant ampla collectio*) doit être rapproché de celui d'Ebn-Khaldoun, tous deux s'éclairant en se complétant l'un par l'autre. J'aurai seulement à citer les passages d'Ebn-el-Athir pouvant compléter ou éclaircir les faits avancés par Ebn-Khaldoun, qui lui a quelquefois emprunté jusqu'aux expressions de son récit.

(109) Cet officier dont Ebn-Khaldoun ne nous donne pas le nom, est appelé par Nowaïri : Fimi فيمي (Voy. M. S. 702, fol. 68, verso). Cedrenus le nomme Euphemius et nous dit qu'il avait le commandement de quelques troupes en Sicile. Εὐφήμιος τις ἀνὴρ κατὰ Σικελίαν λαοῦ τινος ἡγούμενος (Byzantine, t. VIII, p. 403). Cet auteur donne le détail des causes qui le portèrent à la révolte. (Voyez encore sur le même sujet Fazelli, *de Rebus siculis decades duæ*, p. 470-472.)

dre, leva l'étendard de la révolte, et, aidé de ses compagnons d'armes, se rendit maître de Syracuse. Constantin s'étant présenté pour le combattre, fut mis en fuite, et le rebelle, devenu maître de Catane, envoya à sa poursuite des troupes qui le saisirent et le tuèrent.

Ce chef révolté s'étant ainsi emparé de la Sicile entière, s'en déclara le souverain, et confia l'un des cantons de l'île à un nommé Plata. Cet homme et l'un de ses cousins nommé Michel, gouverneur de Palerme, se révoltèrent contre leur nouveau maître, et Plata s'empara de Syracuse. Alarmé de cet échec, le chef de l'île, à la tête de sa flotte, se rendit en Afrique, où il implora les secours de Ziadet-Allah qui lui accorda une armée commandée par Açad-Ben-el-Firat, cadi de Caïrouan (110). L'expédi-

(110) Le M. S. de la Biblioth. Roy., n° 752, que nous avons déjà eu occasion de consulter relativement à la fondation de Caïrouan, donne un article de biographie très-étendu sur le cadi Açad-ben-el-Firat. Il était né dans le Khoraçan, à Niçapour, suivant les uns, à Harran selon les autres. Arrivé à Caïrouan avec le gouverneur El-Aschath, il resta quelques années à Tunis, où il étudia le Coran et la jurisprudence. Il passa ensuite en Orient où il étudia principalement la doctrine de l'Imam Malek, bien que dans l'Irak il se fut lié aussi avec les disciples d'Abou-Hanife. Revenu en Afrique, il y apporta les éléments d'un grand ouvrage qui a pris de lui le nom d'El-Açadieh الاسدية. Il fut nommé cadi par Ziadet-Allah, lorsque déjà il y en avait un nommé Abou-Moraz, en sorte qu'il y avait alors deux cadis à Caïrouan; mais comme, à l'époque de la révolte d'El-Mançour, Abou-Moraz se rangea du parti de ce rebelle, Ziadet-Allah, revenu au pouvoir, combla de marques de confiance Açad-ben-el-Firat, resté seul cadi, et lui donna le commandement de l'expédition contre la Sicile. Des détails analogues, mais beaucoup moins étendus que ceux du M.S. 752, se trouvent dans un manuscrit arabe de l'Escurial, intitulé الحلة السيرا et décrit dans

tion partit au mois de Rebi de l'année 212 de l'hégire, et vint aborder à Mazzara; de là on marcha contre Plata. Les Arabes se tenaient d'abord (par défiance) à l'écart du chef de l'île, et des Grecs de son parti; mais, s'étant ensuite réunis, ils mirent en fuite Plata et son armée dont ils pillèrent tous les bagages. A la suite de cette défaite, Plata s'enfuit en Calabre où il fut tué, et les Musulmans, s'étant emparés d'un grand nombre des forteresses de l'île, parvinrent jusqu'à Calaat-el-Kerad (111) où s'étaient rassemblés un grand nombre de Grecs. Le cadi Açad-Ben-el-Firat, au moment où il allait les assiéger, reçut de leur part des propositions de paix et l'offre de se soumettre à payer le tribut; mais ce n'était qu'une feinte, et, une fois prêts à soutenir le siége, ils rompirent toutes les négociations. Açad, alors, les pressa vivement et envoya de différents côtés des partis de cavalerie qui firent un grand butin. Il concentra ensuite toutes ses forces pour s'emparer de Syracuse qu'il assiégea par terre et par mer. Ayant en même temps reçu des secours d'Afrique, il les dirigea contre Palerme, tandis que les Grecs marchaient au secours de Syracuse, pressée de

Casiri sous le n° 649. Il a pour auteur Ebn-el-Abar-el-Kodhaï. La société asiatique de Paris en possède une copie.

(111) Ebn-el-Athir dit قلعة الكراب, Calaat-el-Kerab; on ne trouve pas ce nom de lieu dans Edrisi, qui consacré cependant dans sa géographie un article étendu à la Sicile; le seul nom qui puisse se rapprocher de celui qui se trouve dans le texte d'Ebn-el-Athir, c'est le nom de Caropini, donné dans d'anciens diplômes au lieu nommé maintenant *Valguarnéra* dans le *val di noto*. (Voy. *la Sicilia in prospettiva* par le père *Massa*, seconde partie, p. 337; comp. aussi Gregorio, p. 5.)

près par les Musulmans. Ces derniers faisaient de rapides progrès, lorsque les maladies se mirent dans leur camp et leur enlevèrent beaucoup de monde. Açad-ben-el-Firat ayant été gravement atteint, mourut et fut enterré à Palerme; il eut pour successeur Mohammed-ben-Abi-el-Djouari. A cette époque une flotte arriva de Constantinople au secours des Grecs, et les Musulmans, levant le siége, avaient mis à la voile pour retourner en Afrique, quand ils rencontrèrent la flotte impériale qui leur barra le passage. Ils revinrent alors, brûlèrent leurs vaisseaux, se résolurent à braver tous les dangers, et, assiégeant la ville de Mazzara, s'en emparèrent en trois jours; ils se rendirent aussi maîtres de Girgente, et se dirigèrent vers Casr-Iani, accompagnés du Grec qui les avaient appelés en Sicile. Cet homme attiré dans une embuscade par la garnison de cette ville, y fut tué, et des renforts arrivés de Constantinople vinrent présenter la bataille aux Musulmans. L'action s'engagea: les Grecs furent mis en fuite, un grand nombre d'entre eux périrent, et ceux qui échappèrent se réfugièrent dans les murs de Casr-Iani.

Le chef des Musulmans, Mohammed-ben-el-Djouari, étant mort, eut pour successeur Zohaïr-ben-Aoun (112). A cette époque Dieu éprouva les Musulmans: mis plu-

---

(112) Le chef nommé Zohaïr-ben-Aoun, par Ebn-Khaldoun, est appelé Zohaïr-ben-Barghouth, par Nowaïri (M.S. 702, fol. 69, verso), et Ebn-el-Athir lui donne le nom de Zohaïr-ben-Ghouth (M.S. 45, fol. 123, verso). Cette continuelle incertitude pour les noms propres est une des difficultés que présente la concordance des chroniqueurs orientaux.

sieurs fois en fuite par les Grecs, ils se trouvèrent assiégés vivement dans leur camp et bientôt réduits à toute extrémité. Les Arabes de Girgente sortirent alors de cette ville après l'avoir détruite, et se dirigèrent vers Mazzara ; mais n'ayant pu réussir à rejoindre leurs frères, les choses demeurèrent en cet état jusqu'à l'année 214. Ils étaient enfin sur le point de succomber, lorsqu'un grand nombre de bâtiments africains et une flotte partie d'Andalousie pour faire la guerre sainte, s'étant réunis au nombre de trois cents vaisseaux, vinrent aborder dans l'île. Les Grecs effrayés levèrent le siége, et les Musulmans purent reprendre l'offensive. En l'année 217 ils s'emparèrent de Palerme par capitulation (113), et deux ans après ils marchèrent contre la ville de Casr-Iani, sous les murs de laquelle les Grecs furent défaits en l'an 220 de l'hégire (114).

(113) Ebn-el-Athir raconte ainsi le siége de Palerme: وسار المسلمون الى مدينة بلرم فحصروها و ضيقوا على من بها فطلب صاحبها الامان لنفسه ولاهله ولماله فاجيب الى ذلك وسار فى البحر الى ملك الروم ودخل المسلمون البلد فى رجب سنة ست عشرة ومايتين فلم يروا فيه الا اقل من ثلثة الاف انسان وكان فيه لما حصروه سبعون الفا وماتوا كلهم « Les Musulmans marchèrent contre
« Palerme, dont ils pressèrent le siége avec tant de vigueur que le
« gouverneur de la ville se vit contraint à capituler, et demanda pour
« lui et les habitants la vie sauve, ainsi que la faculté d'emporter ses
« richesses. L'accord fut conclu à ces conditions, et il s'embarqua pour
« Constantinople. Les Musulmans alors entrèrent dans la ville, où ils
« ne trouvèrent plus que trois mille habitants, bien qu'il y en eût
« soixante et dix mille au commencement du siége : le reste avait péri. »
(*Ebn-el-Athir*. M.S. 45, fol. 124 recto.)

(114) Entre la prise de Palerme et la défaite des Grecs sous les murs

De là les Musulmans dirigèrent un corps d'armée vers Taormine, puis Ziadet-Allah ayant donné à Fadhl, fils de Iacoub, le commandement de quelques troupes, l'envoya vers Syracuse où il fit un butin considérable. Un autre parti de Musulmans s'étant mis en marche, le patrice grec qui gouvernait la Sicile voulut s'opposer à leur passage ; mais ils se dérobèrent à lui en se jetant dans les rochers et les forêts, en sorte qu'il désespéra de les atteindre, et comme il se retirait en désordre, les Musulmans revinrent sur lui et mirent ses troupes en fuite. Tombé de cheval, le patrice lui-même fut blessé d'un coup de lance, et les Grecs furent complétement dépouillés : armes, bagages, bêtes de somme, tout devint la proie des vainqueurs (115).

Vers le milieu du mois de Ramadhan, Abou-el-Aghlab-Ibrahim-ben-Abd-Allah partit d'Afrique, à la tête d'une armée, pour prendre le gouvernement de la Sicile auquel il venait d'être nommé par Ziadet-Allah. A peine arrivé, il expédia une flotte qui rencontra celle des Grecs, la pilla et tua tous ceux qui la montaient. Une autre flotte fut aussi dirigée contre l'île de Cossyra (Pentellaria), et rencontra également les vaisseaux de l'empereur de Cons-

---

de Casr-Iani, il y eut entre les Musulmans d'Afrique et ceux d'Andalousie, des contestations si graves qu'on en vint aux mains ; mais la bonne intelligence finit par se rétablir. Ebn-Khaldoun et Nowaïri ne disent rien de ces dissensions, mais il en est fait mention par Ebn-el-Athir. (M. S. 45, fol. 124, recto) : وجرى بين المسلمين اهل افريقية واهل الاندلس خلف ونزاع ثم اتفقوا

(115) Tous ces détails sont omis dans le récit de Novaïri.

tantinople. Outre ces expéditions maritimes, des partis étaient envoyés vers les différentes places fortes situées aux environs du mont Etna, et y firent un grand nombre de prisonniers. En l'année 221, Abou-el-Aghlab expédia encore une flotte qui revint avec un butin considérable fait dans les îles environnantes. Il envoya ensuite des troupes à Catane et d'autres à Casr-Iani; celles-ci furent repoussées, mais un combat naval vengea bientôt cette défaite: les Musulmans prirent neuf vaisseaux de la flotte des Grecs. Un nouveau succès suivit celui-là: quelqu'un des Musulmans occupés au siége de Casr-Iani découvrit un endroit faible dans les remparts de cette ville; il y conduisit ses compagnons qui s'emparèrent ainsi de la place. A compter de ce moment, les Grecs n'osèrent plus sortir du château jusqu'au jour où ils se déterminèrent à capituler. Dieu ayant ainsi accordé la victoire aux Musulmans, ils revinrent à Palerme enrichis des dépouilles des Grecs, et y restèrent jusqu'au jour où ils apprirent la mort de Ziadet-Allah: ils furent d'abord abattus de cette nouvelle, mais ils reprirent bientôt courage, et recommencèrent la guerre avec vigueur. Ziadet-Allah mourut vers le milieu de l'année 223 de l'hégire, après un règne de 21 ans et demi (116).

(116) Ziadet-Allah, dont le règne avait été agité par tant de troubles et de dissensions qui avaient duré treize années, se vit, sur la fin de sa vie, paisible possesseur de l'Afrique, et pût chercher, en élevant des monuments utiles, à réparer les maux de la guerre. Il avait coutume de dire que, parmi ce qu'il lui avait été donné d'accomplir, quatre choses lui mériteraient la miséricorde divine au jour du jugement. D'abord, d'avoir bâti la grande mosquée de Cairouan à la place de celle qui avait

ABOU-IKAL-EL-AGHLAB-IBRAHIM-BEN-EL-AGHLAB.

A la mort de Ziadet-Allah-ben-Ibrahim, au mois de Redjeb de l'année 223, son frère El-Aghlab-ben-Ibrahim-ben-el-Aghlab lui succéda. On lui donna le surnom d'Abou-Ikal. Il se montra très-bon envers les troupes, remédia aux abus, et augmenta le traitement des gouverneurs de manière à ce qu'ils ne fussent plus obligés de surcharger le peuple d'impôts. Les Zawaghah, les Lawatah et les Meknasah s'étant révoltés contre lui à Castilia, mirent à mort le gouverneur de cette ville; mais il en tira une prompte vengeance, et fit périr ces rebelles qu'il anéantit complètement. Dans l'année 224 il envoya en Sicile des troupes qui revinrent victorieuses, après avoir fait un butin considérable. En 225, plusieurs forteresses de la Sicile se rendirent aux Musulmans qui les reçurent à composition et en devinrent ainsi maîtres sans effusion de sang (117). En 226, une flotte musulmane soumit la Calabre et rencontra au retour la flotte des Grecs qu'elle mit en fuite. Tandis que les Musul-

été fondée par Yezid-ben-Hatem, qu'il avait détruite, et d'avoir consacré à cette œuvre quatre-vingt-six mille dinars, ensuite d'avoir construit le pont de la porte d'Abou-el-Rebi, puis d'avoir élevé le château des Marabouts à Sousah, et enfin d'avoir donné la charge de cadi à Ahmed-ben-Abou-Mahriz. Il mourut un mardi, le quatorzième jour du mois de Redjeb de l'année 223, à l'âge de cinquante-un ans, sept mois et huit jours. (*Nowaïri*. M.S. 702, fol. 19, verso.)

(117) Ebn-el-Athir ajoute : منهم حصن البلوط وابلاطنو وقرلون « Au nombre de ces forteresses on comptait : El-Belout (Calta-Bellotta), Ablatanou (Platani) et Corloun (Corleone). (M.S. 45, fol. 186 recto.)

mans se dirigeaient en Sicile vers la forteresse de Casr-Iani, puis vers Coronia dont ils ravageaient les environs, ainsi que nous le raconterons plus tard, El-Aghlab-ben-Ibrahim mourut au mois de Rebi de l'année 226 de l'hégire, après un règne de 2 ans et 7 mois (118).

ABOU-EL-ABBAS-MOHAMMED-BEN-EL-AGHLAB-BEN-IBRAHIM.

Après la mort d'Abou-Ikal-el-Aghlab, son fils Abou-el-Abbas-Mohammed monta sur le trône, et l'Afrique se soumit à ses lois. Ce fut lui qui fonda en l'année 237, dans les environs de Tahart, une ville qu'il nomma El-Abbacieh. Plus tard Aflah-ben-Abd-el-Wahab-ben-Roustem la brûla, et l'écrivit au sultan d'Andalousie pour s'en faire un mérite auprès de lui; ce prince, en effet, lui envoya 100,000 drachmes. C'est sous le règne d'Abou-el-Abbas, en l'année 234, que Sahnoun devint cadi après la déposition d'Ebn-Abou-el-Djouad. Sahnoun le fit frapper de verges au point qu'il en mourut. Sahnoun lui-même mourut en l'année 240 (119).

(118) D'après Nowaïri (M.S. 702, fol. 20 recto), son règne fut de deux ans, neuf mois et cinq jours. Il mourut un jeudi, le vingt-deux du mois de Rebi second. Ebn-el-Athir (M. S. 45, fol. 186 recto.) cite comme un des bienfaits de son règne, qu'il défendit à Caïrouan la vente du vin et des liqueurs fortes.

(119) Abou-Saïd-Abd-el-Selam-ben-Saïd, surnommé Sahnoun, a été l'un des hommes les plus savants et les plus habiles du Maghreb, dans lequel il répandit les doctrines de l'imam Malek. Ebn-Khallikan lui a consacré une notice biographique. (Voy. le *Kitab-Wafayat-al-Aïyan*, édité par M. le baron de Slane, t. I, p. 406.)

Abou-Djafar-Ahmed frère d'Abou-el-Abbas, s'étant révolté contre lui remporta d'abord quelques avantages : plus tard ils firent la paix à condition qu'Abou-Djafar serait revêtu de la charge de premier vizir, mais à peine fut-il nommé à cette place, qu'il s'empara de toute l'autorité au préjudice de l'émir, et fit mettre à mort tous les autres vizirs. Il persista longtemps dans cette conduite injuste et violente; mais en l'année 233, Abou-el-Abbas-Mohammed s'étant concerté à ce sujet avec des hommes dévoués à son parti qu'il avait rassemblés autour de lui, revint au pouvoir et se ressaisit de l'autorité. Abou-Djafar voulut encore combattre son frère, mais cette fois il fut vaincu, et Mohammed, s'étant emparé de sa personne, l'exila d'Afrique et le renvoya en Égypte (120). Après 16 ans de règne, Abou-el-Abbas mourut en l'an 242 de l'hégire.

(120) Ebn-Khaldoun ne fait qu'exposer dans ce récit très-rapide les principaux faits d'une longue dissension entre les deux frères, dissension dont Nowaïri raconte avec détail les causes et la durée. « Abou el-Abbas-Mohammed, avait nommé pour vizirs les deux fils « d'Ali-ben-Hamid; l'un s'appelait Abou-Abdallah, l'autre Abou- « Hamid. Abou-Djafar-Ahmed, frère du prince, ne pût voir sans ja- « lousie le poste élevé qu'occupaient ces deux jeunes gens. Il chercha, « en s'introduisant dans la maison de son frère, à se faire des « partisans parmi ses serviteurs et ses affranchis, tandis que son frère, « indifférent à ses menées, ne s'occupait que de plaisirs; et lorsqu'il « crut ses intelligences assez bien établies, il marcha sur le palais à « l'heure de midi, et trouvant la porte dégarnie des hommes commis à « sa garde, il s'empara sans peine d'Abou-Abdallah-ben-Ali-ben-Hamid « et le mit à mort. Les cris qu'il jeta avertirent l'émir Mohammed, qui « alla chercher un asile dans le monument élevé sur le tombeau de son « oncle, Ziadet-Allah. Le combat s'étant alors engagé entre les gardes « de Mohammed et les partisans de son frère Ahmed, ceux-ci dirent aux

ABOU-IBRAHIM-AHMED-BEN-ABI-EL-ABBAS-MOHAMMED.

Abou-el-Abbas-Mohammed-ben-Abi-Ikal eut pour successeur son fils Abou-Ibrahim-Ahmed. Ce prince, dont

« autres : « Pourquoi combattre? et nous aussi, nous voulons obéir à
« Mohammed; mais nous nous étions armés contre les fils d'Ali, qui
« détournaient à leur profit les trésors dont vous auriez dû avoir votre
« part. » Les soldats de Mohammed se sentirent ébranlés par ce dis-
« cours, et ce malheureux émir, voyant qu'il n'y avait plus pour lui
« de résistance possible, feignit de se réconcilier avec Ahmed, qui lui
« reprochait son aveuglement pour ses deux vizirs qu'il accusait de
« projets perfides, et lui assurait n'avoir pris les armes que dans son
« seul intérêt. Mohammed se vit, en outre, forcé de livrer à son frère
« son vizir Abou-Hamid-ben-Ali, qui était venu se réfugier auprès
« de lui au moment du meurtre d'Abou-Abd-Allah; il exigea seule-
« ment d'Ahmed la promesse qu'il ne lui ôterait pas la vie. Dès lors le
« pouvoir d'Ahmed n'eût plus de bornes, toutes les affaires passaient
« par ses mains : Mohammed n'était plus qu'un prisonnier gardé par
« cinq cents esclaves ou affranchis, créatures de son frère, qu'il avait
« placées aux portes du palais. Malgré la promesse qu'il avait faite,
« Ahmed ne tarda pas à se défaire d'Abou-Hamid. Après l'avoir dé-
« pouillé de ses richesses, il l'envoya à Tripoli sous la garde de Nasr,
« affranchi d'Ibrahim-ben-el-Aghlab, et donna ostensiblement à ce
« dernier l'ordre de faire passer Abou-Hamid en Égypte; mais en se-
« cret il lui commanda de le mettre à mort lorsqu'il serait à Falschana
« فلشانة. Il ne fut que trop bien obéi : Nasr fit étrangler Abou-Hamid,
« et, mettant son corps dans une litière, le conduisit ainsi jusqu'à
« Falschana, où il prit à témoin plusieurs personnes que le cadavre
« ne portait aucune trace de violence, et prétendit que le malheureux
« Abou-Hamid s'était tué en tombant de sa monture. Tant de cruautés,
« et la jalousie des chefs entre eux, avaient fini par aliéner à Ahmed l'af-
« fection de ses partisans. Mohammed se résolut donc à ressaisir le
« pouvoir; il abandonna les plaisirs du jeu, qui trop long-temps lui
« avait fait négliger les affaires sérieuses, et écrivit à ses adhérents et
« aux troupes pour les déterminer à l'aider dans son entreprise, leur
« faisant toute espèce de promesse, et annonçant pour le passé une
« entière amnistie. Lorsqu'il se fut ainsi assuré de nombreux parti-

la conduite était exemplaire, se montra très-généreux à l'égard de ses troupes. Il aimait beaucoup à bâtir et éleva en Afrique près de 10,000 forteresses construites en pierres et en chaux et munies de portes de fer. Ce

« sans, au jour qui avait été fixé pour l'exécution du complot, des
» hommes se présentèrent aux portes de la ville, sans armes et portant
« sur leurs têtes des vases remplis d'eau; on les laissa entrer sans dé-
« fiance, et plus de trois cents conjurés se rendirent ainsi dans la
« maison d'Ahmed-ben-Sofian, l'un des chefs de l'entreprise, qui
« leur fit distribuer des armes, et les fit cacher jusqu'au moment où
« ils entendraient le tambour, et verraient briller un flambeau sur le
« dôme de la mosquée; ils devaient alors sortir de leur retraite et com-
« battre pour Mohammed. Cependant, Ahmed avait en vain reçu
« plusieurs avis de l'événement qui se préparait : il les avait repoussés
« comme autant de faussetés, et s'était emporté violemment contre
« ceux qui lui en avaient fait part. Ce jour-là même il s'en fût au bain
« où il resta plus tard qu'à l'ordinaire, se livrant à son tour aux plai-
« sirs de la bonne chère, comme le faisait son frère Mohammed dans
« les premiers temps de son émirat. A l'heure où vers le soir on appelle
« les fidèles à la prière, un émissaire de Mohammed alla trouver les
« gardes à la porte du palais, et leur dit : réunissez-vous, parce que
« l'émir veut vous offrir un régal; en effet, ils se réunirent, et l'émir
« leur envoya des mets et des boissons diverses. Lorsqu'il supposa que
« l'influence enivrante de ces dernières avait pu agir, il leur envoya un
« autre émissaire qui leur dit : l'émir veut attacher des ornements à
« vos sabres, venez donc les remettre entre ses mains; mais à peine
« eurent-ils obéi que les tambours retentirent et l'on vit la flamme
« des torches s'élever du sommet de la mosquée. Les partisans de
« Mohammed sortirent alors de leur retraite et se jetèrent sur les
« gardes d'Ahmed, dont ils n'eurent pas de peine à triompher; les ha-
« bitants de Caïrouan, avertis par des courriers, arrivèrent pour
« prendre part à un changement qu'ils désiraient depuis longtemps.
« Ahmed se vit contraint d'implorer la merci du vainqueur, et son
« frère lui fit grâce de la vie, seulement le dépouillant de ses trésors,
« qu'il distribua aux habitants de Caïrouan et à tous ceux qui l'avaient
« aidé à reconquérir sa puissance, il l'exila en Égypte. Mohammed
« mourut un lundi, trois du mois de Moharrem de l'an 242, à l'âge de
« trente-six ans. » (*Nowaïri*, M.S. 702 A, fol. 51, verso et recto; la seconde moitié de ce récit manque dans le M. S. 702.)

fut lui aussi qui eut l'idée d'employer les nègres dans ses armées. Quelques révoltes de Berbèrs ayant éclaté dans les environs de Tripoli, son lieutenant dans cette ville, qui était alors son frère Abdallah-ben-Mohammed-ben-el-Aghlab, réprima leurs tentatives en envoyant contre eux Ziadet-Allah, frère de l'émir et le sien. Ce prince les combattit, et les ayant taillés en pièces, il écrivit à son frère Abou-Ibrahim pour lui annoncer sa victoire. Ce fut à cette époque que Casr-Iani, l'une des villes principales de la Sicile, tomba au pouvoir des Musulmans. Cet événement eut lieu au mois de schewal de l'année 244, et Abou-Ibrahim ayant envoyé au khalife Motawakil l'annonce de cette prise, lui fit offrir en même temps quelques unes des captives dont il s'était emparé. Abou-Ibrahim mourut à la fin de 249, la huitième année de son règne (121).

ZIADET-ALLAH-EL-ASGHAR FILS D'ABOU-IBRAHIM-AHMED.

Ziadet-Allah succéda à son père Abou-Ibrahim; ce prince connu par le surnom d'El-Asghar (le jeune), mar-

(121) Parmi les nombreuses constructions dues à Abou-Ibrahim-Ahmed, Nowaïri cite les réservoirs qui étaient à la porte de Tunis, le porche et la coupole de la mosquée de Cairouan, les citernes de la porte d'Abou-el-Rebi; celle de Casr-el-Cadim, la mosquée de Tunis et les murailles de Sousah: les grands réservoirs de Casr-el-Cadim, séjour habituel des princes Aghlabites, sont le dernier ouvrage d'Abou-Ibrahim. Il était déjà fort malade qu'ils n'étaient pas encore achevés. Enfin, quand on y eut amené l'eau, il se fit apporter un vase qui en était rempli, et l'ayant bue, il s'écria : « Louange à Dieu! qui m'a permis de voir accomplir cet ouvrage. » Il mourut après ces paroles; c'était un mardi, dix du mois de Dzou'l-caada 249, il n'avait alors que 29 ans. (*Nowaïri*, M.S. 702 A, fol. 51 verso et 52 recto.)

cha sur les traces de ses ancêtres, mais il vécut peu de temps et mourut à la fin de l'an de l'hégire 250, sans avoir régné une année entière.

ABOU-EL-GHARANIK-MOHAMMED-BEN-ABI-IBRAHIM-AHMED.

Ziadet-Allah-el-Asghar eut, en mourant, pour successeur, son frère Mohammed, surnommé Abou-el-Gharanik (le Père des Grues)(122), qui était adonné au jeu et à la boisson. Il y eut de son temps des guerres et des révoltes; en 255 il s'empara de Malte (123), mais les Grecs reprirent sur lui plusieurs places de la Sicile. Il bâtit aussi des forteresses et des lieux de garnison sur le bord de la mer, dans le Maghreb, à 15 journées de Barca, du côté du couchant, où ils sont encore connus. Ce prince mourut au milieu de l'année 261, après 11 ans de règne (124).

(122) Voici la cause donnée par Nowaïri à ce surnom : وكان مشغوفا بالصيد فلقب ابا الغرانيق وذلك انه بنى قصرا فى السهلين لصيد الغرانيق انفق فيه ثلاثين الف دينار . Mohammed-Abou-Ibrahim avait pour la chasse une violente passion; on l'avait « surnommé le père des Grues (Abou-el-Gharanik), parce qu'il avait « fait bâtir à Sahlaïn un palais afin de se livrer plus facilement à « son goût pour la chasse de ces oiseaux, et qu'il avait dépensé dans « cette construction trente mille dinars. » (Nowaïri. M.S. 702, fol. 21, recto.)

(123) Nowaïri dit que le chef de l'expédition, dans laquelle Malte fut prise, était Ahmed-ben-Omar-ben-Obeïd-Allah-ben-el-Aghlab (Nowaïri, M.S. 702 A, fol. 52 recto.)

(124) Ebn-Khaldoun n'entre dans aucun détail sur les expéditions entreprises en Afrique par les Arabes sous le gouvernement d'Abou-el-Gharanik. Nowaïri est moins concis : d'après lui, des troubles ayant éclaté dans le Zab, Abou-el-Gharanik y envoya Abou-Khafadja-Mohammed-ben-Ismaïl à la tête d'une armée considérable. Plusieurs victoires remportées par ce général jetèrent l'effroi parmi les Berbèrs, et

SUITE DE L'HISTOIRE DE SICILE.

Dans l'année 228 de l'hégire, Fadhl-ben-Djafar-el-Hamdani s'embarqua pour le port de Messine devant lequel il mit le siége. Les habitants ayant résisté à son attaque, il envoya dans les environs des partis de cavalerie qui ravagèrent le pays, puis il fit partir un corps d'armée qui, tandis que les habitants étaient occupés à se défendre contre lui, gagna les derrières de la ville par la montagne qui la domine. La garnison ayant été ainsi mise en déroute, la ville se rendit et les Musulmans en prirent possession (125). En l'an 232, ils assiégèrent la ville de Labsi (peut-être Lentini?): les ha-

il ne trouva plus d'obstacles jusqu'à Tahouda تهودة (Voy. El-Bekri, not. et ext., t. XII, p. 531) et Biskara بسكرة (Voy. Édrisi, t. I, p. 241-247, et El-Bekri, p. 504-505); il pénétra de là jusqu'à Tobna, où il fut joint par Hayy-ben-Malek-el-Baloui, qui lui amenait un corps de cavalerie de la ville de Belezma بلزمة (Édrisi, t. I, p. 202-237.). Arrivant ensuite à la ville d'Abah ابه (Voy. Édrisi, t. I, page 268-269), il y rassembla toutes ses forces, et les Berbèrs effrayés vinrent pour faire leur soumission, payer le tribut, et lui donner des otages; mais il ne voulut rien recevoir, et partit pour attaquer les Benou-Kemlan, de la tribu des Hawarah بنى كملان من هوارة. Ceux-ci offrirent aussi de se soumettre à tout ce qu'il lui plairait de leur imposer, mais il les refusa et engagea le combat. Au fort de l'action, Hayy-ben-Malek s'étant enfui avec les gens de Belezma, Abou-Khafadja fut tué avec la plus grande partie de ses officiers; le reste de l'armée fut mis en déroute, et ne s'arrêta qu'à Tobna. Abou-el-Gharanik mourut un mercredi, six du mois de Djomadi premier de l'année 261, à l'âge de vingt-quatre ans, et après un règne de dix ans, cinq mois et seize jours. Doué d'un caractère noble et généreux, bon et libéral envers le peuple, son amour de la chasse, du jeu, des plaisirs de la table, obscurcirent ses qualités. Il mourut en laissant le trésor entièrement vide.

(225) A la suite de ce récit emprunté par Ebn-Khaldoun à Ebn-el-Athir on trouve dans ce dernier : فى سنة تسع وعشرين ومايتين خرج

bitants écrivirent au patrice de Sicile pour lui demander du secours; il consentit à leur en accorder, et leur indiqua, comme devant annoncer son arrivée, la vue d'un feu qu'il ferait allumer sur la montagne. La nouvelle de ce fait étant parvenue à Fadhl-ben-Djafar, il dressa une embuscade dans un endroit écarté, et fit allumer sur la montagne le feu dont ils attendaient le signal. Aussitôt ils sortirent de la ville, et lui, feignant de fuir devant eux, les attira dans le piége qu'il leur avait tendu. Les Musulmans, cachés, s'étant alors précipités sur eux, il n'en échappa qu'un bien petit nombre, et à la suite de cette défaite, la ville se rendit par capitulation (126). En 233, les Musulmans se dirigèrent vers le

ابو الاغلب العباس بن الفضل فى سرية فبلغ شرة فقاتله اهلها قتالا شديدا فانهزمت الروم وقتل منهم ما يزيد على عشرة الاف رجل واستشهد من المسلمين ثلاثة نفر ولم يكن بصقلية قبلها مثلها

« l'année 229 Abou'l-Aghlab-el-Abbas, fils de Fadhl, s'étant mis à la
« tête d'une troupe de guerriers, arriva à Scharra (peut-être Xiara,
« voy. le père Massa, partie II, p. 340), dont les habitants lui livrèrent
« un combat acharné, à la suite duquel ils furent mis en fuite. Plus de
« 10,000 Grecs furent mis à mort, tandis que trois Musulmans seule-
« ment succombèrent; jamais on n'avait encore vu chose pareille en
« Sicile. » (*Ebn-el-Athir*, t. II, fol. 2 rect.)

(126) A la suite d'un récit plus détaillé de la ruse par laquelle Fadhl-ben-Djafar attira les Grecs dans une embuscade, Ebn-el-Athir dit que dans la même année les Musulmans s'emparèrent de la ville de Tabeth (dans la terre des Lombards?) et s'y établirent : وفيها اقام المسلون بمدينة طابث من ارض انكبردة وسكنوها Immédiatement après ces mots, il ajoute : وفى سنة ثلاث وثلاثين ومايتين وصل عشر سلمنديار.. من الروم فارسوا بمرسى الطين وخرجوا ليغيروا فضلوا الطريق فرجعوا خايبين وركبوا البحر راجعين ففرق منها سبع قطع Dans l'année 233, dix vaisseaux grecs abordèrent au port

pays des Lombards(127), sur le continent, et s'y emparèrent d'une ville où ils formèrent un établissement. L'année suivante, les habitants de Raguse (128) firent leur soumission : les Musulmans les reçurent à composition, et leur accordèrent la vie; mais ils détruisirent la ville après s'être emparés de tout ce qu'elle contenait (129).

Mohammed-ben-Abdallah-ben-el-Aghlab, gouverneur de la Sicile, mourut en 236, dans la ville de Palerme; il avait administré le pays pendant dix-neuf ans. Les Musulmans, après sa mort, se soumirent aux ordres d'Abbas-ben-Fadhl-ben-Iacoub-ben-Ferara qui devint leur émir et auquel Mohammed-ben-el-Aghlab envoya l'investiture du gouvernement de la Sicile. Jusqu'alors il s'était contenté d'envoyer des partis ar-

« d'El-Tin, dans l'intention de ravitailler les habitants; mais ils s'éga-
« rèrent en route et revinrent sans avoir pu accomplir leur projet. Ils
« reprirent la mer, et sept d'entre eux firent naufrage. » (Voy. Ebn-el-
Athir, t. II, fol. 2 vers.)

(127) Les Arabes donnaient à toute la côte orientale de l'Adriatique et à une partie des Calabres, le nom de Lombardie. Édrisi, dans la troisième section du cinquième Climat, après avoir nommé toutes les places maritimes de la Dalmatie, et sur la rive orientale du canal des Vénitiens خليج البنادقين, Brindisi, Trani, Barletta, Campo-Marino et plusieurs autres villes, ajoute : Toute cette contrée dépend du pays des Lombards وكل هذو من بلاد انكبرده. (Édrisi, t. II, 261.)

(128) Il ne s'agit probablement pas ici de la ville de Raguse en Dalmatie, que les Arabes, d'après Cedrenus (p. 452, éd. de Ven.), assiégèrent en vain vingt années plus tard, mais de la petite ville de Raguse en Sicile, dont Édrisi parle comme d'un lieu bien fortifié; à une forte journée de Noto. (Édrisi, t. II, p. 81.) Cluvier pense que Raguse est située sur le sol de l'ancienne Hybla Minor, que d'autres conjectures placent là où maintenant s'élève Butera.

(129) Ebn-el-Athir rapporte à l'année 235 une nouvelle expédition des Musulmans, expédition dans laquelle ils pillèrent la ville de قصرى (sans points diacritiques). Voy. cet auteur (t. II, fol. 2, vers.).

més de différents côtés pour y faire du butin; mais une fois qu'il eut été régulièrement investi de ses fonctions, il partit en personne, donnant le commandement de son avant-garde à son oncle Riah. Il ravagea plusieurs parties de la Sicile, détacha vers Catane, Syracuse, Butera, Raguse, des corps de troupes qui pillèrent et brûlèrent tout sur leur passage, s'empara de plusieurs forteresses, repoussa plusieurs fois la garnison de Casr-Iani, et s'empara même du château neuf de cette ville, qu'il détruisit. Après avoir saccagé les environs de Syracuse et de Taormine, il se rendit enfin maître de Casr-Iani qui était alors la ville capitale de la Sicile (130). Le gouverneur grec avait d'abord habité Syracuse, mais depuis que les Musulmans avaient conquis une partie de la Sicile, comme nous l'avons raconté, il avait fixé sa résidence à Casr-Iani. Voici comment on raconte la prise de cette place. Abbas envoyait, pendant l'hiver comme pendant l'été, des partis de cavalerie ravager les environs de Syracuse et de Casr-Iani; ils y restaient quelque temps, puis revenaient riches du butin et des prisonniers qu'ils avaient faits. Un certain hiver qu'ils avaient ramené plusieurs captifs, Abbas ordonna qu'on les fît mourir; mais un d'eux, homme important par son rang et sa position, lui dit alors : «Si tu me sauves la vie, je te rendrai maître de Casr-Iani.» En effet, il conduisit les Musulmans vers une partie de la ville qui était peu fortifiée; ils y arrivèrent de nuit et il les introduisit par une entrée secrète. Une fois parvenus au milieu de la

---

(130) Ebn-Khaldoun, plus complet que Nowaïri sur les faits du gouvernement d'Abbas-ben-Fadhl qui précédèrent la prise de Casr-

ville, ils mirent l'épée à la main et ouvrirent les portes. Abbas, étant entré avec son armée, fit mettre à mort tous les combattants, réduisit en captivité les filles des plus nobles familles et s'empara d'un butin tellement considérable qu'il serait impossible d'en faire la description (131).

A compter de ce jour, la puissance des Grecs en Sicile fut anéantie. L'empereur de Constantinople, cependant, envoya une puissante armée qui traversa la

Iani, a tiré son récit d'Ebn-el-Athir, qu'il a beaucoup abrégé. Voici les événements tels que les raconte ce dernier : « La première expédition d'Abbas-ben-Fadhl fut dirigée contre la forteresse d'Abou-Thour قلعة ابي ثور (peut-être Caltavuturo, voy. *Edrisi*, t. II, p. 106); il en revint avec un butin considérable et de nombreux prisonniers qu'il fit mettre à mort. Il fit ensuite ravager les environs de Casr-Iani, espérant qu'il forcerait ainsi le Patrice grec à sortir de la ville, mais son espoir fut trompé. En 238, il revint devant la même ville à la tête d'une troupe nombreuse, recommença l'œuvre de dévastation, et se porta de là vers Catane, Syracuse, Butera et Raguse, qu'il ravagea par le fer et le feu. Il vint ensuite à Thira ثيرة (peut-être ترمة Termini), et assiégea cette place pendant cinq mois : il ne fit grâce à la garnison qu'au prix de cinq mille têtes فصالحهم اهلها على خمسة الاف راس. En 242, El-Abbas, ayant réuni une armée considérable, s'empara de cinq forteresses. En 243 il mit en fuite la garnison de Casr-Iani qui s'était avancée à sa rencontre; de là il alla ravager Taormine, Syracuse, et plusieurs autres places : puis mit le siége devant Casr-el-Hadid قصر الحديد. Les Grecs qui y étaient renfermés, se trouvant vigoureusement pressés, lui offrirent 15,000 dinars; mais il ne voulut pas les accepter, et le siége ayant continué, les habitants finirent par se soumettre, à la condition qu'il laisserait la liberté à 200 d'entre eux. Cette fois il consentit, et devenu maître de la place, il fit mettre en vente tous les habitants, à l'exception du nombre de deux cents qu'il avait garanti par son traité, puis il fit démanteler la forteresse. » (*Ebn-el-Athir*, t. II, fol. 20 rect.)

(131) La prise de Casr-Iani, racontée de la même manière, mais avec quelques détails de plus, par Ebn-el-Athir, est précédée dans

mer et vint aborder à Syracuse. Abbas, ayant quitté Palerme pour marcher à sa rencontre, la combattit et la mit en fuite; les Grecs qui échappèrent mirent à la voile pour retourner dans leur pays, après avoir perdu le tiers de leur flotte et plus encore. On était alors dans l'année 237; à la suite de cet événement, un grand nombre des forteresses de la Sicile furent prises par les Musulmans. C'est en vain que Constantinople envoya aux Grecs un nouveau secours qui arriva par mer à Syracuse, tandis qu'Abbas était occupé du siége de Calaat-el-Roum; ce chef, marchant aussitôt à l'ennemi, le mit en fuite et revint à Casr-Iani qu'il fortifia et où il plaça garnison. Dans l'année 247, il se rendit vers Syracuse, et comme il revenait chargé de butin, il tomba malade en route, et mourut vers le milieu de l'année (132). On l'enterra dans les environs de Syracuse, mais les chrétiens brûlèrent son corps; il avait gouverné pendant onze ans.

Les combats et les victoires des Musulmans ne discontinuaient pas en Sicile. Bientôt même ils marchèrent contre les possessions septentrionales de l'empire grec, attaquèrent la Calabre ainsi que le pays des Lombards, et y firent la conquête de quelques places où ils formè-

son livre par le récit d'un combat naval, livré devant Syracuse par El-Abbas à une flotte de quarante vaisseaux grecs, et dans lequel les Grecs mis en fuite perdirent dix bâtiments avec leur équipage. (*Ebn-el-Atir*, t. II, fol. 20 rect.) Nowairi, qui parle aussi de ce combat, dit qu'il eut lieu entre les Musulmans de Sicile et un commandant arabe. Cette version est moins probable, car il n'existait pas alors de guerre entre les princes aghlabites et les khalifes de Baghdad.

(132) Nowairi place sa mort au 4 du mois de Djomadi second: Ebn-el-Athir au 3 du même mois 247 de l'hégire (t. II, fol. 21 rect.).

rent des établissements (133). A la mort d'Abbas, les Musulmans de la Sicile élurent à sa place son fils Abdallah, et l'écrivirent au prince d'Afrique. Le nouvel émir envoya des troupes de différents côtés et s'empara de quelques forteresses (134); mais au bout de cinq mois, vers le milieu de l'année 248, arriva d'Afrique Khafadja-ben-Sofian, nommé, par le prince, gouverneur de la Sicile. Son fils Mahmoud, à la tête d'un corps de troupes, alla ravager les environs de Syracuse; les Grecs marchèrent contre lui, mais il les battit et revint. Dans l'année 250, il s'empara de Butera, puis de Scicli, dont il ne se rendit maître qu'après un long siége. En 255, Khafadja s'avança vers Syracuse et l'Etna; les habitants de Taormine feignirent de se soumettre, mais ce n'était que pour le trahir, en sorte qu'il envoya contre eux son fils Mohammed (135) à la tête d'une armée, et ce chef les réduisit en captivité. Khafadja s'étant dirigé vers Raguse (136) s'en empara; puis, étant tombé malade, il revint à Palerme. En 253, il se porta vers Syracuse et

(133) Cedrenus parle de la prise de Bari, d'où les Sarrasins étendaient leurs ravages jusqu'à Rome (p. 453, éd. de Ven.)

(134) Au nombre de ces forteresses, Ebn-el-Athir nomme Djebel-Abi-Malek جبل ابي مالك, Calaat-el-Armenin قلعة الارمنين; Calaat-el-Mesarah قلعة المسارة (t. II, fol. 33 vers.).

(135) Ebn-el-Athir, dit : Mohammed-ben-Haçan محمد بن حسن et place ce fait en l'an de l'hég. 252, ce qui est plus probable. (t. II, fol. 33 vers.)

(136) Les habitants de Raguse avaient capitulé sous la condition que chacun d'eux conserverait la liberté, garderait son argent et ses bêtes de somme : Khafadja, qui avait accepté les clauses de ce traité, n'en prit pas moins tous les troupeaux et les trésors que pouvait contenir la place. (*Ebn-el-Athir*, t. II, fol. 33 vers.)

Catane, dévastant les campagnes et détruisant les moissons; de là il dirigea diverses expéditions dans la Sicile, et chacune d'elles revint avec un riche butin. L'année suivante, l'empereur de Constantinople envoya l'un de ses patrices (137) au secours des Grecs de la Sicile; mais un corps de Musulmans s'étant rassemblé pour le combattre, le mit en déroute, et Khafadja, ayant ravagé de nouveau les environs de Syracuse, revint à Palerme. En 255, il envoya son fils Mohammed à la tête d'une armée vers Taormine (138). Un espion lui ayant fait connaître un côté des murailles, moins bien gardé que les autres, une partie des Musulmans pénétra par là dans la ville, et comme ils étaient occupés à piller, Mohammed arriva lui-même par un autre côté : les Musulmans, pensant que c'était du secours pour les ennemis, s'effrayèrent, et Mohammed les voyant découragés revint sur ses pas. Dans la même année, Khafadja s'était dirigé vers les environs de Syracuse qu'il avait complètement ravagés. Comme il était en route pour revenir, quelques soldats de son armée fondirent sur lui et le tuèrent (139).

(137) Peut-être Nicitas Oryphas, envoyé, vers la même époque, au secours des possessions occidentales de l'empire, par Basile le Macédonien.

(138) Avant l'expédition de Mohammed vers Taormine, Ebn-el-Athir rapporte que son père El-Abbas l'envoya par mer, au commencement du mois de Redjeb, vers la ville d'Antah مدينة اطه, et qu'ayant mis le siége devant cette place, il envoya de tous côtés, dans les environs, des troupes qui pillèrent le pays. Il revint à Palerme, au mois de Schewal, après avoir chargé ses vaisseaux des dépouilles qu'il avait enlevées. (*Ebn-el-Athir*, t. II, fol. 34 rect.)

(139) Voici comment Ebn-el-Athir rapporte le meurtre de Khafadja :

وعاد خفاجة يريد بلرم ونزل بوادي الطين وسار منه ليلا
فاغتاله رجل من عسكره فطعنه طعنة نفذ لها وذلك مستهل رجب

Son fils Mohammed prit les rênes du gouvernement, et les Musulmans ayant écrit en sa faveur à Mohammed-ben-Ahmed, prince d'Afrique, il le confirma dans son gouvernement et lui en envoya l'investiture.

IBRAHIM-BEN-AHMED, FRÈRE D'ABOU-EL-GHARANIK.

A la mort d'Abou-el-Gharanik, son frère Ibrahim lui succéda. Ce prince avait nommé, pour son successeur, son fils Abou-Ikal, et il avait fait jurer à son frère de ne pas enlever le trône à son neveu et de ne pas se prononcer contre lui, mais, au contraire, d'être son tuteur et son lieutenant jusqu'à ce qu'il fût grand. Cependant lorsque Abou-el-Gharanik eut cessé de vivre, les principaux habitants de Caïrouan vinrent trouver Ibrahim et voulurent le placer sur le trône, qu'il méritait par l'excellence de ses mœurs et son esprit de justice. Ibrahim refusa d'abord, puis enfin il consentit, et, oubliant les dernières volontés de son frère, il prit possession du château des émirs. Dès lors il présida aux affaires avec dignité, justice et fermeté; il frappa d'une punition exemplaire tous les hommes vicieux ou corrompus, et toujours prêt à écouter les plaintes de ceux qui avaient été victimes d'une injustice, il pacifia entièrement le pays. Il bâtit sur le bord de la mer un si grand nombre

وهرب الذي قتله الى سرقوسة وحمل خفاجة الى بلرم فدفن بها

« Khafadja, s'était mis en route pour revenir vers Palerme, arriva
« à la rivière d'Eluin (voy. *Edr.*, t. II, p. 103); il en partit pendant la
« nuit, et un de ses soldats l'ayant frappé d'un coup de lance le tua sur
« la place : on était alors au commencement du mois de Redjeb. L'as-
« sassin s'enfuit à Syracuse, et Khafadja ayant été transporté à Pa-
« lerme y fut enterré. » (t. II, fol. 34 rect.)

de forteresses et de lieux de garnison, qu'à compter du rivage de Ceuta, il y avait des feux allumés pour servir de signal en cas de surprise, et que ces feux pouvaient en une seule nuit s'étendre jusqu'à Alexandrie (140). Ce

(140) Nowaïri, qui ne parle pas de cette ligne télégraphique, entre dans des détails beaucoup plus circonstanciés sur les événements du règne d'Ibrahim : « Aussitôt que ce prince fut arrivé au pouvoir, il en-
« voya dans les différentes provinces des lettres par lesquelles il re-
« commandait aux gouverneurs une conduite équitable et une égale
« justice pour tous : puis il nomma pour son chambellan Mohammed-
« ben-Korheb. Au mois de Safar, de l'année 263, Ibrahim jeta les fon-
« dements de Raccadah, et dans la même année il alla y habiter. L'en-
« ceinte de la ville avait 14 mille coudées; il n'y avait pas en Afrique
« d'air plus pur, de température plus agréable, de meilleur terrain.
« Ebn-el-Rakik rapporte qu'il a entendu dire à un homme d'esprit
« que dans ce séjour on était heureux sans cause, et gai sans motif.
« C'est du temps d'Ibrahim, dans le mois de Ramadhan de l'année 264,
« que la ville de Syracuse fut prise par Ahmed-ben-el-Aghlab : il y pé-
« rit plus de 4,000 Grecs, et les Musulmans s'y emparèrent de plus de
« butin qu'ils n'eussent pu le faire dans aucune autre ville des infidèles.
« Pas un seul des habitants ne parvint à s'échapper. Les Musulmans,
« qui avaient employé neuf mois à en faire le siège, y restèrent encore
« deux mois après l'avoir prise; puis ils la détruisirent et s'en allèrent.
« Dans cette même année des affranchis se révoltèrent contre Ibrahim
« à Casr-el-Cadim, et interceptèrent les communications entre Caï-
« rouan et Raccadah. Ils s'étaient soulevés pour venger la mort de
« l'un d'entre eux, nommé Matrouh, dont Ibrahim avait ordonné le
« supplice. La garnison de Caïrouan marcha contre eux, et les affran-
« chis, effrayés du grand nombre de leurs ennemis, demandèrent à
« capituler. On leur accorda leur demande, mais lorsque le temps de
« la paye fut arrivé, Ibrahim se tint au château d'Abou-el-Fatah, et à
« mesure que chacun se présentait pour recevoir ce qui lui était dû,
« on lui enlevait son épée. Ils furent ainsi tous désarmés, puis com-
« mença la punition de leur révolte. Les uns moururent sous le fouet,
« les autres furent mis en croix, d'autres furent renfermés pour la vie
« dans les prisons de Caïrouan : le reste fut envoyé en Sicile. Ibrahim
« fit ensuite acheter un grand nombre d'esclaves qu'il équipa et qu'il
« employa à la guerre, où ils se montraient braves, vigoureux et in-
« fatigables. » (*Nowaïri*, M.S. 702, fol. 21 vers.)

fut encore lui qui entoura Sousah de murailles. De son temps, El-Abbas-ben-Ahmed-ben-Touloun se révolta contre son père, sultan d'Égypte. Cet événement eut lieu dans l'année 265 : le rebelle s'empara de Barca, qu'il conquit sur Mahmoud-ben-Korheb, lieutenant d'Ebn-el-Aghlab. Il se rendit ensuite maître de Leptis et assiégea Tripoli. Ebn-Korheb ayant demandé des secours aux Nefousah, qui lui en accordèrent, se porta à la rencontre d'El-Abbas. Il le joignit en 267, au château de Hatim, et, l'ayant mis en fuite, il le força de retourner en Égypte (141).

Les Wazdadjah s'étant révoltés, refusèrent de payer l'impôt et mirent en fuite l'armée d'Ebn-Korheb; mais ce chef, marchant contre eux en personne, les combattit à Djebel-Menschar, et, les ayant soumis, en exigea des otages. Bientôt les Hawarah et les Lawatah suivirent cet exemple. Ebn-Korheb ayant été tué dans un des combats qu'il leur livra pour les faire rentrer dans le devoir, Ibrahim, en 269, envoya contre eux son fils Abou-el-Abbas-Abdallah qui, à la tête d'une puissante armée, en fit un grand carnage (142). L'année 280 fut signalée par

(141) Immédiatement après le récit de la révolte d'El-Abbas-ben-Ahmed-ben-Touloun, Nowaïri ajoute que ce fut du temps d'Ibrahim, en 268, qu'il y eut en Afrique une si grande sécheresse, et par suite une telle chéreté de vivres, que le cafiz de blé se vendait huit dinars; et le cafiz égale pour la capacité un ardab et un quart d'Égypte. Beaucoup de gens moururent de faim, et on en arriva même au point de se manger les uns les autres. (*Nowaïri.* M.S. 702, fol. 21 verso.)

(142) Nowaïri est moins concis qu'Ebn-Khaldoun; voici comment il raconte les événements de cette guerre : « Les Wazdadjah ayant re- « fusé de payer l'impôt, le gouverneur du pays, Haçan-ben-Sofian, « marcha contre eux, mais ils le mirent en fuite, et il se retira à Badjah. « Ibrahim envoya alors contre eux son chambellan Mohammed-ben-

beaucoup de révoltes : Ibrahim ayant divisé son armée pour l'envoyer contre les rebelles, parvint à les soumettre, puis il enrégimenta dans ses troupes un grand nombre de nègres. Il y en avait, dit-on, jusqu'à 3,000 (143).

« Korheb à la tête d'une puissante armée. Il partit et alla se poster
« sur une montagne du district des Wazdadjah, qu'on nomme El-
« Menschar. De là, sa cavalerie faisait, matin et soir, des incursions dans
« le pays, et ne cessa que lorsque les rebelles lui eurent remis des
« otages pour gage de leur soumission. Les Hawarah se montraient
« aussi très-remuants et avaient interrompu les communications : Ebn-
« Korheb marcha contre eux, et leur offrit le pardon, à condition qu'ils
« rentreraient dans le devoir : ils refusèrent d'abord ; mais bientôt
« battus, mis en fuite, voyant leurs habitations pillées et incendiées
« par le lieutenant du prince, ils demandèrent à capituler. Ce fut en-
« suite le tour des Lawatah : ils se rassemblèrent en grand nombre, et
« ayant assiégé la ville de Carna, ils pillèrent tout ce qui s'y trouvait,
« puis se dirigèrent de là sur Badjah et Casr-el-Afriki. Ibrahim envoya
« contre eux Ebn-Korheb, qui engagea le combat ; mais ses troupes
« ayant pris la fuite et son cheval étant tombé, il fut atteint et mis à
« mort. Cet événement qui se passait au mois de Dzou'l-hadja de
« l'année 268, fut très-pénible pour Ibrahim. Il fit aussitôt rassembler
« l'armée, les auxiliaires, les affranchis, et les fit partir ayant à leur
« tête son fils Abou'l-Abbas-Abdallah : on était alors en 269. Les La-
« watah, ayant eu connaissance de cette expédition dirigée contre eux,
« se retirèrent au plus vite ; mais Abou'l-Abbas les atteignit à Badjah,
« les attaqua vigoureusement, et ceux qui ne succombèrent pas sur le
« champ de bataille se dispersèrent de tous côtés. » (*Nowaïri*, M.S. 702,
fol. 21 vers. et 22 rect.)

(143) Ebn-Khaldoun résume ici en peu de mots plusieurs événements racontés en détails par Nowaïri ; voici le récit de ce dernier :
« En 278, Ibrahim apprit que les Eunuques et les Esclavons qu'il avait
« à son service avaient juré sa mort, ainsi que celle de sa mère ; mais
« se hâtant de les prévenir, il les fit tous périr jusqu'au dernier. Il fit
« après cela mettre ses filles à mort. Dans la même année il ordonna le
« meurtre d'un grand nombre d'habitants de la ville de Belezma, qui
« étaient alors à Raccadah : quelque temps auparavant il avait marché
« contre eux et les avait combattus en personne ; mais n'ayant pu
« les vaincre, il avait feint de leur pardonner. Plusieurs de ces rebelles

En 281, il vint habiter la ville de Tunis, dans laquelle il fit élever des palais (144). Deux ans après, il voulut

« étant ensuite arrivés du Zab, il les logea à Raccadah, où il leur avait
« fait préparer une grande habitation : là il eut soin qu'ils trouvassent
« en abondance des vivres, des habits, et leur fit en un mot la réception
« la plus honorable; mais quand ils furent au nombre de mille, il les fit
« entourer par ses troupes, et comme ils refusèrent de se rendre, tous
« furent tués par les soldats. C'est le meurtre de ces hommes qui fut
« cause de la chute de la dynastie des Aghlabites : les habitants de Be-
« lezma avaient soumis les Ketamah, les prenaient comme serviteurs et
« comme esclaves, et leur avaient imposé le payement de tributs oné-
« reux. Ibrahim, en délivrant les Ketamah de ce joug, leur fournit les
« moyens de se soulever en faveur du Schiï. Ce fut encore dans cette
« même année, qu'Ibrahim donna l'ordre de faire, en son nom, de grands
« achats d'esclaves noirs. On lui en amena jusqu'à 100,000, qu'il fit
« équiper et qu'il commit à sa garde, leur donnant pour chefs Maï-
« moun et Raschid. Il fit aussi mettre à mort son chambellan Ebn-el-
« Samsamah, ainsi que ses frères et ses proches parents, et nomma à
« sa place El-Haçan-ben-Nacad, auquel il confia en outre plusieurs
« fonctions, parmi lesquelles était l'émirat de Sicile. Dans l'année 278,
« l'Afrique entière se révolta contre Ibrahim. Tunis, Djeziret, Satfoura,
« Badjah, Camouda, El-Arbès se soulevèrent au mois de Redjeb : les
« habitants de chacune de ces villes ne se rassemblèrent pas dans un
« seul lieu, mais chaque chef leva l'étendard de la révolte à l'endroit
« où il habitait, en sorte qu'il ne resta plus au pouvoir d'Ibrahim, dans
« l'Afrique tout entière, que la partie de cette province qui borde la
« mer au Levant. Le prince alors se hâta de faire creuser des fossés
« autour de Raccadah, rassembla autour de lui tous ceux qui lui étaient
« dévoués, entoura son château de ses noirs, et ayant fait venir un
« scheikh des Benou-Amer-ben-Nafi, le consulta sur sa position : « Si
« tes ennemis t'attaquent, lui dit ce scheikh, avant que tu n'aies détruit
« leur ligue, je crains qu'ils ne se rendent maîtres de toi; mais s'ils
« tardent, ils sont perdus. » Il sortit ensuite de l'audience du prince;
« mais Ibrahim donna à son fils El-Abbas l'ordre de s'emparer de cet
« homme pendant la nuit, de peur qu'il ne fit connaître aux révoltés
« ce qu'il avait dit à l'émir. El-Abbas obéit à son père, et garda le
« scheikh prisonnier jusqu'au moment où il eut triomphé de la rébellion.
« Voici quels moyens employa El-Abbas pour vaincre cette ligue puis-
« sante : il dirigea son armée sur El-Djezireh, et y fit mettre à mort un

entrer en Égypte pour y combattre Ebn-Touloun; les Nefousah s'étant opposés à son passage, il les mit en fuite et en fit un grand carnage. Comme il était parvenu à Sort, et que ses troupes n'étaient plus en nombre, il se vit contraint à revenir (145). Ayant alors envoyé son

« grand nombre des partisans de la révolte; quant au chef, nommé
« Ebn-Abou-Ahmed, il s'en empara et l'amena à Ibrahim, qui le fit
« périr par le supplice de la croix. Il envoya encore vers Camouda
« l'eunuque Saliha qui en mit les habitants en fuite. Quant à Tunis,
« il l'investit d'une nombreuse armée, commandée par l'eunuque Maï-
« moun et El-Haçan-ben-Naçad, son chambellan. Après un combat
« meurtrier, dans lequel les Tunisiens perdirent beaucoup de monde,
« ils furent mis en fuite; l'armée entra dans la ville, en pilla les trésors,
« y commit tous les excès possibles et réduisit les habitants en cap-
« tivité. Douze cents prisonniers, pris parmi les personnages les plus
« importants, furent envoyés à Ibrahim. La nouvelle de cet événe-
« ment, qui se passait au mois de Ramadhan, parvint en un instant à
« Ibrahim par un billet placé sous l'aile d'un oiseau. Le prince fit aus-
« sitôt donner l'ordre au caïd de ne pas couper la tête aux morts, et
« envoyant des chariots pour les apporter, il leur fit traverser Caï-
« rouan. » (Nowaïri, M. S. 702, fol. 22 rect. et vers.)

(144) Nowaïri donne la date précise de ce changement de résidence: ce fut un mercredi, six jours avant la fin de Djomadi premier, qu'Ibrahim vint habiter Tunis avec ses parents, ses officiers et ses affranchis. (MS. 702, fol. 22. vers.)

(145) « Lorsqu'on fut arrivé à l'année de l'Hégire 283, Ibrahim se
« mit en marche pour aller combattre Ebn-Touloun en Égypte. Après
« avoir rassemblé ses troupes, il sortit de Tunis le 10 du mois de Mo-
« harrem, et séjourna à Raccadah jusqu'au 22 du mois de Safar: il par-
« tit alors à la tête de son armée; mais vers le milieu du mois de Rebi
« premier, les Nefousah qui avaient rassemblé des forces considérables
« marchèrent à sa rencontre. Les deux armées se livrèrent un grand
« combat, dans lequel l'eunuque Maïmoun fut tué, ainsi qu'un grand
« nombre de ceux qu'il avait sous ses ordres: cependant les Nefousah
« prirent la fuite, et Ibrahim s'étant mis à leur poursuite les tailla en
« pièces et les pressa si vivement que beaucoup d'entre eux se jetèrent
« dans la mer, où ils furent massacrés, et rougirent les flots de leur
« sang. A la vue de son triomphe, Ibrahim s'écria: « Pourquoi une

9.

fils Abou'l-Abbas-Abdallah pour achever la conquête des Nefousah, ce jeune prince les soumit et revint à Tunis, ramenant avec lui les prisonniers qu'il avait faits : Ibrahim les fit tous mettre à mort. En l'an 287, il nomma au gouvernement de la Sicile son fils Abou-el-Abbas-Abdallah, qui partit avec 160 vaisseaux et vint assiéger Trapani (146). Les habitants de Palerme et ceux de Gir-

« victoire si complète n'a-t-elle pas été remportée en vue de Dieu
« Très-Haut ? combien elle serait glorieuse ! » Un de ses guerriers qui
« l'entendit lui conseilla alors d'interroger un de ces malheureux sur
« leur croyance. Le prince, en effet, fit amener en sa présence un des
« Nefousah que le sort des armes avait fait tomber entre ses mains, et
« lui demanda ce qu'il pensait d'Ali, fils d'Abou-Taleb. — Je pense
« que c'est un impie, répondit cet homme, et que tous ceux qui ne le
« regardent pas comme tel seront condamnés au feu. — Est-ce là l'opi-
« nion de tous les tiens, reprit Ibrahim ? — Sans doute, répliqua celui
« qu'il interrogeait. — J'ai donc bien fait de vous détruire, dit alors
« l'émir, et ma conscience est en repos. Il s'assit ensuite sur un siège
« élevé, tenant sa lance à la main : les Nefousah prisonniers furent
« amenés devant lui l'un après l'autre : on leur découvrait le côté au-
« dessous de l'épaule, et de sa lance il les frappait au cœur. Il en tua
« ainsi cinq cents de suite. Après cette sanglante expédition, l'émir se
« rendit à Tripoli, alors gouvernée par Mohammed-ben-Ziadet-Allah.
« Ibrahim qui lui portait envie, depuis son enfance, à cause de ses bonnes
« qualités et de son profond savoir, le fit périr par le supplice de la croix.
« Quittant ensuite Tripoli, il parvint à Aïn-Nawargha عين ناورغا,
« où un grand nombre de ses soldats le quittèrent pour revenir en
« Afrique. Privé par leur abandon de plus de la moitié de ses troupes,
« il retourna à Raccadah et ensuite à Tunis. » (*Nowaïri*, M.S. 702, fol.
22 vers.)

(146) Depuis la mort de Khafadja et l'avènement de son fils Mohammed à l'émirat de Sicile, en 255 de l'Hégire, jusqu'à l'arrivée d'Abou-el-Abbas-Abdallah, en 287, Ebn-Khaldoun garde le silence sur l'histoire de la Sicile, et Nowaïri ne cite que quelques dates et quelques noms propres. Voici les détails que l'on trouve dans Ebn-el Athir :

لما قتل خفاجة استعمل الناس ابنه محمد واقره محمد بن احمد بن
الاغلب صاحب القيروان على ولايته فسير جيشا فى سنة ست

gente s'étant révoltés contre lui, se trouvaient d'abord divisés entre eux, en sorte que chacune des deux villes

وخمسين ومايتين الى مالطـة وكان الروم يحاصرونها فلما سمع الروم بمسيرهم رحلوا عنها.. ولما ولى محمد سير عمه عبد الله بن سفيان الى سرقوسة فاتلكت زرعها وعاد. وفى سنة سبع وخمسين ومايتين فى رجب قتل الامير محمد قتلة خدمه الخصيان وهربوا فطلبهم الناس فادركوهم فقتلوهم... ولما قتل استعمل محمد بن احمد بن الاغلب على صقلية احمد بن يعقوب بن المضا بن سلمة فلم تطل ايامه ومات سنة ثمان وخمسين ومايتين

« Après la mort de Khafadja, son fils Mohammed « succéda à sa puissance et fut confirmé dans son gouvernement par « Mohammed-ben-Ahmed-ben-el-Aghlab, prince de Cairouan. En « l'année 256, il envoya une armée à Malte, qui se trouvait alors as- « siégée par les Grecs, et ceux-ci se retirèrent en apprenant l'arrivée « des Musulmans.... Mohammed, parvenu au pouvoir, envoya aussi « son oncle Abdallah-ben-Sofian vers Syracuse : il y ravagea les ré- « coltes et revint....En 257, au mois de Redjeb, l'émir Mohammed « fut tué par quelques eunuques qui prirent la fuite; mais le peuple « s'étant mis à leur poursuite les atteignit et les mit à mort.... Après « cet événement, Mohammed-ben-Ahmed-ben-el-Aghlab nomma au « gouvernement de la Sicile Ahmed-ben-Iacoub-ben-el-Madha-ben- « Salmah; mais il n'occupa ce poste que peu de temps, et mourut en « 258. » (*Ebn-el-Athir*, M.S. 45, fol. 34 rect. et vers., 69 rect. et vers. 81 rect.) Dans la chronique relative à cette même année 258, le même auteur dit aussi :

وفيها سارت سرية للمسلمين الى مدينة سرقوسة فصالحهم اهلها على ان اطلقوا من الاسرى الذين كانوا عندهم من المسلمين ثلاثماية وستين اسيرا فلما اطلقوهم عاد عنهم

« Dans cette même année (de l'H. 258), un parti de Musulmans s'a- « vança vers Syracuse, dont les habitants implorèrent la paix sous la « condition qu'ils mettraient en liberté 360 Musulmans captifs dans « leurs murs; ils le firent en effet, et les Arabes se retirèrent. » (*Ibid.* fol. 86 rect.) Nous avons déjà eu occasion dans la note 140 de raconter avec Nowaïri la prise de Syracuse au mois de Ramadhan de l'année 264. Ebn-el-Athir en donne un récit un peu plus circonstancié, et ajoute qu'au moment où les Musulmans venaient de détruire la ville, une flotte arriva de Constantinople à son secours; les Musulmans allè-

cherchait à l'exciter contre l'autre, mais bientôt elles se réunirent pour le combattre. Les Palermitains s'étant rent au devant d'elle, la mirent en fuite et prirent quatre bâtiments, dont ils firent périr les équipages. Ils rentrèrent ensuite chez eux à la fin de Dzou'l-caada. (*Ibid.* fol. 105 rect. et vers.) En l'an de l'hégire 266, Ebn-el-Athir rapporte la défaite d'une flotte musulmane, battue par les Grecs sur les côtes de Sicile :

وفيها التقى اصطول المسلمين اصطول الروم عند صقلية فجرى بينهم قتال شديد فظفر الروم بالمسلمين واخذوا مراكبهم وانهزم من سلم منهم الى مدينة بلرم بصقلية

« Dans cette même année une flotte musulmane rencontra la flotte
« des Grecs sur les côtes de Sicile : elles se livrèrent un combat acharné,
« et les Grecs vainqueurs s'étant emparés des vaisseaux des Musul-
« mans, ceux qui parvinrent à s'échapper se réfugièrent dans le port
« de Palerme. » (*Ibid.* fol. 109 vers.) En l'année 267, de nouvelles incursions des Musulmans dans les contrées de la Sicile qui appartenaient encore aux Grecs sont rapportées par le même auteur :

وفيها ولى جزيرة صقلية الحسن بن العباس فبث السرايا الى كل ناحية وخرج الى قطانية فافسد زرعها وزرع طرمين وقطع اشجارها وسار الى بقارة فافسد زرعها وانصرف الى بلرم واخرجت الروم سرايا فاصابوا من المسلمين كثيراً وذلك ايام الحسن بن العباس

« Dans cette même année, El-Haçan-ben-el-Abbas fut nommé gou-
« verneur de la Sicile : il envoya des partis de tous côtés et ravagea les
« moissons, coupa les arbres dans les environs de Catane, de Taor-
« mine, de Bacara, puis s'en revint à Palerme. Les Grecs ayant
« à leur tour fait sortir des troupes, battirent les Musulmans au
« temps d'El-Haçan-ben-el-Abbas. » (*Ibid.* fol. 120 rect.) Dans l'année 268 ce sont encore de nouveaux combats :

وفيها سارت سرية بصقلية مقدمها رجل يعرف بابى الثور فلقيهم جيش الروم فاصيب المسلمون كلهم غير سبعة نفر وعزل الحسن بن العباس عن صقلية وليها محمد بن الفضل فبث السرايا فى كل ناحية من صقلية وخرج هو فى حشد وجمع عظيم فسار الى مدينة قطانية فاملك زرعها ثم رحل الى اصحاب السلندية فقاتلهم فاصاب فيهم فاكثر القتل ثم رحل الى طرمين فافسد زرعها ثم رحل فلقى عساكر

portés contre lui par mer, il les mit en fuite, les tailla
en pièces et s'empara de leur ville. A la suite de cette

الروم.فاقتتلوا فانهزم الروم وقتل اكثرهم فكانت عدة القتلى ثلاثة
الاف قتيل ووصلت رؤسهم الى بلرم ثم سار المسلمون الى قلعة كان
الروم بنوها عن قريب وسموها مدينة الملك فملكها المسلمون عنوة
وقتلوا مقاتلتها وسبوا من فيها — « Dans cette année un corps de Musul-
« mans, commandé par un homme du nom d'Abou-el-Thour, s'étant
« avancé en Sicile, fut rencontré par une armée grecque, et les
« Musulmans furent tous taillés en pièces, à l'exception de sept hom-
« mes. El-Haçan ayant ensuite été déposé, fut remplacé, dans le poste
« d'émir de la Sicile, par Mohammed-ben-el-Fadhl. Ce chef envoya
« des partis de tous côtés, et ayant rassemblé une armée nombreuse,
« il marcha contre Catane et détruisit les récoltes dans le pays : il
« se porta de là contre les marins qu'il fit périr en grand nombre ;
« puis, revenant vers Taormine, il ravagea les moissons, et, ren-
« contré, au retour, par une armée grecque, il la mit en fuite, après
« avoir tué un grand nombre de soldats : on dit que le nombre des
« morts monta à trois mille ; leurs têtes furent envoyées à Palerme.
« Les Musulmans marchèrent ensuite contre une forteresse que les
« Grecs avaient bâtie depuis peu et qu'ils avaient nommée la Ville
« Royale. Les Arabes s'en emparèrent de vive force, passèrent la
« garnison au fil de l'épée et firent prisonniers tous les habitants. »
(*Ibid.* fol. 123 rect.) En 269, Mohammed-ben-el-Fadhl, s'étant dirigé
à la tête d'une armée vers Rita, pénétra jusqu'à Catane, et après avoir
tué beaucoup de Grecs, avoir fait de nombreux captifs et un grand
butin, il revint à Palerme au mois de Dzou'l-Hadja : وفيها خرج
محمد بن الفضل امير صقلية فى عسكر الى ناحية ريطه وبلغ العسكر
الى قطانية فقتل كثير من الروم وسبى وغنم ثم انصرف الى بلرم
فى ذى الحجة (*Ibid.* fol. 133 verso). En 271, un nouvel émir nommé
Souadeh vint gouverner la Sicile : وفيها سارت سرية للمسلمين عظيمة
بصقلية الى ريطه فخربت وغنمت وسبت واسرت كثيرا وعادت وتوفى
امير صقلية وهو الحسين بن احمد فولى بعده سوادة بن محمد بن
خفاجة التميمى وقدم اليها فسار فى عسكر كثير الى مدينة قطانية
فأملكت ما فيها وسار الى طبرمين فقاتل اهلها وافسد زرعها وتقدم

victoire, il envoya un certain nombre des principaux habitants de la ville à son père, en Afrique, et força les

فيها فاتنه رسول بطريق الروم يطلب الهدنة والمفاداة فهادنه ثلاثة اشهر وفاداه ثلثماية اسير من المسلمين فرجع سوادة الى بلرم

« Dans
« cette année un parti considérable de Musulmans s'avança en Sicile
« vers Rita, et revint après avoir fait beaucoup de butin et de nom-
« breux captifs. L'émir de Sicile, Hoçaïn-ben-Ahmed, étant mort, fut
« remplacé par Souadeh-ben-Mohammed-ben-Khafadja-el-Temimi,
« qui prit les rênes du gouvernement et se dirigea à la tête d'une ar-
« mée considérable vers Catane, qu'il ravagea complètement : puis de
« là il se rendit à Taormine, attaqua la garnison, détruisit les ré-
« coltes et devint maître du territoire. A cette époque arriva un
« envoyé du Patrice des Grecs, chargé de demander une trêve et
« de traiter du rachat des prisonniers. Souadeh lui accorda une trêve
« de trois mois et racheta 300 captifs musulmans. Il revint ensuite
« à Palerme. » (Ibid. fol. 140 rect.) En 272, Ebn-el-Athir rapporte
une nouvelle tentative de Constantinople contre la Sicile :

وفيها انقضت الهدنة بين سوادة امير صقلية والروم فاخرج سوادة السرايا الى بلد الروم بصقلية فغنمت وعادت وفيها قدم من القسطنطينية بطريق يقال له الجفوري في عسكر كبير فنزل على مدينة سبرينة فحصرها وضيق على من بها من المسلمين فسلموها على امان ولحقوا بارض صقلية ثم وجد الجفور عسكرا الى مدينة مقينة فحصروها حتى سلمها اهلها بامان (فعادوا) الى بلرم من صقلية

« Dans cette année, la paix fut rompue
« entre les Grecs et Souadeh, gouverneur de la Sicile : il dirigea contre
« les possessions des Grecs des partis qui revinrent enrichis du butin
« qu'ils avaient fait. Dans la même année un patrice, nommé El-Hafour,
« arriva de Constantinople à la tête d'une nombreuse armée, vint mettre
« le siège devant la ville de Sabrinah : les Musulmans vivement pres-
« sés se rendirent, à condition qu'ils auraient la vie sauve, et gagné-
« rent la Sicile. Le patrice dirigea ensuite ses troupes contre la ville de
« Mafinah, qu'il assiégea et dont il réduisit les habitants à capituler et
« à se retirer à Palerme. » (Ibid. fol. 141 vers.) Enfin nous trouvons dans le même auteur, à l'année 287 :

كان ابرهيم ابن الامير احمد امير افريقية قد استعمل على صقلية ابا مالك احمد بن عمر بن عبد الله فاستضعف فولى بعده ابنه ابا العباس بن ابرهيم بن احمد بن الاغلب

autres à fuir, une partie vers Constantinople, l'autre vers Taormine où il les poursuivit, ravageant tous les environs de la ville. Il voulut ensuite s'emparer de Catane; mais les habitants ayant refusé de se rendre, il évita d'avoir à combattre des Musulmans. Dans l'année 288 de l'hégire, il fit de nouveaux préparatifs pour la guerre sainte et attaqua Dammasch (147), puis Messine; s'étant de là rendu par mer à Reggio, dont il s'empara de vive force, il remplit ses vaisseaux du butin qu'il y fit, et revint à Messine dont il détruisit les murailles. Des vaisseaux partis de Constantinople avaient apporté des secours aux Grecs, il les mit en fuite et en prit trente; puis, se portant vers les possessions des Grecs,

---

« Ibrahim, fils d'Ahmed, prince d'Afrique, avait nommé au gouver-
« nement de la Sicile Abou-Malek-Ahmed-ben-Omar-ben-Abdallah;
« mais ensuite l'ayant jugé peu capable, il lui retira cette haute dignité
« et la confia à son fils Abou'l-Abbas-ben-Ibrahim-ben-Ahmed-ben-el-
« Aghlab. » (*Ibid.* fol. 167 rect.) Nous voici ainsi ramenés à l'époque vers laquelle Ebn-Khaldoun reprend lui-même le récit des événements qui s'accomplissaient dans la Sicile.

(147) On trouve dans Édrisi (t. II, p. 79) le Val Demone, exprimé en arabe par ces mots إقليم دمنش : Ebn-Khaldoun emploie plusieurs fois ce nom de lieu, de manière à faire supposer qu'il a voulu parler d'une ville; ce qui se trouve confirmé par un passage du père Massa relatif à une cité qui a dû être ainsi nommée, mais qui n'existe plus aujourd'hui. Voici ce passage : « Demena, città antica, per avventura
« presso il monte Etna, patria di S. Luca Abbate del monasterio Car-
« bonense, hoggi disfatta. E cosa assai probabile che si come due delle
« tre valli, ò regioni, nelle quali vien divisa la Sicilia, sono dette di
« Noto e di Mazara, dà due città così nominate; anche la terza, appel-
« lata Demini habbia ricevuta la sua denominazione dalla città De-
« mena. » (*La Sicilia in prospettiva da un Religioso della compagnia di Giesù*, parte seconda, p. 45.)

il attaqua jusqu'aux Francs qui habitaient au delà de la mer et revint en Sicile (148).

Dans cette même année arriva un messager du khalife El-Motadhad, apportant la déposition (149) de l'émir

(148) Ce récit, emprunté par Ebn-Khaldoun à Ebn-el-Athir, se trouve dans ce dernier avec quelques détails de plus qui ne révèlent aucun autre fait important. (M.S. du fonds supplém., n° 45, fol. 167 rect. et vers.)

(149) Voici d'après Nowaïri le récit beaucoup plus circonstancié de la déposition d'Ibrahim : « Le khalife abbasside El-Motadhad-billah en-
« voya de Baghdad à Tunis, dans l'année 289, un mandataire chargé d'un
« ordre qui rappelait Ibrahim en Orient. L'émir eut avec lui une entre-
« vue dans les plaines salées qui entourent Tunis : ils entrèrent en
« conférence, car l'envoyé n'était pas porteur de lettres pour Ibrahim.
« Le khalife lui avait donné mission d'exprimer son mécontentement
« des plaintes que lui avaient adressées les habitants de Tunis, au su-
« jet de la conduite d'Ibrahim à leur égard : ces habitants lui ayant fait
« connaître qu'il leur avait ravi leurs femmes et leurs filles pour les lui
« envoyer en présent. Outré de ces abus, Motadhad lui retirait le
« gouvernement de l'Afrique, nommait à sa place son fils Abou'l-Ab-
« bas, et lui ordonnait de revenir à Baghdad. Ibrahim ne voulut pas
« s'y rendre, mais paraissant d'ailleurs soumis aux ordres du khalife, il
« se démit de ses hautes fonctions, adopta des vêtements grossiers,
« comme pour se consacrer à une vie de pénitence, fit mettre en li-
« berté tous les captifs qui gémissaient dans les prisons, et rappela son
« fils de Sicile pour remettre le souverain pouvoir entre ses mains.
« Abou'l-Abbas étant arrivé au mois de Rebi premier, son père l'ins-
« talla dans ses nouvelles fonctions, et sortant de Tunis, il déclara
« qu'il était dans l'intention de faire le pèlerinage. Arrivé à Sousah, il
« envoya des députés à Baghdad pour faire connaître son intention,
« mais il annonça bientôt qu'il y renonçait pour qu'il n'y eût pas de
« sang répandu entre lui et les Benou-Touloun. Il fit alors un appel
« pour la guerre sainte, et étant parti de Sousah le 17 du mois de
« Rebi second, il s'arrêta à Noubah نوبة, où il distribua des armes et
« des chevaux à tous ceux qui s'étaient rendus à son appel. Il donna
« aussi vingt dinars à chaque cavalier et dix à chaque fantassin. Parti
« de Noubah, il se rendit par mer à Tripoli, où il s'arrêta dix-sept
« jours, faisant à ses troupes de nouvelles largesses ; puis de là, il passa
« en Sicile. » (M.S. 702. A, fol. 53, verso.)

Ibrahim, déposition fondée sur les plaintes que les habitants de Tunis avaient faites de lui. A cette annonce, il rappela son fils Abou'l-Abbas de la Sicile, et s'y rendit lui-même pour témoigner son repentir et obéir à l'ordre de sa déposition. C'est du moins ce que rapporte Ebn-el-Rakik, qui nous dit encore que c'était un tyran farouche et sanguinaire, et que, vers la fin de sa vie, il fut atteint d'une maladie noire qui semblait chaque jour l'exciter à des meurtres nouveaux : ses serviteurs, ses femmes, ses enfants, personne n'était épargné. Il tua son fils Abou-el-Aghlab sur un simple soupçon qu'il avait conçu contre lui, et un certain jour qu'il avait perdu une serviette, il fit mettre à mort pour ce seul fait trois cents serviteurs (150).

(150) Nowaïri trace un tableau complet des penchants d'Ibrahim, dont les qualités furent bientôt étouffées par des vices et des crimes qui effrayent l'imagination. Voici la traduction de ce morceau : « Les commencements du règne d'Ibrahim avaient été remarquables « par son esprit de conduite et la douceur de ses actes; mais à comp- « ter de l'époque où il fut en guerre avec El-Abbas-ben-Touloun, sa « conduite changea complètement; il fut possédé de l'amour des ri- « chesses, fit mettre à mort ses compagnons, ses serviteurs les plus « fidèles, ses fils, ses filles, et commit enfin des actions qu'aucun autre « prince n'avait commises avant lui. Parmi les qualités qu'on peut lui « accorder, il est à remarquer qu'il était d'une grande justice à l'égard « de ses sujets et toujours disposé à réparer les torts dont ils étaient « victimes. Après la prière du vendredi, il avait coutume de s'asseoir « et de faire publier que quiconque demandait la réparation d'une in- « justice, eût à s'adresser à lui. Rarement il se présentait quelqu'un, « tant il avait soin d'empêcher les torts réciproques que ses sujets au- « raient pu avoir l'un envers l'autre. Il prétendait que le pouvoir ab- « solu et les actes arbitraires n'appartiennent qu'au roi, que lorsque « les grands attentent à la propriété individuelle, ce ne peut être qu'au « préjudice du souverain, dont le peuple fait la force et la ressource : « aussi avait-il soin d'empêcher qu'il ne fût victime des exactions,

Quant à Ebn-el-Athir, au contraire, il nous fait son éloge. Il lui accorde de l'esprit, de la justice et une con-

« Un jour, deux hommes de Caïrouan vinrent le trouver, lorsqu'il était
« dans la tribune de la mosquée de Raccadah : interrogés par lui, ils
« répondirent que sa mère était associée avec eux pour le commerce
« des chameaux et de diverses denrées. Or, elle leur était redevable de
« 600 dinars qu'elle refusait de leur payer. Aussitôt il envoya vers elle
« un de ses esclaves, auquel elle répondit : « ces hommes ont dit la vé-
« rité, mais il y a un compte à régler entre nous ; je les paierai s'il se
« trouve que je leur dois quelque chose. » Ibrahim ne s'étant pas con-
« tenté de cette réponse, dit à son messager : « retourne vers ma mère,
« et fais-lui savoir que si elle ne satisfait pas à la demande de ces deux
« hommes, je l'enverrai avec eux devant le juge Iça, fils de Meskin. »
« Elle remit alors l'argent demandé, et l'émir dit aux deux plaignants :
« vous voyez que j'ai eu égard à votre réclamation, mais maintenant
« songez à régler promptement votre compte, autrement vous savez
« ce qui vous attendrait. » Quand il avait connaissance de quelque acte
« d'iniquité commis par un des siens, on ne pouvait lui reprocher que
« trop de sévérité à le punir. Ses enfants et les gens de sa maison avaient
« coutume d'envoyer tous les jeudis des gens à eux, parcourir les
« places et les lieux publics pour interroger les habitants sur les injus-
« tices dont ils auraient pu être victimes, et dans ce cas les renvoyer
« devant l'émir, afin d'y exposer leurs griefs. Quant à ses vices, on doit
« lui reprocher d'avoir aimé à verser le sang de ses amis et de ses ser-
« viteurs, au point qu'un jour, à propos d'une serviette servant à lui
« essuyer la bouche quand il avait bu du vin, et qui, tombée par mé-
« garde des mains d'une jeune fille qui le servait, avait été trouvée par
« un de ses eunuques, il tua, pour ce futile motif, 300 de ses serviteurs,
« ce qui est le comble de l'injustice et de la violence. Il fit aussi tuer de-
« vant lui son fils Abou-el-Aghlab sur un simple soupçon, et mettre à
« mort en sa présence huit frères qui étaient à son service. L'un d'eux
« tellement gros qu'il pouvait à peine se soutenir, fut apporté devant
« lui et demandait grâce pour la vie, mais il lui répondit qu'il fal-
« lait que l'exécution fût complète, et le malheureux reçut le coup
« fatal. Ses filles n'échappèrent pas à ce sort funeste, et bientôt sa
« cruauté surpassa tout ce qu'on avait vu avant lui. Lorsqu'il lui nais-
« sait une fille d'une de ses femmes, sa mère la faisait prendre et élever
« secrètement auprès d'elle ; bientôt elle eut réuni ainsi seize jeunes
« filles. Un jour, sa mère le trouvant en bonne humeur lui dit : « Je veux

duite digne de louanges. Il raconte que c'est de son temps qu'eut lieu la conquête de Syracuse par Djafar-

« vous faire voir, si vous y consentez, quelques jeunes personnes qui
« vous plairont : comme il parut empressé de les admirer, elle les fit
« appeler, et il rendit pleine justice à leurs grâces et à leur beauté.
« Elle lui dit alors : «celle-ci est une de vos filles que vous avez eue de
« telle de vos femmes, celle-là de telle autre, et elle les lui nomma
« toutes successivement. » Lorsqu'il fut sorti, il dit à son eunuque noir,
« qui s'appelait Maïmoun et lui servait de bourreau : «Va et apporte-
« moi leurs têtes. » L'eunuque troublé hésitait à exécuter un pareil or-
« dre; mais Ibrahim, le chargeant d'injures, ajouta : «Si tu n'obéis pas
« tu passeras avant elles. » Le malheureux se rendit alors dans l'appar-
« tement des femmes, et malgré leurs pleurs et leurs cris, il accomplit
« son cruel ministère. Puis apportant à son maître leurs têtes qu'il te-
« nait par les cheveux, il les jeta devant lui. Il faut encore citer, au
« nombre de ses plus cruelles actions, ce qu'il fit à l'égard de soixante
« jeunes garçons qu'il aimait beaucoup et qui avaient chacun leurs lits
« dans son palais. Quand l'heure du sommeil était venue, leur surveil-
« lant donnait à chacun d'eux trois rotls de vin, puis ils allaient dor-
« mir. On fit savoir à Ibrahim que quelques-uns d'entre eux allaient
« pendant la nuit trouver les autres. Aussitôt il s'assit à la porte du
« palais et les manda en sa présence. Plusieurs nièrent le fait, d'autres
« avouèrent; enfin un jeune enfant, qu'il affectionnait particulièrement,
« lui dit qu'ils n'étaient pas coupables de ce dont on les accusait.
« Pour toute réponse, Ibrahim le frappa d'une massue de fer
« qu'il tenait à la main, et lui fit sauter la cervelle. Il fit en-
« suite allumer un grand brasier, et chaque jour il y faisait jeter
« cinq ou six de ces jeunes gens, jusqu'à ce qu'il les eût tous fait pé-
« rir. Quelques-uns d'entre eux enfermés par ses ordres dans l'étuve
« des bains, y furent suffoqués à l'instant. Un grand nombre de ses
« femmes périrent par différents supplices. Les unes, resserrées dans
« des constructions qu'on élevait autour d'elles, y mouraient de soif
« et de faim; d'autres étaient étranglées, d'autres égorgées, jusqu'à
« ce qu'enfin il n'en resta plus dans son palais. Il était venu un jour
« chez sa mère et lui avait dit qu'il serait bien aise de manger auprès
« d'elle : elle s'en réjouit, et ayant fait préparer ce qu'il fallait, il but
« et mangea. Lorsqu'elle le vit en gaîté, elle lui dit : « Il y a longtemps,
« mon fils, que vous n'avez joui de la société des femmes : j'en ai fait
« élever deux, habiles à lire le Coran et à réciter des poésies, si cela

ben-Mohammed, émir de Sicile, qui l'assiégea pendant neuf mois : que plus tard des secours de Constantinople étant arrivés aux Grecs, il les mit en fuite, soumit le pays et le ravagea. Ce qu'il y a de certain, c'est que tous les historiens sont d'accord sur l'émigration d'Ibrahim qui, s'étant embarqué pour se rendre d'Afrique en Sicile, prit terre à Trapani. De là il se dirigea vers Palerme et s'arrêta à Damnasch, qu'il assiégea pendant dix-sept jours : puis il se rendit à Messine dont il détruisit les murailles. A la fin du mois de Schaaban de l'année 289, il s'empara de Taormine, et cette prise fit trembler l'empereur grec jusque dans Constantinople. Ibrahim envoya ensuite Ziadet-Allah, son petit-fils, puisqu'il était fils de son fils Abou-el-Abbas-Abdallah, vers la forteresse de Bikasch (151) dont il s'empara. Il dirigeait en même

« peut vous plaire, je vais les faire venir en votre présence. » Il con-
« sentit : les jeunes filles lurent le Coran de la manière la plus remar-
« quable, récitèrent des poésies en s'accompagnant du luth, et lors-
« qu'il voulut se retirer, sa mère lui dit : « Voulez-vous qu'elles vous
« suivent et charment votre solitude; il y a longtemps que vous n'a-
« vez joui d'un pareil plaisir. » Cette offre agréée, les jeunes filles le
« suivirent, et quelques moments après, la mère vit entrer chez elle un
« esclave, portant sur sa tête un plateau couvert d'une serviette. Elle
« pensa tout d'abord que c'était un présent envoyé par son fils; mais
« l'esclave ayant déposé son fardeau devant elle, et ayant levé le voile
« qui le couvrait, elle vit les deux têtes des jeunes filles qui venaient
« de la quitter. L'horreur d'un tel spectacle lui fit maudire son fils. »
(M.S. 702 A, fol. 54 et 702, fol. 23 rect. et vers.)

(151) Au lieu de Bikasch, on trouve dans Nowaïri la forteresse de Tifasch تيفش, cet auteur donne quelques détails sur la prise de Taormine qui eut lieu le 7 de Schaaban : « la garnison se défendit
« avec vigueur, on perdit du monde de part et d'autre et les Mu-
« sulmans faiblissaient, lorsqu'un lecteur du Coran récita ce verset :
« Ces deux adversaires luttaient ensemble en présence de leur maî-
« tre, etc... Les hommes courageux, ranimés par ces paroles, se por-

temps contre Damnasch son fils Abou-el-Aghlab, et son fils Abou-Mohraz (152) contre Rametta (153). Damnasch fut prise et les habitants de Rametta consentirent à payer le tribut. Non content de ses succès en Sicile, l'émir, traversant le détroit, alla porter la guerre chez les Francs et pénétra de vive force en Calabre. Il tua beaucoup de monde aux ennemis dans cette expédition, fit un grand nombre de prisonniers et inspira aux Francs la terreur de son nom. A son retour en Sicile, les chrétiens qui l'habitaient lui proposèrent de se soumettre à payer l'impôt, mais il n'accepta pas leur offre. Il assiégeait Kasna et venait de refuser la capitulation que demandaient les habitants, lorsqu'il mourut à la fin de l'année 289 de l'hégire, après 28 ans de règne (154). En attendant l'arrivée

« tèrent au combat avec une nouvelle ardeur et les infidèles, mis en
« fuite, furent taillés en pièces par les Musulmans, qui les poursui-
« virent dans le fond des vallées ou sur le haut des montagnes. A la
« suite de cette victoire, Ibrahim, à la tête de ses soldats, entra dans
« Taormine. » (*Nowaïri*, M.S. 702 A, fol. 53, vers.) Les auteurs byzantins parlent de la prise de cette ville, qu'ils attribuent à la trahison de son gouverneur, nommé Caramale.

(152) Nowaïri l'appelle Abou-Hodjr (M.S. 702, A, fol. 53, vers.). Il ajoute qu'Ibrahim envoya Sahdoun-el-Djeloui à Lebadj لبج (aci reale) : la population s'était soumise au tribut, mais il refusa de leur accorder la possession de leurs propriétés, et les ayant fait sortir de la ville, il détruisit tous les forts et en fit jeter les pierres dans la mer (*ibid.*).

(153) Édrisi place Rametta à 9 milles de Messine (t. II, p. 109). C'est aujourd'hui une petite ville encore entourée de murs et qui contient 2,600 habitants; elle appartient à l'intendance de Messine.

(154) Nowaïri nomme Kasta كستة la ville devant laquelle mourut Ibrahim, et la place en Calabre. Voici comment il raconte cet événement : « Ibrahim passa en Calabre, le 26 de Ramadhan; comme il
« approchait de la ville de Kasta, des envoyés vinrent implorer la
« paix et demandèrent à capituler : il les refusa et arriva jusqu'à la

de son fils Abou-el-Abbas, alors en Afrique, son petit-fils Abou-Modhar fut choisi pour veiller au salut des troupes et à la sûreté du trésor de l'armée. Les habitants de Kasna se rendirent avant de connaitre la mort de son aïeul et il les soumit au tribut; puis il resta quelque temps sans tenter de nouvelles expéditions, s'occupant à faire revenir à lui les corps de troupes disséminés de différents côtés. Il partit ensuite et emporta le corps de son aïeul Ibrahim, qu'il fit enterrer à Palerme. Ebn-el-Athir dit que c'est à Caïrouan qu'il le déposa.

APPARITION DU SCHII CHEZ LES KÉTAMAH.

C'était encore du temps d'Ibrahim qu'apparut chez les Ketamah Abou-Abdallah-el-Schii : cet homme, qui appelait ostensiblement les Musulmans à reconnaitre l'imama de Redha, de la famille de Mahomet, travaillait en secret à servir les intérêts d'Obeïd-Allah-el-Mehdi,

« ville. Il la fit investir par son armée, mais resta à l'arrière-garde, « car il était malade. A chacune des portes de la ville, il posta ses en-« fants et les hommes en qui il avait le plus de confiance; puis il fit « commencer de tous côtés l'attaque en employant les machines de « guerre. Cependant Ibrahim souffrait d'une vive affection d'entrailles « et bientôt il fut à l'agonie. Ses compagnons le voyant en cet état, « confièrent le commandement à son petit-fils, Ziadet-Allah, fils « d'Abou'l-Abbas. Ibrahim mourut dans la nuit du samedi 28 de « Dzou'l-Caada de l'année 289... il était né le jour de la fête des Sa-« crifices, dans l'année 235, et avait 53 ans 11 mois et quelques jours « lorsqu'il mourut; la durée de son règne avait été de 28 ans, 6 mois « et 12 jours. » (M.S. 702, A, fol. 53 vers. et 54 rect.). La ville, nommée Kasna par Ebn-Khaldoun et Kasia par Nowaïri, est Cosenza, capitale de la Calabre citérieure. On lit dans Protospata : « Anno 901 descen-« dit Abraham rex Sarracenorum in Calabriam, et ivit Cosentiam civi-« tatem et percussus est ictu fulguris. » (Lupi Protospatæ Chronicon, ap. Murat., t. V, p. 38.)

descendant de l'imam Ismaïl (155). Les Ketamah s'étaient dévoués à son parti, et c'est là, sans aucun doute, l'une des causes qui déterminèrent la rétractation d'Ibrahim, la résiliation qu'il fit de son pouvoir, et sa retraite en Sicile. Moïse-ben-Aïasch, gouverneur de Mila (156), lui ayant fait annoncer l'apparition d'Abou-Abdallah, Ibrahim fit adresser à ce sectaire, qui se trouvait alors à Aïkdjan (157), de grandes menaces, espérant l'effrayer ainsi ; mais le Schii n'y fit nulle at-

(155) Le récit complet de l'établissement des Obeydites, et par conséquent des efforts d'Abou-Abdallah-el-Schii, en faveur de cette dynastie, se trouve dans un chapitre séparé du volume d'Ebn-Khaldoun, qui contient l'histoire des Aghlabites. (Voyez fol. 15 v°, et 16 r°). Ce chapitre est intitulé : الخبر عن دول الاسماعيلية وتبدأ منهم بالعبيديين الخلفا بالقيروان والقاهرة وما كان لهم من الدولة بالمشرق والمغرب « Histoire des Dynasties fondées par les Ismaëliens, en commençant par « celle des Obeydites, khalifes de Caïrouan et du Caire, leur établisse- « ment en Orient et dans le Maghreb. » Le même sujet a été traité par Ebn-el-Athir, sous ce titre ذكر ارسال ابن عبد الله الشيعي الى المغرب (voyez t. II, fol. 191, vers. et suiv.) Dans l'exposé de la religion des Druses, M. Silvestre de Sacy, en traçant l'origine de la Dynastie des Fatimis a rapporté aussi l'histoire du Schii de Sanaa, Abou-Abd-Allah-Hosein, fils d'Ahmed, fils de Mohammed, fils de Zacariya, surnommé El-Schii (t. 1er, p. 257 et suiv.).

(156) L'une des villes principales de la province du Zab (voyez El-Bekri, *Not. et Ext.* t. XII, p. 517, et Edrisi, t. 1er, p. 242).

(157) M. Silvestre de Sacy, dans la vie du khalife Hakem-Biamr-Allah, écrit Ankidjan (*Exposé de la rel. des Druses*, t. 1er, p. 259). On lit à ce propos dans Ebn-el-Athir : وسار الشيعي الى جبل يقال له ايكجان وفيه فج الاخيار فقال هذا فج الاخيار وما سمى الابكم « Le Schii s'avança vers la montagne nommée Aïkdjan, dans laquelle se « trouve une vallée, qu'on appelle la vallée des gens de bien, et il dit « aux siens : « Cette vallée n'a été ainsi nommée qu'à cause de vous. » (t. II, fol. 192, rect.)

tention, et n'accorda dans sa réponse aucune satisfaction à l'émir. Ses efforts et ses progrès devenaient au contraire chaque jour plus sensibles, lorsque la lettre du khalife Motadhad arriva à Ibrahim, et détermina, ainsi que nous l'avons déjà raconté, sa rétractation et son arrivée en Sicile. A compter de ce moment, Abou-Abdallah-el-Schii ne cessa de faire la guerre aux Kabaïles de Kétamah jusqu'à ce qu'il les eut entièrement soumis. Ibrahim, en quittant l'Afrique, laissa à son fils Abou-el-Abbas des instructions secrètes sur la conduite qu'il aurait à tenir avec le Schii, lui défendant d'être le premier à lui faire la guerre et lui recommandant de venir le rejoindre en Sicile si le Schii prenait quelque supériorité sur lui.

ABOU-EL-ABBAS-ABDALLAH, FILS D'IBRAHIM, FRÈRE D'ABOU-EL-GHARANIK.

Lorsque Ibrahim mourut, en 289, comme nous l'avons dit plus haut, son petit-fils Ziadet-Allah vint, à la tête de l'armée, retrouver Abou-el-Abbas-Abdallah, son père, fils d'Ibrahim. Abdallah s'occupant avec ardeur des affaires d'Afrique, écrivit à tous les gouverneurs une lettre qui devait être lue publiquement, et dans laquelle il promettait un gouvernement bon, juste, clément, et appelait les peuples à la guerre sainte; puis il fit garder sévèrement son fils Ziadet-Allah, celui-là même dont nous venons de parler, à cause du goût extrême qu'il avait pour le jeu et les plaisirs, et du désir qu'il lui avait reconnu de se révolter contre lui; pour le remplacer en Sicile, il nomma gouverneur Mohammed-ben-el-Sarcoussi. Abou-el-Abbas-

Abdallah, prince de mœurs irréprochables, se montra toujours ami de la justice et prudent dans la guerre : aussi son règne fut-il un règne de paix. Il avait choisi Tunis pour sa résidence, et ce ne fut qu'après sa mort qu'Abou-Abdallah-el-Schii put s'emparer définitivement du gouvernement des Kétamah, qui finirent par se soumettre tous à lui.

Abou-Abdallah, s'étant dirigé vers la ville de Mila, l'assiégea et y tua Moïse-ben-Aïasch. Feth-ben-Iahīa, émir des Mésalétah, de la tribu des Ketamah, qui avait fait pendant longtemps la guerre à Abou-Abdallah-el-Schii, et qui, après avoir été vaincu par lui et s'être vu forcé de lui céder le commandement de sa tribu, s'était retiré auprès d'Abou-el-Abbas, excitait sans cesse ce prince à combattre son heureux rival. Lorsqu'il eut assiégé Mila, Abou-el-Abbas chargea son fils Abou-Houal-Mohammed, qui n'était pas précisément louche, mais clignait des yeux lorsqu'il regardait, de marcher contre le Schii. Abou-Houal partit de Tunis en 289, entra dans Sétif (158), puis dans Belezma et y mit à mort tous ceux qui avaient embrassé le parti de son ennemi. Abou-Abdallah s'étant porté à sa rencontre, fut mis en déroute complète, et s'enfuit depuis Tasrout (159) jusqu'à Aïkdjan. Abou-Houal profita de sa victoire pour détruire le palais du Schii ; puis, plus tard, il y eut un autre combat qui dura

---

(158) Voyez Bekri et la note de M. Quatremère (*Not. et ext.* t. XII, p. 534.)

(159) Ebn-el-Athir, écrit Nasrout نصروت (t. II, fol. 192, vers.) Dans la partie de son ouvrage qu'Ebn-Khaldoun a consacrée plus particulièrement aux Obeydites, il écrit Tazrout تازروت (fol 16 rect.).

10.

depuis le matin jusqu'au soir. Les troupes d'Abou-Houal ayant pris la fuite, il reprit la route de Tunis, et Abou-Abdallah ramena les Ketamah dans leur pays. Au retour d'Abou-Houal, son père lui reforma une seconde armée et le fit marcher de nouveau avec les Kabaïles qui se joignirent à lui. Il atteignit Sétif, et se portant de là à la rencontre d'Abou-Abdallah qui, de son côté, marchait contre lui, il le mit en fuite, et alla reprendre la position de Sétif. Il marchait de nouveau contre Abdallah, lorsque, sur ces entrefaites, Ziadet-Allah corrompit quelques serviteurs qui assassinèrent son père Abou-el-Abbas pendant son sommeil, et, par ce crime, recouvra sa liberté. On était alors au mois de schaaban de l'année 290 (160).

(160) Nowaïri qui dans son histoire des Aghlabites, ne donne aucun détail sur la lutte de ces princes avec le Schii, rapporte en ces termes le règne d'Abou'l-Abbas : « Abou'l-Abbas-Abdallah succéda
« à son père un lundi, 17 du mois de Dzou'l-caada de l'année 289 ; il
« se montra juste, bon, équitable envers tous ses sujets. Au lieu d'ha-
« biter le château de son père, il prit pour résidence une simple maison
« bâtie en briques, jusqu'à ce que plus tard il eût acheté celle dont il
« a tiré son surnom. Craignant que son fils Ziadet-Allah ne se portât
« contre lui à quelque entreprise coupable, il le fit mettre en prison
« ainsi que quelques-uns de ses serviteurs, et nomma à la charge de cadi
« de Caïrouan Abou'l-Abbas-Mohammed-ben-el-Açouad-el-Sadini ; c'é-
« tait un homme d'une grande fermeté, rempli d'équité, faisant rendre
« justice aux faibles et aux opprimés, mais son savoir n'était pas pro-
« fond, aussi consultait-il les hommes de science et ne rendait-il pas
« un jugement sans avoir demandé les avis du cadi Ebn-Abdoun : il
« s'était toutefois attiré l'animadversion publique, en regardant le Coran
« comme une œuvre créée. Abou'l-Abbas n'était que depuis bien peu
« de temps arrivé au pouvoir lorsqu'il périt assassiné par trois de ses
« eunuques, qui, à l'instigation de son fils Ziadet-Allah, le tuèrent pen-
« dant son sommeil. Ils coururent aussitôt briser les fers de ce fils dé-
« naturé et le saluèrent du nom d'émir ; mais il craignit que ce ne fût un
« piége que lui tendait son père et refusa de sortir de prison. Les assas-

ABOU-MODHAR-ZIADET-ALLAH.

Lorsque Ziadet-Allah fut rendu à la liberté, il fit assembler toute la cour qui lui rendit hommage, puis il condamna à mort les eunuques qui avaient tué son père, et, s'adonnant entièrement aux plaisirs, au jeu, à la société des bouffons et des hommes les plus vils, il négligea complétement de s'occuper des affaires du royaume qu'il gouverna en vrai tyran. Un des premiers actes de ce despotisme cruel, ce fut d'écrire à son frère Abou-Houal, au nom de son père, pour le rappeler, et à son retour de le faire mettre à mort ainsi que ses oncles et ses frères (161). Cependant les affaires du Schii prenaient

« sins retournèrent alors au palais, et ayant coupé la tête d'Abou'l-
« Abbas, la portèrent à Ziadet-Allah, qui, bien assuré de sa mort, con-
« sentit à laisser briser ses fers. Le meurtre d'Abou'l-Abbas-Abdallah,
« fut accompli dans la nuit d'un mercredi, à la fin du mois de Schaaban
« de l'année 290. Il avait gouverné le pays pendant un peu plus d'un
« an, à compter depuis le départ de son père pour la Sicile, et pendant
« 9 mois et 13 jours seulement, si l'on ne compte que de la mort d'Ibra-
« him. Il était brave, courageux et habile dans l'art de faire la guerre.»
(M.S. 702, fol. 23 vers. et 24 rect.)

(161) Voici comment Nowaïri rend compte des commencements du règne de Ziadet-Allah : « Abou-Modhar-Ziadet-Allah-ben-Abi-el-
« Abbas-Abdallah, succéda à son père. Son premier soin en montant
« sur le trône, fut de faire périr par le supplice de la croix les eunu-
« ques qui avaient assassiné Abou'l-Abbas, afin d'éloigner de sa part
« tout soupçon de complicité. Il envoya ensuite quelques uns de ses
« frères et de ses cousins contre une île appelée l'île de Kerat جزير
« الكرت. Il chargea aussi Foutouhi-el-Roumi, qu'il fit accompagner
« par 50 cavaliers, de se rendre auprès de son frère El-Ahoual, et de
« lui porter une lettre écrite au nom de son père, pour lui ordonner
« de revenir vers lui; ce prince était alors occupé à combattre Abou-
« Abd-Allah-el-Schii. Il revint, et son frère le fit mettre à mort ; crime
« tout-à-fait favorable à la cause du Schii. Ziadet-Allah fit ensuite

de la consistance, et Ziadet-Allah alla s'établir à Raccadah, craignant qu'Abou-Abdallah ne s'en emparât tandis qu'il en serait éloigné. Ce dernier se rendit maître de la ville de Sétif, et Ziadet-Allah ayant fait avancer son armée pour le combattre, en donna le commandement à Ibrahim-ben-Habisch, l'une de ses créatures, qui partit à la tête de 40,000 hommes et s'arrêta six mois dans la ville de Constantine. Pendant cet intervalle, il parvint à rassembler autour de lui 100,000 hommes; marchant alors vers les Ketamah, il les rencontra à Adjana, mais ses soldats l'abandonnèrent; il prit la fuite, arriva à Baghaïa (162) et de là s'en alla à Caïrouan. Abou-Abdallah, s'étant emparé de Tobna, mit à mort Feth-ben-Iahïa-el-Mésaleti qui se trouvait dans cette ville; il se rendit maître ensuite de Belezma dont il détruisit les murailles. Pendant ce temps, Arouba-ben-Ioucef, l'un des émirs des Ketamah, étant parvenu jusqu'à Baghaïa,

« distribuer des subsides à ses troupes, et nomma comme vizir et in-
« tendant des postes Abdallah-ben-el-Saïgh. Il confia l'administration
« des finances à Abou-Moslem et déposa le cadi El-Sadini, à cause de
« la croyance qu'il manifestait que le Coran était une œuvre créée. En
« conséquence, il écrivit aux habitants de Caïrouan une lettre par la-
« quelle il se félicitait d'avoir déposé un homme qu'il accablait d'in-
« jures, et il annonçait en même temps qu'il avait nommé à sa place le
« cadi Hamas-ben-Merwan, distingué par sa profonde connaissance du
« Coran et de la Sunna. » (Nowaïri, M.S. 702, fol. 24 rect.) Les mêmes détails se retrouvent dans une brochure publiée en 1840, par M. John Nicholson, sous ce titre : *An account of the establishment of the Fatemite Dynasty in Africa, extracted from an ancient Arabic MS. ascribed to El-Mas'üdi, belonging to the ducal library of Saxe-Gotha.*

(162) Bekri décrit ce lieu comme une ancienne forteresse construite en pierres, et entourée d'un vaste faubourg qui l'environne de trois côtés, excepté à l'Occident. (*Not. et Ext.* t. XII, p. 595.)

tombait sur les troupes qui étaient chargées de la défendre, sous le commandement de Haroun, fils de Tabii. Après la prise de Belezma, Abou-Abdallah-el-Schii, ayant envoyé des troupes pour faire le siége de Tihess (163); s'en empara par capitulation.

Tant de succès de la part du Schii jetèrent le trouble dans Caïrouan : Ziadet-Allah ayant distribué de grandes largesses pour se faire des alliés et lever des troupes, se résolut à se mettre en campagne et se porta sur Arbès, en l'an 295. A peine y fut-il parvenu qu'il craignit encore d'y éprouver quelque grave échec de la part du Schii, et ses parents lui conseillèrent le retour. Il revint en effet jusqu'à Raccadah et mit à la tête de l'armée Ibrahim-ben-Abi-el-Aghlab, l'un des principaux personnages de sa famille.

Abou-Abdallah s'étant porté sur Baghaïa dont il s'empara par capitulation, le gouverneur de cette ville prit la fuite. Le Schii envoya alors des troupes qui parvinrent jusqu'à Madjanah (164), tombèrent sur les Kabaïles de Tafrah (165) et s'emparèrent de Tifasch (166);

---

(163) Il faudrait peut-être lire Tidjess تيجس. On retrouverait alors dans ce nom de lieu la Tigisis de Procope. (Voyez les passages de Bekri et les notes de M. E. Quatremère, relatifs à cette ville. *Not. et Ext.* t. XII, p. 507 et 516.)

(164) Grande ville près de laquelle se trouvent des mines d'argent et d'autres métaux précieux. (Comp. le *Meracid el Ittila* et Bekri, *Not. et Ext.* t. XII, p. 595.)

(165) Il est probable qu'il faut lire en changeant la disposition des points diacritiques Nafzab نفزة, tribu dont parle le Cartas. (Voy. Bekri et la note de M. Quatremère, *Not. et Ext.* t. XII, p. 559.) Ebn-Khaldoun parle aussi de cette tribu dans son histoire des Obeydites. (fol. 17 rect.).

Abou-el-Aghlab, en apprenant cette nouvelle, se dirigea aussitôt sur cette ville dont les habitants lui résistèrent d'abord et mirent même son avant-garde en fuite; mais il vint à bout de s'en emparer et mit à mort tout ce qu'il trouva dans l'enceinte de ses murs. Pendant ce temps, Abou-Abdallah-el-Schii marchant successivement, à la tête de troupes composées de Ketamah, sur Baghaïa, Meskaïa (167), Tibsa (168), Camouda (169), s'empara de toutes ces places, accordant la vie sauve aux habitants. Effrayé par tant de succès et craignant pour la sûreté de Ziadet-Allah, Ebn-Abi-el-Aghlab sortit d'Arbès; mais Abou-Abdallah, s'étant porté à sa rencontre, le mit en fuite, s'empara de son camp, de son armée, et le força à chercher sa sûreté derrière les murs de cette ville. De là, se dirigeant sur Castilia et Cafça, et ayant soumis ces deux villes dont il s'empara par composition, il revint à Baghaïa, puis ensuite à Aïkdjan.

Ebn-Abi-el-Aghlab, s'étant porté sur Baghaïa dont il attaqua sans succès la garnison, revint à El-Arbès. Au mois de Djomadi de l'an 296, Abou-Abdallah se dirigea sur cette ville en passant par Schakanbariah dont il

---

(166) Voyez le mémoire de M. E. Quatremère sur Bekri (*Not. et Ext.* t. XII, p. 506), et l'*Édrisi* de M. Jaubert. (t. 1ᵉʳ, p. 272.)

(167) Peut-être Meskianah مسكيانة. (Voy. Not. et Ext. t. XII, p. 597.) Cette conjecture est d'autant plus probable que dans l'histoire des Obeydites, Ebn-Khaldoun l'écrit ainsi, et qu'évidemment il veut parler du même nom de lieu. (fol. 17 rect.)

(168) M. Quatremère regarde cette ville comme la Tipsa de Shaw. C'est, d'après Bekri, une grande cité de construction antique, située sur les bords d'une rivière considérable. (*Not. et Ext.* t. XII, p. 597). Édrisi place cette ville à 6 journées de Bougie. (t. 1ᵉʳ, p. 237.)

(169) Voyez le mémoire de M. Quatremère sur Bekri. (*Not. et Ext.* t. XII, p. 532.)

reçut les habitants à composition. De là il marcha vers Andalos; mais ayant été rejoint par Ebn-Abi-el-Aghlab, il lui livra un combat dans lequel ce dernier fut mis en fuite : le Schii s'en revint alors à Camouda.

RETRAITE DE ZIADET-ALLAH EN ORIENT.

Lorsque Ziadet-Allah reçut la nouvelle que le Schii était parvenu à Camouda, il se hâta d'emporter ses richesses, de faire partir ses équipages et se rendit à Tripoli dans le dessein de passer en Orient (170). Aussitôt

(170) Nowaïri donne les détails de la fuite de Ziadet-Allah, fuite qui fut le terme de la puissance des Aghlabites en Afrique. Voici la traduction du texte de cet historien : « Lorsque la nouvelle de la dé-
« route d'Ibrahim, mis en fuite par le Schii, parvint à Ziadet-Allah,
« alors à Raccadah, ce prince voulut faire croire qu'il avait reçu l'avis
« d'une victoire; et, envoyant des émissaires dans les prisons, il fit cou-
« per la tête aux malheureux qui y étaient détenus, pour persuader aux
« habitants de Caïrouan, que c'était des trophées pris sur le champ
« de bataille. Cependant il commença à faire transporter toutes ses ri-
« chesses, et envoya vers ses parents les hommes qui lui étaient dé-
« voués, pour leur faire connaître le véritable état de ses affaires, et
« les avertir de se préparer à partir avec lui. En vain son vizir Ebn-el-
« Saïgh, lui donna le conseil de rester en Afrique, en lui observant que
« s'il savait à propos distribuer ses trésors, tout le monde viendrait à
« lui, et que bientôt il aurait une armée si nombreuse que le Schii
« n'oserait pas lui disputer la victoire : en vain il chercha à remonter
« son courage en lui rappelant les exploits de son grand-père Ziadet-
« Allah; le prince ne voulut se rendre à aucune raison, et sur l'insis-
« tance d'Ebn-el-Saïgh, il lui répondit : « Tous ces discours me confir-
« ment dans les soupçons que l'on m'a fait concevoir contre toi : on
« assure que tu es en correspondance avec le Schii et que tu voudrais
« me livrer à lui. » Le vizir chercha à se disculper, mais Ziadet-Allah
« rassemblant ses trésors, ses joyaux, ses armes, en un mot tout ce
« qu'il avait de transportable dans son mobilier, et ses officiers en
« ayant fait autant, ils se préparèrent à partir vers l'entrée de la nuit.
« Le prince avait choisi parmi les Esclavons qui étaient à son service,

Abdallah entra en Afrique, ayant à son avant-garde Arouba-ben-Iouçef et Haçan-ben-Abi-Khanzir. Il atteignit Raccadah au mois de Redjeb de l'an 296, et la population de Caïrouan s'étant avancée à sa rencontre, rendit hommage à Obéïd-Allah-el-Mehdi, ainsi que nous l'avons dit en racontant l'histoire de cette dynastie (171). Après dix-sept jours passés à Tripoli, Ziadet-Allah partit enfin; il avait avec lui Ibrahim-ben-el-Aghlab; mais comme on avait fait courir le bruit qu'il avait voulu s'emparer du commandement dans Caïrouan après le

« mille hommes qu'il chargea chacun de mille dinars; il emmena aussi
« quelques-unes de ses femmes. Au moment où il allait partir, une de
« celles qu'il laissait prit son luth et chanta ces vers : « Je n'ai point
« oublié le jour du départ, alors que ses yeux étaient baignés de
« larmes, ni ce qu'elle disait au moment où les chameaux se mettaient
« en marche: Tu me laisses, ô mon maître, et tu t'en vas. » En entendant
« ces plaintes, Ziadet-Allah fit décharger un mulet pour y placer cette
« jeune fille. La nouvelle de la fuite d'Ibrahim et de son armée lui était
« parvenue lorsque la prière de midi était déjà faite, et la prière du
« soir n'avait pas été annoncée par le muezzin que déjà il avait quitté
« Raccadah. Les habitants le suivirent détachement par détachement,
« dirigeant leur marche à la lueur des torches : on prit ainsi le chemin
« de l'Égypte. Abdallah-ben-el-Saïgh, son vizir, emmenant toute sa
« maison, partit après lui, se dirigeant vers Lamta où il comptait
« s'embarquer pour la Sicile. Ce ministre voulait quitter Ziadet-Allah,
« car il craignait que ce prince ne le fît mettre à mort, à l'instigation
« de ses gens dont un grand nombre le haïssait, et l'avait accusé d'en-
« tretenir des intelligences avec le Schii, ce qui n'était pas fondé.
« Lorsqu'on sut que Ziadet-Allah avait quitté Raccadah, on s'y rendit
« en foule pour piller cette malheureuse ville. Les palais de l'émir
« furent complètement ravagés; on fouilla pour déterrer les trésors
« qu'on supposait cachés, on arracha le fer des portes, on emporta
« tous les meubles, et cela pendant six jours, jusqu'à l'arrivée de la
« cavalerie du Schii. Cependant un grand nombre des compagnons,
« des serviteurs ou des esclaves de Ziadet-Allah le quittèrent et se
« répandirent de tous côtés dans le pays. » (M.S. 702, fol. 24 rect.)

(171) Voyez Ebn-Khaldoun, fol. 17, vers.

départ du prince, celui-ci cessa avec lui tous rapports
d'amitié et le laissa (172). Ziadet-Allah étant arrivé en

(172) Voici, d'après Nowaïri, le récit des événements qui avaient
excité la jalousie de Ziadet-Allah contre Ibrahim : « Ibrahim-ben-
« Abi-el-Aghlab, s'étant présenté devant Caïrouan, fut abandonné
« par ses soldats, qui, en apprenant la nouvelle de la fuite de Ziadet-
« Allah, se dispersèrent et retournèrent chez eux. Quant à lui, il des-
« cendit au palais de l'émir, et envoyant chercher les hommes de loi
« ainsi que les principaux habitants de Caïrouan, il se vit bientôt en-
« vironné d'une foule nombreuse qui se rassembla à la porte du palais,
« et le salua du titre d'émir. C'est alors qu'il leur apprit la position fâ-
« cheuse dans laquelle se trouvait Ziadet-Allah, leur faisant connaître
« en même temps comment la mauvaise conduite de ce prince l'avait
« amené à la ruine de sa maison et à la perte de son pouvoir. Il
« parla ensuite contre le Schii et les Kétamah, qu'il chargea d'injures,
« et demandant aux habitants de combattre, pour le salut de leurs
« foyers, ces ennemis impitoyables, il réclama leur obéissance et des
« secours en hommes et en argent. Les habitants de Caïrouan lui ré-
« pondirent aussitôt : « Quant à la soumission, nous en aurons pour
« vous, ainsi que nous en avons eu pour tous ceux qui ont été à notre
« tête, mais quant à l'argent que nous pouvons avoir, il ne suffirait
« pas à ce que vous proposez. Nous ne sommes pas habiles au com-
« bat : or, quand vous pouviez disposer du trésor public et des plus
« braves guerriers, vous n'avez pu vaincre, comment le pourriez-vous
« réduit à nous et à nos seules richesses. » En vain Ibrahim insista, il ne
« put obtenir une autre réponse et leur dit alors : « Remettez-moi du
« moins ce que vous avez entre les mains provenant de dépôts ou de do-
« nations pieuses, je m'en servirai pour attirer du monde à mon parti.
« — Cela ne vous serait d'aucune utilité, répondirent-ils, car si vous
« touchiez à un argent si sacré, vous ne feriez que vous attirer la haine
« des hommes. » Ibrahim désespéra enfin de les faire changer de résolu-
« tion. Cependant le peuple s'était rassemblé autour du palais, dé-
« sireux de connaître le sujet de l'entretien. Lorsque ceux qui avaient
« été admis auprès d'Ibrahim vinrent leur apprendre ce qui s'était
« passé, mille cris s'élevèrent contre ce chef : « Sors de nos murs, lui
« disait-on, nous n'aurons pour toi ni respect, ni soumission. » Crai-
« gnant pour sa sûreté à ces clameurs menaçantes, il fit prendre les
« armes à ses compagnons, et, se précipitant par la porte, tandis que
« tous ceux qui les entouraient fuyaient devant eux, ils hâtèrent leur

Égypte, le gouverneur de cette province, qui était alors Iça-el-Touschezi (173), lui défendit d'entrer dans le pays, à moins que ce ne fût par ordre du khalife, et le fit loger durant huit jours hors de la ville : il alla ensuite trouver Ebn-el-Firat, vizir d'El-Moctadar, pour obtenir de lui la permission nécessaire; mais bientôt arriva une lettre du khalife qui, jusqu'à plus ample informé, donnait à Ziadet-Allah Racca pour résidence. Il y resta un an, et, au bout de ce temps, une seconde lettre d'El-Moctadar vint lui ordonner de retourner en Afrique, et commander en même temps à El-Touschezi de lui fournir des secours en hommes et en argent pour lui aider à reconquérir sa puissance. En conséquence, il revint en Égypte ; mais là il fut atteint d'une maladie de langueur, ses cheveux tombèrent, et on va jusqu'à prétendre qu'il fut empoisonné : il mourut dans un pèlerinage qu'il avait été faire à Jérusalem. C'est ainsi que s'éteignit la famille des Aghlabites et que leur gloire fut éclipsée : Dieu seul est éternel (174).

« course poursuivis par le peuple qui, revenu sur ses pas, les as-
« saillit à coups de pierres, jusqu'à ce qu'ils fussent sortis de la ville.
« Les partisans de Ziadet-Allah craignant les effets d'une réaction, se
« joignirent à Ibrahim, et tous ensemble allèrent retrouver le prince,
« tandis que le Schii entrait à Raccadah. C'est ainsi que finit la dy-
« nastie des Aghlabites. » (M.S. 702, fol. 25 rect.)

(173) Le récit de la fuite de Ziadet-Allah en Orient, ne se trouve pas dans le M.S. de Nowaïri 702. Le M.S. 702 A, nomme le gouverneur de l'Égypte Iça-el-Nouschari. Ebn-Khaldoun, dans l'histoire des Obeydites, l'écrit El-Nouschazi (fol. 16 vers.). Iça-el-Nouschari mourut dans son gouvernement, au mois de Schaaban de l'an 297, et fut enterré à Jérusalem بالبيت المقدس (Ebn-el-Athir, t. II, fol. 201 vers.)

(174) Nowaïri raconte ainsi la triste destinée du dernier prince de

FIN DE L'HISTOIRE DE LA SICILE SOUS LES GOUVERNEURS ARABES ENVOYÉS DANS CETTE ÎLE PAR LES OBEYDITES.

Lorsque Obéïd-Allah-el-Mehdi, resté maître de l'Afrique, eut été reconnu pour chef dans ce pays

la race des Aghlabites : « Ziadet-Allah rejoint par Ibrahim et par un
« grand nombre de personnes restées fidèles à son parti, se rendit à
« Tripoli et descendit au palais. Ayant fait chercher Ebn-el-Saïgh sans
« qu'on pût le trouver, il crut à la vérité de ce qu'on lui avait dit sur
« les intelligences qu'il entretenait avec le Schii. Cependant ce mal-
« heureux vizir monté sur un navire, s'était dirigé vers la Sicile, mais
« le vent le rejeta dans le port de Tripoli. Il vint trouver Ziadet-Allah,
« et s'excusa de l'avoir quitté sur ce que ses bagages étaient trop
« pesants pour pouvoir les transporter par terre. Ziadet-Allah prévenu
« contre lui par tous ses courtisans qui le représentaient à ce prince
« comme la cause première de son désastre, comme celui qui l'avait
« trahi auprès du Schii, se laissa convaincre par ce concert d'accusa-
« tions, et le fit mettre à mort par Raschid, qui lui coupa la tête de sa
« propre main. On prétend que le Schii en apprenant cette exécution
« assura que jamais Ebn-el-Saïgh n'avait été en correspondance avec
« lui. Après être resté 17 jours à Tripoli, Ziadet-Allah partit de cette
« ville pour se rendre en Égypte : il avait conçu du ressentiment contre
« Ibrahim-ben-Abi-el-Aghlab, qui avait voulu s'emparer du souve-
« rain pouvoir dans Caïrouan, et il le tenait éloigné de sa personne
« ainsi qu'El-Moçab-ben-Derarah : mais on lui rapporta qu'ils tenaient
« des propos contre lui, et on ajouta : « Ils disent du mal de toi main-
« tenant qu'ils sont en ton pouvoir : que sera-ce lorsqu'ils seront en
« Égypte!» Il voulut alors les faire mettre à mort, mais ils s'enfuirent à
« Alexandrie où ils se mirent sous la protection du gouverneur, qui les
« envoya dans la ville de Misr où ils parvinrent avant Ziadet-Allah. Ar-
« rivés en présence d'Iça-el-Nouschari, gouverneur de l'Égypte, ils
« cherchèrent à le prévenir contre Ziadet-Allah, en lui faisant connaître
« les fautes que l'on devait reprocher à sa conduite, et lui faisant en-
« tendre qu'il désirait pour lui-même le gouvernement de l'Égypte. Iça
« résolut en conséquence de s'opposer à l'entrée de Ziadet-Allah, jus-
« qu'à ce qu'il eût écrit à Bagdhad; mais Ziadet-Allah averti de ces
« manœuvres par des espions qu'il entretenait dans le pays, envoya
« près d'El-Nouschari, Ebn-el-Cadim, porteur d'une lettre par laquelle

il nomma des gouverneurs dans ses diverses dépendances, et envoya en Sicile El-Haçan-ben-Abi-

« il le priait de lui faire préparer des logements, et le prévenait qu'il
« attendrait le retour de son messager pour se rendre auprès de lui.
« C'était une ruse de sa part, et Ziadet-Allah, marchant sur les traces
« d'Ebn-el-Cadim, arriva aussitôt que lui dans la capitale de l'Égypte, où
« le gouverneur le logea dans la maison d'Ebn-el-Hasas et pourvut au
« logement des gens de sa suite. Il resta là huit jours et partit dans l'in-
« tention de se rendre à Bagdhad, mais un grand nombre de ceux qui
« l'accompagnaient restèrent en Égypte. Arrivé à Ramla, il s'aperçut
« que beaucoup des siens l'avaient quitté, entre autres un page qui lui
« avait emporté 100,000 dinars et était allé se réfugier auprès d'Iça-el-
« Nouschari. Ziadet-Allah en écrivit à Bagdhad, et bientôt arriva l'ordre
« à El-Nouschari de lui renvoyer tous les gens de sa suite, ordre au-
« quel il obéit sur le champ. Continuant sa route, l'émir arriva à
« Racca d'où il écrivit au vizir Ebn-el-Firat de demander en son nom,
« au khalife El-Moctadar, la permission d'être admis en sa présence;
« mais il reçut l'injonction de rester à Racca jusqu'au moment où
« on lui ferait connaître la résolution du prince des Croyants. Il passa
« ainsi une année entière abandonné tour-à-tour par un grand nom-
« bre de ses compagnons. Le cadi de Racca l'obligea aussi à vendre
« quelques eunuques; en voici la cause : il en avait, au nombre des
« gens de sa suite, quelques-uns d'une grande beauté; lorsqu'il fut
« établi à Racca il se mit à mener une vie fort dissolue, s'adonnant
« à boire du vin et aux plaisirs du chant et de la musique. Les officiers
« de police ayant fait, contre lui, des rapports au cadi, ce magistrat se
« transporta chez lui, et s'étant assuré qu'il se livrait à la plus honteuse
« débauche avec quelques eunuques esclavons, il les fit vendre. Ce-
« pendant Ziadet-Allah n'ayant pu obtenir la faveur d'aller à la cour
« de Moctadar-Billah, reçut l'injonction de se rendre en Égypte auprès
« d'El-Nouschari et d'Ebn-Bostam. El-Moctadar leur fit donner l'ordre
« de secourir Ziadet-Allah en hommes et en argent de manière à ce qu'il
« pût reconstituer une nouvelle armée, et ressaisir le pouvoir dans le
« Maghreb. L'entrée de Ziadet-Allah dans la capitale de l'Égypte se
« fit avec pompe. Il traversa toute la ville ceint de deux épées. El-Nou-
« schari lui ayant assigné ses logements dans la campagne, lui recom-
« manda de faire ses dispositions en attendant les secours qu'il devait
« lui fournir; mais il y mit tant de lenteur, tout en fournissant à ce
« prince les moyens de se livrer à ses passions favorites, qu'il eut bien-

Khanzir, l'un des principaux chefs de la tribu des Ketamah, qui arriva à Mazara dans l'année 297 de l'hégire. Cet émir, en arrivant, confia le gouvernement de Girgente à son frère, et nomma cadi de Sicile Isaac-ben-el-Menhal. En 298 il se mit à la tête d'un corps d'armée, marcha sur Damnasch dont il ravagea les alentours et revint. Les habitants de la Sicile, fatigués de sa mauvaise administration, se soulevèrent contre lui, et écrivirent à El-Mehdi pour excuser leur conduite. Ce prince ayant admis les raisons qu'ils faisaient valoir en leur faveur, envoya, pour les gouverner, Ali-ben-Amrou-el-Baloui, qui arriva en Sicile à la fin de l'année 299 : c'était un vieillard faible et qui n'eut pas le don de leur plaire; aussi le déposèrent-ils bientôt pour nommer à sa place Ahmed-ben-Korheb. Ce nouveau chef envoya en Calabre un corps de troupes qui la ravagea, et revint après avoir fait un butin considérable et de nombreux prisonniers. En l'an 300 il donna l'ordre à son fils Ali de s'emparer du château neuf de Taormine, comme d'une forteresse où il pourrait mettre sa cour et ses trésors à l'abri d'une agression de la part des habitants de la Si-

« tôt dépensé tout ce qu'il possédait, et se vit même réduit à vendre
« ses armes. Vers cette époque il tomba malade : on dit qu'un des
« hommes qui le servaient mit du poison dans les mets présentés sur sa
« table; sa barbe et ses cheveux tombèrent. Il se rendit alors à Jé-
« rusalem où il mourut. Ainsi s'éteignit la famille des Aghlabites,
« dont la dynastie avait cessé de régner au moment où Ziadet-Allah, le
« dernier d'entre eux, avait quitté le Magheb. Le règne de ce prince
« avait été de 5 ans et 10 mois. Avec la dynastie des Aghlabites finit
« aussi celle des Benou-Medrar à Sedjelmessa, après une durée de 160
« années, et celle des Benou-Rostem à Tahart, après avoir duré 130
« ans. » (M.S. 702, fol. 25, vers. et 26 rect.)

cile. Ali, obéissant aux ordres de son père, faisait depuis six mois le siége de ce château, lorsque ses troupes, se révoltant contre lui, brûlèrent ses tentes et l'auraient tué s'il n'eût été défendu par les Arabes. A la suite de cet événement, Ebn-Korheb mit tout en œuvre pour gagner les habitants de la Sicile au parti du khalife Moctadar et ils se rendirent à son appel. En conséquence, il fit supprimer dans la Khotba (175) le nom du Mehdi et fit partir une flotte pour aller attaquer les côtes de l'Afrique. Elle y rencontra celle du Mehdi, commandée par El-Haçan-ben-Abi-Khanzir qui fut tué dans le combat, et dont les vaisseaux furent brûlés par les Siciliens. Ces derniers, à la suite de cette victoire, se dirigèrent vers Safakes (176) qu'ils livrèrent au pillage, et parvinrent jusqu'à Tripoli où ils pensèrent surprendre El-Kaïm, fils du Mehdi; ils revinrent ensuite en Sicile. Ebn-Korheb, qui venait de recevoir de la part du khalife Moctadar le khilat et les drapeaux (177), se dirigea sur la Calabre avec une nouvelle armée navale: elle désola tout ce pays, et à son retour il en envoya une seconde sur les côtes de l'Afrique. Cette fois elle fut vaincue et les vaisseaux du Mehdi remportèrent une victoire complète. Le prestige qui s'attachait aux victoires d'Ebn-Korheb ayant

(175) La khotba est une espèce de prône qui contient des vœux pour le khalife régnant et dont la formule se trouve dans d'Ohsson (t. II, p. 214).

(176) Sfax: voy. Édrisi (t. I, p. 256) et Bekri: (*Not. et Extr.*, t. XII, p. 465 et suiv.)

(177) Signes d'investiture, Voy. sur l'action de nouer les drapeaux comme signe d'investiture, les Prolégomènes d'Ebn-Khaldoun, cités par M. de Sacy dans ses notes sur les livres des Druzes. (*Chrestomathie arabe*, t. II, p. 393.)

été détruit par cette défaite, les Siciliens commencèrent à secouer le joug et les habitants de Girgente écrivirent même au Mehdi pour lui faire leur soumission : bientôt toute l'île s'étant réunie dans une même révolte, on s'empara d'Ebn-Korheb qui fut fait prisonnier et envoyé au Mehdi vers la fin de l'année 300 de l'hégire : ce prince le fit mettre à mort, ainsi que plusieurs de ses partisans sur le tombeau d'Ebn-Abi-Khanzir.

Le Mehdi nomma alors, pour gouverner la Sicile, Abou-Saïd-Mouça-ben-Ahmed et le fit partir à la tête d'une armée composée de Ketamah (178). Il traversa la mer et vint aborder à Trapani ; mais les habitants de l'île, effrayés du grand nombre de troupes qui l'accompagnaient, loin de l'accueillir, se résolurent à le combattre, et bientôt il fut attaqué par les habitants réunis de Trapani et de Girgente. Abou-Saïd les mit en fuite, et le carnage qu'il en fit fut si grand que les habitants de

(178) Ebn-el-Athir, qui rapporte à peu près dans les mêmes termes qu'Ebn-Khaldoun les révoltes de la Sicile en faveur du khalife abbasside, révolte dont Nowaïri fait à peine mention, ajoute ici à l'annonce du départ d'Abou-Saïd-Mouça à la tête d'une armée :

وسبب ارسال العسكر معد ان ابن قرهب كان قد كتب الى المهدى يقول له ان صقلية يكثرون الشغب على امرائهم ولا يطيعونهم وينتهبون اموالهم ولا يزول ذلك الا بعسكر يفرقهم ويزيل الرياسة عن روسايهم فـفعل المهدى ذلك. « La cause de l'envoi d'une armée en Sicile, « c'est qu'Ebn-Korheb avait écrit à El-Mehdi pour lui faire connaître « que les Siciliens étaient un peuple toujours prêt à la révolte contre « ses gouverneurs, n'ayant aucune soumission, pillant les trésors du « gouvernement, et qu'un tel état de choses ne pouvait cesser que par « l'envoi d'une armée qui les disperserait et ôterait le commandement « à leurs chefs. El-Mehdi suivit ce conseil. » (*Ebn-el-Athir*, t. II, fol. 206 rect.)

Trapani vinrent lui demander merci : il les reçut à composition tout en détruisant les portes de la ville; mais le Mehdi lui envoya l'ordre de leur accorder une amnistie complète.

En 313, le Mehdi, qui avait nommé au gouvernement de la Sicile Salem-ben-Raschid, envoya à cet émir une armée à la tête de laquelle il s'embarqua pour la terre des Lombards qu'il ravagea et où il s'empara de plusieurs forteresses. Revenu en Sicile, il retourna une seconde fois dans le même pays et se retira après avoir assiégé pendant quelques jours la ville d'Otrante (179). Les Musulmans ne cessèrent, sous ce gouverneur, d'attaquer ce qui restait encore entre les mains des grecs, soit en Sicile, soit en Calabre, et de porter la désolation dans les provinces insoumises. En 322, le Mehdi envoya, sous le commandement de Iacoub-ben-Ishak, une escadre chargée de ravager les environs de la ville de Gênes (180) : elle re-

---

(179) Ebu-el-Athir donne quelques détails sur cette expédition :

وعاد جيش صقلية الى ارض قلورية ونصدوا مدينة طارنت فحصروها وفتحوها بالسيف واخربوا منازلها واصاب المسلمين مرض شديد كبير فعادوا الى مدينة ادرنت فحصروها — « L'armée de Sicile revint en « Calabre, et ayant investi la ville de Tarente, en fit le siège, puis « s'en emparant de vive force, la détruisit de fond en comble. Une « maladie cruelle ayant ensuite éclaté parmi les Musulmans, ils revin- « rent vers Otranto qu'ils assiégèrent (t. II, fol. 234 vers.). » Nowaïri dit que ce fut au siège d'Otrante que les Arabes furent attaqués d'une maladie qui les obligea à revenir à Palerme.

(180) Muratori, dans ses *Annali d'Italia*, semble embarrassé pour fixer l'époque précise où Gênes fut ravagé par les Arabes. Après avoir raconté que les Musulmans entrèrent dans la ville à l'improviste, et taillèrent en pièces tous les habitants, ne réservant que les femmes et les enfants qui furent emmenés en esclavage, et firent partie d'un

vint ensuite, et l'année suivante une seconde armée navale s'empara de Gênes, puis passa dans l'île de Sardaigne qu'elle ne quitta qu'après avoir brûlé dans ses ports un grand nombre de vaisseaux. Les habitants de Girgente, s'étant révoltés dans l'année 325 contre leur émir Salem-ben-Raschid, prirent les armes pour combattre son armée. A la réception de cette nouvelle, il marcha contre eux, les mit en fuite et les assiégea dans leur cité. Il fit en même temps demander du secours à El-Kaïm (181) qui lui envoya une armée commandée par Khalil-ben-Ishak. A peine ce général était-il arrivé en Sicile que les habitants se plaignirent amèrement à lui de la conduite de Salem-ben-Raschid et que les femmes et les enfants le conjurèrent de prendre pitié d'eux. Les habitants de Girgente et ceux de plusieurs autres places ayant joint le récit de leurs griefs à cette récrimination générale, il commençait à prendre leurs plaintes en considération, lorsque Salem eut l'adresse de leur insinuer que le seul motif de la venue de Khalil, c'était de punir sévèrement tous ceux qui avaient combattu les troupes de l'émir. Il n'en fallut pas davantage pour leur faire reprendre

riche butin enlevé pour la plus grande partie aux églises, il ajoute : « Pietro Bibliotecario, Martin Polacco e il Belluacense, scrivono accaduta così funesta disgrazia nell' anno I di Giovanni XI Papa, cioè nell' anno 931. Non so qual sede meritino simili scrittori. Liutprando di gran lunga più antico di loro la mette più tardi. » Ebn-Khaldoun place cet événement juste à l'époque que le savant et judicieux Muratori lui assigne : an de Jésus-Christ 934 à 935. (*Annali d'Italia*, t. V, p. 119.)

(181) Abou'l-Caçem-Mohammed, surnommé El-Kaïm-Biamr-Allah, succéda immédiatement à son père Obeïd-Allah-el-Mehdi, qui mourut au mois de Rebi de l'année 322, après vingt-quatre ans de règne. (Ebn-Khaldoun, fol. 18 vers.)

leurs projets de révolte. Khalil ayant bâti sur le port de Palerme une ville à laquelle il donna le nom de El-Khalessa (182), les habitants de Girgente crurent voir dans ce fait une confirmation de ce qui leur avait été dit par Salem; en conséquence, ils se préparèrent à la guerre, et Khalil, vers le milieu de l'année 326, ayant marché contre eux, les assiégea pendant huit mois, leur livrant combat matin et soir jusqu'à ce que la mauvaise saison fut venue suspendre ses opérations et l'eut obligé à aller prendre ses quartiers d'hiver à El-Khalessa.

Bientôt toute la Sicile s'unit dans une même révolte, et les habitants réclamèrent le secours de l'empereur de Constantinople, qui leur envoya des renforts de troupes et des provisions de toute espèce. Khalil, ayant demandé de son côté du secours à El-Kaïm qui lui envoya une nouvelle armée, s'empara de Calaat-Abou-Thour (183), de Calaat-el-Ballout et mit le siége devant Calaat-Blaïanou. Il le leva à la fin de l'année 347, pour aller assiéger Girgente, et laissant devant cette place une armée com-

(182) Édrisi dit, en faisant la description de Palerme : « Le faubourg entoure la ville de tous côtés. Il est bâti sur l'emplacement de la ville ancienne qui portait le nom de Khalessa خالصة, où résidait le sultan, et où étaient le palais particulier du prince, du temps des Musulmans, le port de la marine et l'arsenal pour la construction des vaisseaux. » (Tom. II, p. 77.)

(183) Calaat-abou-Thour est cité par Édrisi (t. II, p. 106) comme un lieu fertile, cultivé, populeux, à six milles de Saclabia سلابية vers l'orient. M. Jaubert pense que peut-être on pourrait reconnaître dans le Calaat-abou-Thour des Arabes la ville moderne de Caltavuturo (*Ibid.*). Cette conjecture est d'autant plus probable que l'on trouve dans le *Dizionario geografico della Sicilia* d'Ortolani, que la petite ville de Caltavuturo, dans le val de Mazzara, porte aussi le nom de Caltabuturo.

mandée par Abou-Khilaf-ben-Haroun, il se retira. Le blocus de Girgente continua jusqu'en 329; à cette époque, un grand nombre des habitants se retirèrent chez les Grecs, et ceux qui restaient ayant demandé à composer, reçurent la promesse (promesse trahie plus tard) qu'ils auraient la vie sauve, à la condition d'abandonner le fort ; cet exemple intimida les autres places qui se hâtèrent de faire leur soumission. Khalil étant retourné en Afrique, à la fin de l'année 329, fit monter sur un navire les principaux habitants de Girgente, comme pour les emmener avec lui; mais quand on fut arrivé à l'endroit le plus profond de la mer, il ordonna qu'on mît le feu à leur bâtiment, en sorte qu'ils périrent tous dans les flots.

Ataf-el-Azdi fut ensuite chargé des fonctions de gouverneur de la Sicile; mais lorsque la révolte d'Abou-Yezid, qui occupa fortement El-Kaïm et El-Mançour, eut été enfin apaisée, El-Mançour (184) donna le gouvernement de l'île à El-Haçan-ben-Ali-ben-Abi-el-Hoçaïn-el-Kelbi, l'une des créatures de la famille des Abbassides et l'un des principaux chefs de son armée : on le surnommait Abou-el-Caçem ; il occupait à la cour un poste important, et avait beaucoup contribué à répri-

(184) Ismaïl-el-Mançour succéda à son père El-Kaïm, qui mourut en l'année 334. L'Afrique était alors en proie à de nouveaux rebelles. Ils reconnaissaient pour chef Abou-Iezid-Makhlad-ben-Kaïdad, qui, à la mort d'El-Mehdi, avait levé l'étendard de la révolte dans le Djebel-Auras, et se faisant appeler le Scheïkh-el-Moumenin, engageait les habitants de l'Afrique à reconnaître pour souverain El-Nassr, prince d'Andalousie, descendant des Omeyyades. (Ebn-Khaldoun, fol. 18 vers. et 19 rect.)

mer la rébellion d'Abou-Yezid. Voici les causes qui l'amenèrent au commandement de la Sicile : les habitants de Palerme regardaient Ataf comme un homme faible, et leurs ennemis les considéraient eux-mêmes comme peu redoutables, à cause de cette faiblesse du chef qui les commandait. Ce mécontentement général détermina la révolte des Palermitains, qui se soulevèrent en l'an 335, le jour où cesse le jeûne du Ramadhan; les Benou-el-Matir jouèrent le principal rôle dans cette insurrection. Ataf, s'étant réfugié dans le château, envoya vers El-Mançour pour l'instruire de ce grave événement et lui demander du secours. C'est alors que ce prince investit du gouvernement de la Sicile El-Haçan-ben-Ali, qui se mit aussitôt en mer et vint aborder à Mazara. Personne n'était d'abord venu à sa rencontre; mais, au milieu de la nuit, on vit arriver une troupe de Ketamah chargée de lui porter les excuses du peuple, et de rejeter sa conduite sur la crainte que lui inspiraient les Benou-el-Matir. Ceux-ci, de leur côté, envoyèrent auprès de lui des espions qui, le jugeant facile à abuser, le quittèrent en lui promettant de revenir plus tard; mais il devança leur retour et fit son entrée dans la ville.

Le hakim du pays et les principaux employés vinrent au-devant de lui, ce qui obligea les Benou-el-Tabari à en faire autant : leur chef Ismaïl se joignit au cortége, ainsi que tous ceux qui s'étaient séparés des Benou-el-Matir, et le nombre en était fort grand. Cependant Ismaïl, résolu à faire encore une tentative, mit en avant l'un de ses serviteurs qui vint demander justice à El-Haçan, se plaignant que l'un de ses esclaves avait forcé sa femme à céder à ses violences : Ismaïl pensait que le nouveau gouverneur, se refusant à punir son esclave, s'aliénerait ainsi l'affection des habitants de la ville; mais El-Haçan comprit cette intention perfide. Il fit sur-le-champ appeler le plaignant, et, lui ayant fait prêter le serment que sa plainte était juste, il condamna son esclave à mort. Le peuple, entraîné par cette prompte justice, abandonna le parti d'Ismaïl-ben-el-Tabari pour le sien. Ebn-el-Tabari avait député vers El-Mançour, son frère Ali et Mohammed-ben-Abdoun, chargés de demander le rappel d'El-Haçan; mais le khalife les fit arrêter tous deux et en fit prévenir El-Haçan, qui ordonna, de son côté, qu'on se saisît d'Ismaïl-ben-el-Tabari et de ses compagnons : cette dernière mesure anéantit entièrement leur parti, et la position d'El-Haçan prit une stabilité qu'elle n'avait pas eue jusque-là.

Les Grecs effrayés de la tournure que prenaient les affaires, et craignant l'attaque du gouverneur, lui payèrent le tribut de trois années. L'empereur de Constantinople cependant, ayant envoyé par mer, en Sicile, une nombreuse armée commandée par un patrice qui se joignit au sire Doghous, El-Haçan se hâta de faire demander du secours à El-Mançour, qui lui envoya sept mille cavaliers et trois mille cinq cents fantassins. El-Haçan rassembla, en outre, tous les hommes en état de porter les armes qui se trouvaient auprès de lui, envoya de tous côtés, par terre et par mer, de nombreux détachements, et, s'étant mis à la tête d'un corps de troupes, passa en Calabre, aborda à Kharadja et en fit le siège. L'armée des Grecs s'étant avancée à sa rencontre, il se hâta d'accorder la paix aux habitants de la ville, en n'exigeant d'eux que le payement d'une contribution de guerre, et marcha contre les Grecs qui s'enfuirent sans combattre. El-Haçan passa de là à Calaat-Kischana qu'il assiégea pendant un mois, à la fin duquel les habitants achetèrent la paix à prix d'argent, puis il revint avec sa flotte passer l'hiver à Messine. L'ordre d'El-Mançour l'ayant ensuite rappelé en Calabre, il retourna à Kharadja, rencontra dans les environs de la ville les Grecs unis au sire Doghous et les mit en fuite le jour d'Arafa de l'année 340. Cette victoire fit tomber entre ses mains un butin considérable. Les Musulmans s'étant ensuite dirigés vers Kharadja, continuèrent à en faire le siége jusqu'au jour où l'empereur Constantin fit demander une trêve (185). El-Haçan retourna alors à Kharadja où

(185) Les obstacles qu'éprouva El-Haçan pour se mettre en possession de son autorité, et les guerres qu'il livra aux Grecs, depuis l'année 335 jusqu'à l'année 340, ne sont pas rapportés dans Nowaïri. Ebn-el-Athir pourrait probablement éclaircir ce qu'il y a de douteux dans la lecture du nom de Sirdoghous, auquel nous reviendrons tout à l'heure, et de la ville de Kharadja, qui désigne peut-être ou Reggio ou Gérace dans le diocèse de Reggio, à trois milles de la mer Ionienne; mais entre le second et le troisième volume du *Kamel-el-Tawarikh*, que possède la Bibliothèque du roi, il y a une lacune d'un peu plus de quarante années. C'est dans cet intervalle que doivent se trouver les événements auxquels probablement Ebn-Khaldoun a emprunté son récit. D'après Cedrenus, les Grecs, à l'aide d'une disette et de guerres intestines qui avaient éclaté entre les Musulmans, leur avaient vendu à prix d'or les blés de la Calabre, et profitant de leur détresse, s'étaient refusés au payement du tribut ainsi qu'à rendre des transfuges qui étaient venus leur demander asile. Leurs dissensions une fois terminées, les Arabes réclamèrent et le tribut et les transfuges, appuyant leur demande d'une flotte nombreuse qui vint envahir la Calabre. C'est alors que Constantin Porphyrogénète envoya au secours de cette province menacée, le patrice Malacène à la tête d'une armée considérable

il bâtit une mosquée au milieu de la ville, et, exigeant des Grecs qu'ils ne s'opposassent pas à sa volonté, il déclara que tout captif qui parviendrait à entrer dans cette mosquée deviendrait libre.

Lorsqu'à la mort d'El-Mançour son fils El-Moezz (186) monta sur le trône, El-Haçan se rendit auprès de lui et laissa en Sicile, pour gouverner cette île en son absence, son fils Ahmed, auquel El-Moezz donna l'ordre de s'emparer de toutes les forteresses qui restaient aux Grecs dans

qui devait s'unir aux forces du gouverneur Pascal. Il le fit soutenir en même temps par une escadre sous le commandement de Macroïoannis; mais ces deux chefs ne firent, par leur conduite violente et leur rapacité, qu'apporter de nouveaux malheurs à la contrée qu'ils étaient chargés de défendre. Battus complètement par l'émir de Sicile, ils furent sur le point d'être pris. Après cette défaite, l'empereur n'eut d'autre ressource que d'envoyer en Sicile Jean Asecretis, surnommé Pilate, qui demanda la paix et obtint une trêve (Cedrenus, t. VIII de la Byzantine, éd. de Venise, p. 511). On trouve dans le texte de Cedrenus l'expression de ὀρχηγάρχα, qui n'appartient pas au grec ancien, mais se rencontre déjà dans saint Chrysostôme, employée avec le sens de commandant : τοῦ στόλου ὀρχηγάρχης, *commandant de la flotte*. On pourrait supposer que ce mot contracté est devenu chez les Arabes l'appellation du personnage qu'ils ont désigné par ces mots : le sire Doghous السردغوس. C'est ainsi que par contre, les chroniqueurs occidentaux défigurent les noms de l'Orient et prennent souvent un titre pour un nom propre. Dans cette hypothèse, la jonction du patrice de Constantinople avec le sire Doghous devrait exprimer l'union de l'armée du patrice Malacène avec celle du gouverneur de la Calabre, Pascal.

(186) M. Silvestre de Sacy, dans la Vie du khalife Hakem-Biamr-Allah (*Exposé de la religion des Druses*, 1ᵉʳ vol.; p. cclxxvii), dit que Mançour mourut au mois de Schewal 341; Ebn-Khaldoun place le même événement à la fin du mois de Ramadhan de la même année:

ثم توفي المنصور اسمعيل بن القايم سلخ رمضان سنة احدى واربعين

(fol. 20 vers.). Il eut pour successeur El-Moezz-Lidin-Allah-Abou-Temim-Maad, le conquérant de l'Égypte.

le pays. Aussitôt Ahmed, se mettant en devoir d'obéir, s'empara, en 351, de Taormine (187) et de plusieurs autres places; mais il fut arrêté par Rametta et en fit le siége. Quarante mille hommes étant arrivés de Constantinople au secours de cette ville, Ahmed fit demander du renfort à El-Moezz qui lui envoya de l'argent et des troupes commandées par l'ancien gouverneur El-Haçan, père d'Ahmed. Les secours destinés aux Grecs ayant abordé au port de Messine, furent aussitôt dirigés vers Rametta, alors assiégée par une armée musulmane sous le commandement d'Haçan-ben-Amar et du neveu d'El-Haçan-ben-Ali. Les Musulmans se trouvèrent ainsi entourés par les Grecs, et la garnison de la place ayant fait une sortie contre eux, leur position devint tout à fait critique; mais ils se résolurent à vendre chèrement leur vie, et dans une charge furieuse ils coupèrent les jarrets au cheval du général des Grecs, nommé Manuel; ce chef étant tombé fut tué ainsi qu'un grand nombre de patrices, et les Grecs, mis en fuite, furent

---

(187) Ebn-Khaldoun, dans son histoire des Obeydites, donne quelques détails de plus sur la prise de cette ville. Voici ce qu'il en dit :

وافتتح صاحب صقلية سنة احدى وخمسين قلعة طرمين من حصون صقلية بعد حصار طويل اجهدهم فنزلوا على حكم صاحب صقلية بعد تسعة اشهر ونصف للحصار واسكن المسلمين بالقلعة وسماها المعزية نسبة الى المعز صاحب افريقية

« Le gouverneur de Sicile s'empara en 351 de la forteresse de Taor-
« mine, après un long siége dans lequel les habitants eurent beaucoup
« à souffrir. Ils finirent enfin par se soumettre au bout de neuf mois et
« demi de résistance, et le gouverneur de Sicile ayant établi les Mu-
« sulmans dans la ville, lui donna le nom d'El-Moezzieh, par allusion
« au nom du prince d'Afrique. » (Ebn-Khaldoun, fol. 21, rect.)

poursuivis par les Musulmans, qui taillèrent les fuyards en pièces et firent beaucoup de butin et beaucoup de prisonniers. A la suite de cette victoire, ils prirent d'assaut Rametta, et s'emparèrent de toutes les richesses qu'ils trouvèrent dans cette ville. Le petit nombre de Grecs échappés à ce désastre s'embarqua sur la flotte pour aller chercher son salut loin de la Sicile et de Reggio; mais Ahmed, avec quelques vaisseaux, se mit à leur poursuite, brûla un grand nombre de leurs navires, et fit un grand carnage de ceux qui les montaient. Ce combat, connu sous le nom de combat de Medjaz, fut livré dans l'année 354 ; au nombre des captifs se trouvaient cent patrices et mille personnes occupant parmi les Grecs des postes importants (188). Le butin et les captifs ayant été dirigés sur Palerme, capitale de l'île, l'émir Ahmed sortit pour aller à leur rencontre, et sa joie fut si grande à cette vue, qu'il fut à l'instant saisi d'une fièvre dont il mourut. Il fut très-regretté du peuple, et tous les habitants de la Sicile choisirent, d'un consentement unanime pour son successeur, Ahmed, son fils; mais El-Moezz, de son côté, venait de nommer

(188) Cette défaite complète du patrice Manuel est rapportée à la fois et par Nowaïri (*Rer. Arab. quæ ad hist. Sic. spectant ampla collectio*) et par Cedrenus, qui dit : « L'empereur Nicéphore ne pouvant supporter la honte de payer un tribut aux Sarrasins de la Sicile, envoya contre eux une armée commandée par Manuel. Ce jeune chef, doué plutôt des qualités qui font le soldat que de celles qui doivent appartenir au général, et qui, par des vices nombreux, obscurcissait l'éclat de son courage, ne savait pas déférer à de sages conseils. Surpris et renfermé par l'ennemi dans les lieux les plus abruptes de la Sicile, il y périt avec toute son armée; l'eunuque Nicétas, commandant de la flotte, fut pris et envoyé en Afrique chargé de chaînes. » (Byzantine, t. VIII, p. 512.)

au gouvernement de l'île Yaïsch, affranchi d'El-Haçan (189). Cet émir ne se montra pas à la hauteur des affaires, et demeura inhabile à réprimer la dissension qui avait éclaté entre les Ketamah et les Kabaïles. En conséquence El-Moezz, instruit de son incapacité, nomma Abou'l-Caçem-Ali, fils d'El-Haçan, comme lieutenant de son frère Ahmed. Ce dernier mourut à Tripoli en 359, et par cette mort Abou'l-Caçem-Ali se trouva seul gouverneur. C'était un homme juste et intègre, qui avait su se faire aimer de tout son peuple (190). En l'année 371, le

(189) Conférez avec Nowaïri, dans l'ouvrage du chanoine Grégorio, ou mieux encore dans la traduction française qui a été faite sur les M.S. originaux par M. Caussin de Perceval, et insérée à la suite des voyages du baron de Riedesel. (1 vol. in-8°, Paris, 1802, p. 430.)

(190) On trouve dans Ebn-el-Athir, vers l'année 365, les détails de quelques expéditions qui sont omises dans Ebn-Khaldoun, et à peine indiquées dans Nowaïri :

في هذه السنة سار امير صقلية وهو ابو القاسم ابن الحسن بن علي بن ابي الحسين في عساكر المسلمين ومعه جماعة من الصالحين والعلما فنازل مدينة مسيني في رمضان فهرب العدو عنها وعدا المسلمون الى كنسة فحصروها اياما فسال اهلها الامان فاجابهم اليد واخذ منهم مالا ورحل عنها الى قلعة جلوا فعلع كذلك بها وبغيرها وامر اخاه القاسم ان يذهب بالاسطول الى ناحية بزيوله ويبث السرايا في جميع قلورية فعل ذلك فغنم غنايم كثيرة وقتل وسبا وعاد هو واخوه الى المدينة فلما كان سنة ست وستين وثلثمايه امر ابو القاسم بعمارة رمطة وكانت قد خربت قبل ذلك وعاود الغزو وجميع الجيوش وسار فنازل قلعة اغانه وطلب اهلها الامان فامنهم وسلموا اليد القلعة بجميع ما فيها ورحل الى مدينة طارنت فراى اهلها قد هربوا منها واغلقوا ابوابها وصعد الناس السور وفتحوا الابواب ودخلها الناس فامر الامير فامرت فهدمت واحرقت وارسل السرايا فبلغوا ادرنت وغيرها ونزل هو على مدينة غربينة فقاتلها فبذل اهلها له

roi des Francs marcha contre lui à la tête de forces imposantes, et ayant mis le siége devant la forteresse de Rametta, il s'en rendit maître. Après ce premier succès,

مالا صلحهم ءايه وصاد الى المدينة « Dans cette même année (de « l'H. 365), l'émir de Sicile Abou'l-Caçem-ben-el-Haçan-ben-Ali-ben-« Abi-el-Hoçaïn s'étant mis à la tête d'une armée arabe et s'étant fait « accompagner d'hommes éminents par leurs vertus et leur science, « marcha sur Messine au mois de Ramadhan; les ennemis ayant pris « la fuite, les Musulmans se dirigèrent vers Kasna, dont ils formèrent « le siége. Au bout de quelques jours, les habitants capitulèrent et « furent reçus à composition par l'émir, qui après avoir reçu d'eux une « somme d'argent, se dirigea vers Calaat-Djelwa (peut-être Caltagelone, « nom ancien de Caltagirone?), qu'il traita de même, ainsi que plu-« sieurs autres places. Il ordonna ensuite à son frère El-Caçem de se « porter avec une flotte dans les environs de Bazīouleh(?), et d'envoyer « des partis dans toute la Calabre; à son retour de ces expéditions, « dans lesquelles il avait détruit un grand nombre d'ennemis, et s'était « emparé de beaucoup de prisonniers ainsi que d'un butin considéra-« ble, El-Caçem se rendit, ainsi que son frère, à Palerme. En 366, Abou'l-« Caçem donna l'ordre de rebâtir la ville de Rametta, détruite quelque « temps auparavant. Il recommença ensuite ses expéditions guerrières, « et ayant rassemblé ses troupes, marcha sur Calaat-Aghanah (peut-« être Agnana, dans la province de Catenzaro); les habitants ayant « capitulé, lui remirent la forteresse ainsi que tout ce qu'elle conte-« nait. Il se porta de là vers Tarente et s'aperçut que la population « avait quitté la ville après en avoir fermé les portes. Les Musulmans « ayant escaladé les murailles, les portes furent ouvertes : l'armée y « pénétra, et, d'après les ordres de l'émir, on la ravagea par le fer et « le feu. Il envoya ensuite des partis qui pénétrèrent jusqu'à Otrante « et d'autres places encore. Quant à lui, il se dirigea sur la ville de « Ghrabina (Gravina), et attaqua les habitants, qui se rachetèrent au « prix de leurs trésors. Il leur accorda la paix et revint à Palerme. » (Ebn-el-Athir, t. III, fol. 9, vers.) La plus grande partie de ces expéditions ayant été dirigées contre la Calabre, la ville de Kasna, dont il est ici question, doit être celle de Cosenza au siége de laquelle Ibrahim-ben-el-Aghlab était mort. Il est fait mention dans l'histoire du Bas-Empire des ravages qu'Abou'l-Caçem fit éprouver à la Calabre pendant l'année 977 (de l'H. 366), et du siége de Gravina. (Hist. du Bas-Empire, par Lebeau, revue par Saint-Martin, t. XIV, p. 161.)

il mit en déroute plusieurs partis de Musulmans. L'émir Abou'l-Caçem se hâta de sortir de Palerme à la tête d'une armée pour marcher à sa rencontre ; mais à l'approche de l'ennemi, il n'osa pas lui présenter le combat et revint sur ses pas. Les Francs, qui cotoyaient l'île sur leurs vaisseaux ayant vu ce mouvement, en donnèrent avis au roi Berdouïl qui se mit aussitôt en marche avec les siens, l'atteignit pendant sa retraite et engagea le combat. Abou'l-Caçem fut tué pendant l'action, et la position des Musulmans était devenue fort critique, lorsque, redoublant d'efforts et faisant le sacrifice de leur vie, ils combattirent avec tant de courage qu'ils mirent en fuite les Francs, après leur avoir fait essuyer une défaite complète. Berdouïl ayant à grand'-peine sauvé sa vie, se réfugia dans son camp d'où il s'embarqua pour l'Italie (191).

(191) La lutte importante dont il est ici question n'est pas mentionnée dans Nowaïri : Ebn-el-Athir la rapportant au contraire avec beaucoup plus de détails qu'Ebn-Khaldoun, nous citerons en entier ce chapitre de ses Annales : في هذه السنة في ذي القعدة سار الامير ابو القاسم امير صقلية من المدينة يريد الجهاد وسبب ذلك ان ملكا من ملوك الفرنج يقال له بردويل خرج في جمع كثير من الفرنج الى صقلية فحصر قلعة ملطية وملكها واصاب سريتين للمسلمين فسار الامير ابو القاسم بعساكره ليرحل عن القلعة فلما قاربها خاف وجبن فجمع وجوه اصحابه وقال لهم اني راجع من مكاني هذا فلا تنكروا على راي فرجع هو وعساكره وكان اسطول الكفار يساير اسطول المسلمين في البحر فلما راوا المسلمين راجعين ارسلوا الى بردويل ملك الروم يعلمونه ويقولون له ان المسلمين خايفون منك فالحق بهم فانك تظفر فجرّد الفرنجي عساكره من اثقالهم وسار جريدة وجدّ في السير

Après la mort de l'émir Abou'l-Caçem, les Musulmans nommèrent pour chef son fils Djaber, qui partit sur-le-

فادركهم فى العشرين من المحرم سنة اثنين وسبعين فتعبّا المسلمون للقتال واقتتلوا واشتدت الحرب بينهم فحمل طايفة من الفرنج على القلب والاعلام فشقوا العسكر ووصلوا اليها وقد تفرق كثير من المسلمين عن اميرهم واختل نظامهم فوصل الفرنج اليه فاصابته ضربة على ام راسه فقتل وقتل معه جماعة من اعيان الناس وشجعانهم ثم ان المنهزمين من المسلمين رجعوا مصممين على القتال ليظفروا او يموتوا فاشتد الامر حينيد وعظم الخطب على الطايفتين فانهزم الفرنج اقبح هزيمة وقتل منهم نحو اربعة الاف قتيل واسر من بطارقهم كثير وتبعوهم الى ان ادركهم الليل وغنموا من اموالهم كثيرا وافلت ملك الفرنج هاربا ومعه رجل يهودى كان خصيصا به فوقف فرس الملك فقال له اليهودى اركب فرسى فان قتلت فانت لولدى فركبه الملك وقتل اليهودى فنجا الملك الى خيامه وبها زوجته واصحابه فاخذهم وعاد الى رومية

« Au mois de Dzou'lcaada de cette même
« année (de l'H. 371), l'émir de Sicile Abou'l-Caçem partit de Palerme
« pour aller combattre les infidèles. Voici quelle était la cause de cette
« expédition : Un roi franc, nommé Berdouïl, s'était dirigé, à la tête
« d'une nombreuse armée de Francs, vers la Sicile, et avait mis le siége
« devant la ville de Melito, dont il s'était emparé ; il avait aussi battu
« deux partis de Musulmans. L'émir Abou'l-Caçem marcha contre lui
« pour le chasser de ce poste, mais en approchant il fut saisi de crainte,
« et dominé par la terreur, il assembla les principaux chefs de son
« armée et leur dit : « Je vais revenir dans ma capitale ; que personne
« de vous ne s'oppose à ma résolution. » En effet, il revint sur
« ses pas avec toutes ses troupes, et à la vue de cette fuite, la flotte
« des infidèles, qui suivait de près la flotte des Musulmans, fit con-
« naître au roi Berdouïl la retraite de l'émir, en l'assurant que s'il
« attaquait l'ennemi dans l'état de frayeur où il était, il remporterait
« la victoire. Le prince franc se hâta de choisir dans son armée un
« corps de troupes armé à la légère, qui hâta sa marche et atteignit

champ pour ramener ses troupes, sans s'arrêter à faire du butin. Il y avait douze ans et demi qu'Abou'l-Caçem

« les Musulmans le 20 du mois de Moharrem de l'an 372. Le combat
« s'engagea et fut vif; mais un corps de Francs pénétra à travers les
« rangs des Arabes jusqu'au cœur de leur armée et jusqu'aux éten-
« dards; la plus grande partie des Musulmans se trouva séparée de
« l'émir, leur ordre de bataille fut rompu, et les Francs étant arrivés
« jusqu'à Abou'l-Caçem, il fut frappé d'un coup sur la tête et tomba
« mort. Un grand nombre des personnages les plus considérables et
« des plus braves guerriers de l'armée, succombèrent avec lui, mais
« les Musulmans, mis en fuite, étant revenus au combat avec une
« ardeur extrême, et résolus de vaincre ou de mourir, l'action se
« renouvela. Après une affaire très chaude, les Francs furent mis
« dans la plus complète déroute : quatre mille d'entre eux environ
« furent tués, et un grand nombre de patrices furent pris. Les Musul-
« mans les ayant poursuivis jusqu'à la nuit, leur enlevèrent un immense
« butin. Le roi des Francs, contraint de fuir, n'avait plus avec lui
« qu'un Juif attaché à sa personne; son cheval, épuisé de fatigue,
« s'étant arrêté, le Juif lui dit : — Prenez le mien : si je meurs, vous
« serez le protecteur de mes enfants. » Le roi accepta cette offre, et le
« Juif fut tué. Quant au roi, il se réfugia dans ses tentes, où il retrouva
« sa femme et ses compagnons, et les ayant pris avec lui, il revint à
« Rome. » (Ebn-al-Athir, t. III, fol. 33, rect. et vers., et 34, rect.) Il
ne peut être question ici, d'après l'ordre chronologique, que de l'expédition tentée par Othon II pour faire valoir dans la Pouille et
dans la Calabre les droits qu'il croyait avoir acquis sur ces provinces
par son mariage avec Théophanie, sœur de Basile. Romuald, arche-
vêque de Salerne, en parle en ces termes dans sa chronique : « Anno
« DCCCCLXXXI Otho imperator, qui dictus est minor, veniens Sa-
« lernum obsedit, cepitque illam expugnans. Dehinc per Brixiam et
« Lucaniam in Calabriam petresit, et apud Stylum Calabriæ oppidum
« cum Sarracenis pugnavit, eosque devicit, Rhegium quoque cepit. »
(Script. rer. Ital., t. VII, p. 163.) Lupus Protospata fait mention de
la mort d'Abou'l-Caçem, ce qui se rapporte complétement avec le
récit arabe; mais il ne parle que d'une défaite complète des ennemis
de l'empereur, ce qui est contredit par le témoignage d'autres historiens de l'Occident. Voici ce passage de ses chroniques : « Anno 981
« fecit prælium Otho rex cum Sarracenis in Calabriá in civitate Cotruna
« (Crotone) et mortui sunt ibi 50 mil. Pœnorum cum rege eorum,

gouvernait la Sicile avec un esprit de justice dont il ne se départissait jamais; mais son fils ne sut pas l'imiter.

« nomine Bulcassimus. » (*Lupi Protospatæ rerum in regno Neopolitano gestarum breve chronicon*, p. 38.) Enfin Muratori, s'appuyant du récit de quelques historiens allemands, tels que Ditmar et Herman Contract, a donné le récit suivant, dont les circonstances principales ne démentent pas le chroniqueur oriental, à l'exception du nom du prince et des circonstances de sa fuite : « Les empereurs grecs Basile
« et Constantin eurent à peine pénétré le dessein qu'avait formé
« Othon II d'attaquer leurs possessions de la Pouille et de la Calabre,
« qu'ils lui envoyèrent des ambassadeurs pour le détourner d'une telle
« agression. Leurs sollicitations, leurs prières ayant été inutiles, ils
« demandèrent des secours aux Arabes de Sicile et d'Afrique, et leur
« firent de nombreuses promesses. Les Sarrasins, enchantés d'une
« telle proposition, virent de suite l'immense avantage qu'ils avaient
« ainsi de mettre librement le pied en Calabre, en supposant même
« que l'expédition d'Othon ne fût pas dirigée contre eux, comme pos-
« sédant des villes ou des forteresses dans ces provinces. En consé-
« quence, ayant rassemblé une flotte puissante, ils accoururent sou-
« tenir les intérêts des Grecs, et peut-être même les leurs propres.
« Othon, de son côté, était à la tête d'une brave armée composée de
« Saxons, de Bavarois, d'Allemands; Othon, duc de Bavière et de
« Souabe, son neveu, était venu se ranger sous sa bannière; les Béné-
« ventins, les Capouans, les Salernitains, s'étaient portés à son aide.
« C'est à la tête de ces forces nombreuses qu'il entreprit le siége de
« Tarente, défendue par les Grecs, et qu'il emporta cette place avec
« vaillance. Poursuivant sa marche dans la Calabre, il se rencontra
« bientôt avec l'armée arabe. Ceux-ci, mis d'abord en déroute, se
« retirèrent à l'abri des remparts d'une ville; mais en étant sortis en
« bon ordre, ils engagèrent bientôt une action des plus chaudes. Les
« chrétiens firent un grand carnage des infidèles, et enfoncèrent leurs
« escadrons, qui prirent la fuite; mais pendant que les vainqueurs
« recueillaient, dans le désordre de leur victoire, les dépouilles restées
« sur le champ de bataille, les Sarrasins, s'étant ralliés, tombèrent sur
« eux sans trouver de résistance, les taillèrent en pièces et restèrent
« maîtres du champ de bataille. L'empereur voyant la plus grande
« partie de son armée taillée en pièces par les Sarrasins, s'enfuit du
« côté de la mer, et ayant aperçu une galère grecque venue pour re-
« cueillir les tributs de la Calabre, il poussa son cheval dans l'eau et

À peine fut-il sur le trône qu'il s'adonna complétement aux plaisirs, et l'État fut bientôt agité par de tels troubles, qu'en l'an 373 les Musulmans le déposèrent pour nommer à sa place son cousin Djafar-ben-Mohammed-ben-Ali-ben-Abi-el-Haçan. C'était l'un des vizirs et des favoris d'El-Aziz (192), homme plein de générosité et de goût pour les sciences. Il ne tarda pas à rétablir les affaires en bon état, mais il mourut en 375. Il eut pour successeur son frère Abdallah, qui suivit en tout son exemple, mais ne vécut lui-même que jusqu'à l'année 379. Thikat-el-Daoulet-Abou-el-Foutouh-Youcef-ben-Abdallah-ben-Mohammed-ben-Ali-ben-Abi-el-Haçan, son fils, lui succéda. La gloire de son règne et l'excellence de ses vertus firent oublier celles de tous les émirs qui l'avaient précédé jusqu'au jour où, dans le courant de l'année 388, il fut atteint d'une hémiplégie qui lui pa-

« fut amené à bord par un soldat esclavon qui le reconnut. Ayant dé-
« voilé son rang au commandant du navire, il obtint d'envoyer un
« message à l'impératrice Théofanie pour qu'elle rassemblât le prix
« de sa rançon ; elle était alors à Rossano, d'où elle fit sortir, en effet,
« une quantité de bêtes de somme qu'on croyait chargées d'or et de
« riches présents. Théodoric, évêque de Metz, chargé de traiter de la
« rançon du captif, accosta le bâtiment grec, qui se trouva entouré de
« petites barques sur lesquelles on avait placé des soldats déguisés en
« marins. L'empereur Othon, conduit sur la proue, se vit à peine près
« des siens, que, se fiant sur l'adresse avec laquelle il nageait, il se
« lança à la mer. Un des Grecs, qui voulut le retenir, reçut d'un sol-
« dat allemand une blessure qui le renversa et effraya tous les autres,
« en sorte que l'empereur, en nageant, et suivi des barques montées
« par ses soldats, arriva sain et sauf sur le rivage. » (Muratori, *Annali d'Italia*, t. V, part. II, p. 290 et suiv.)

(192) Nezar-el-Aziz-Billah succéda, au milieu du mois de Rebi second, de l'année 365, à son père Moezz, qui, après vingt ans de règne, venait de mourir en Égypte. (*Ebn-Khaldoun*, fol. 22 vers.)

ralysa complétement le côté gauche. Son fils, Tadj-el-Daoulet-Djafar-ben-Thikat-el-Daoulet-Youcef, prit les rênes du gouvernement : il les tint d'une main ferme et dirigea les affaires avec vigueur. En 405, son frère Ali, aidé par des Berbers et des esclaves, tenta de se révolter. Djafar, marchant aussitôt contre lui, le vainquit et le fit mettre à mort; mais il épargna ses partisans, et sa position se trouva plus affermie que jamais. Plus tard, cet état prospère vint à changer, et Djafar perdit l'affection de son peuple par la faute de son secrétaire et de son vizir Haçan-ben-Mohammed-el-Baghani. La conduite de ce dignitaire exaspéra les Siciliens qui se révoltèrent contre l'émir, et pendant la nuit vinrent entourer son château. Ainsi pressé par les rebelles, il envoya vers eux son père paralytique, qui, porté dans une litière, apaisa le peuple par ses discours, et lui fit livrer El-Baghani qui fut mis à mort, ainsi que son chambellan Abou-Raffi. Ayant ainsi calmé la révolte, le vieux Thikat-el-Daoulet partit pour l'Égypte, après avoir déposé son fils Djafar, auquel il nomma pour successeur, en l'an 410, son autre fils Ahmed, surnommé Taïb-el-Daoulet-ben-Thikat-el-Daoulet, qui était aussi connu sous le nom d'El-Akhal. Ce prince apaisa les troubles et rétablit l'ordre dans le pays; mais ensuite il confia les rênes du gouvernement à son fils Djafar, jeune homme d'une conduite mauvaise et malhabile, qui fut assez impolitique pour favoriser entièrement les Africains par des préférences injustes, dont les Siciliens avaient à souffrir. Ceux-ci, outrés de cette manière de se conduire à leur égard, se révoltèrent ouvertement et portèrent leurs plaintes à El-Moezz (193), prince de Caïrouan, dont ils reconnurent la suprématie sur leur île.

Aussitôt El-Moezz fit partir pour la Sicile une flotte sur laquelle il fit embarquer trois cents cavaliers commandés par ses fils Abdallah et Aïoub. A leur arrivée dans l'île, ils en rassemblèrent les habitants et citèrent en leur présence l'émir El-Akhal, qui fut décapité par leur ordre, et dont la tête fut portée au prince El-Moezz en l'année 417 (194). A peine cette exécution était-elle

(193) El-Moezz-ben-Badis, de la dynastie des Zeïrides. Conférez tout ce passage avec celui de Nowaïri. (*Rer. Arab. ampla collect.*, p. 23. Voy. aussi le M.S. 702, f° 36 et suiv.)

(194) Ni Nowaïri, ni Ebn-Khaldoun, ne parlent d'une expédition dont les auteurs byzantins font mention; c'est celle que Basile, en 1026 (de l'hég. 416), avait dirigée contre la Sicile, en envoyant en Calabre l'eunuque Oreste, à la tête de troupes qui devaient tenter la conquête de l'île. Basile lui-même devait suivre de près, mais il fut retenu à Constantinople par une maladie qui ne se termina que par sa mort. Cette entreprise, qui du reste n'eut pas de succès, est racontée par Ebn-el-Athir en ces termes :

في هذه السنة خرج الروم الى جزيرة صقلية في جمع كثير وملكوا ما كان للمسلمين في جزيرة قلورية وهي مجاورة لجزيرة صقلية فشرعوا في بناء المساكن ينتظرون وصول مراكبهم وجموعهم مع ابن اخت الملك فبلغ ذلك المعز بن باديس وجهز اسطولا كبيرا اربع ماية قطعة وجيشا فيها وجمع خلقا كثيرا وتطوع خلق كثير بالجهاد رغبة في الاجر فسار الاسطول في كانون الثاني فلما قرب من جزيرة قوصرة وهي قريب من افريقية خرج عليهم ريح شديد ونو عظيم فغرق اكثرهم ولم ينج الا اليسير

« Dans cette même année (416), les Grecs se portèrent en grand nom-
« bre contre la Sicile, et commencèrent par s'emparer de tout ce qui
« appartenait aux Musulmans en Calabre, presqu'île voisine de l'île
« qu'ils voulaient attaquer. Ils se mirent à construire des habitations,

accomplie, que les Siciliens se repentirent de l'avoir provoquée, et se révoltant de nouveau contre les Africains, dont ils mirent à mort environ trois cents, ils les chassèrent de leur île et élurent pour leur chef le frère d'El-Akhal, nommé El-Samsam. Des troubles, des dissensions suivirent de près cette élection; des hommes sans aveu s'emparèrent du pouvoir au préjudice des familles nobles, et au milieu de ce bouleversement général, les Palermitains, ayant chassé leur émir El-Samsam, mirent à leur tête Mohammed-ben-Thammouna, l'un des principaux chefs des habitants les plus turbulents de la ville, qui prit alors le surnom d'El-Kadir-Billah. Dans l'année 431, Abdallah-ben-el-Houasch se rendit indépendant à Mazara et à Trapani, tandis qu'Ebn-el-Meklati en faisait autant à Catane. El-Samsam ayant ensuite été mis à mort, et Ebn-el-Meklati ayant été vaincu par Ebn-el-Thammouna, ce dernier se trouva seul chef dans l'île, et la gouverna sans rivaux jusqu'au jour où elle échappa à son pouvoir. Lorsqu'il s'était vu maître unique de la Sicile, il avait épousé Maïmouna, fille d'El-Houasch, sœur d'Ali. Un jour, que sa raison était troublée par la boisson, il se mit en colère contre elle et ordonna qu'on

« guettant l'arrivée d'une flotte qui devait leur apporter des secours
« nombreux, commandés par le neveu de leur empereur. El-Moezz,
« fils de Badis, ayant eu connaissance de ce fait, arma des vaisseaux
« au nombre de 400, sur lesquels il embarqua ses troupes. A son ar-
« mée se joignirent spontanément une grande quantité d'individus ja-
« loux de prendre part à la guerre sainte. Cette expédition partit au
« mois de janvier, et comme elle approchait de l'île de Pentellaria, qui
« est voisine de l'Afrique, elle fut assaillie par un violent ouragan et
« une tempête affreuse, qui en fit périr la plus grande partie. Bien
« peu échappèrent au désastre. » (T. III, fol. 193 vers., et 194 rect.)

lui ouvrit les veines : elle perdit son sang et s'évanouit, tandis qu'après avoir donné cet ordre cruel il s'endormait d'un profond sommeil. Son fils Ibrahim étant arrivé sur ces entrefaites, prodigua ses soins à la malheureuse Maïmouna et fit appeler des médecins qui la rappelèrent à la vie. Revenu de son ivresse, Ebn-el-Thammouna se repentit de sa cruauté; il recourut aux prières pour obtenir son pardon de sa femme, et elle fit semblant de le lui accorder; mais, quelque temps après, elle lui demanda permission d'aller rendre une visite à son frère. A peine arrivée à Casr-Iani, où il résidait, elle lui raconta le traitement qu'elle avait eu à subir, et aussitôt il jura de ne jamais la rendre à son mari. De là éclata bientôt, entre les deux beaux-frères, une vive querelle. Ebn-el-Thammouna leva une armée, mais ayant été mis en fuite par Ebn-Houasch, il alla demander du secours aux Grecs, et se rendit à Mélito où se trouvait alors le comte Roger, fils de Tancrède, avec sept de ses frères (195). Roger ayant rassemblé les Francs, les excita

(195) Une fois que les Normands paraissent sur la scène, une fois que mettant le pied en Sicile, ils entrent dans cette série de conquêtes qui leur soumit l'île entière et plaça la couronne sur la tête de Roger, des documents nombreux, rédigés par des contemporains, viennent en aide à l'historien et le dispensent de s'appuyer sur les sèches chroniques des Orientaux, devenues plus sèches encore lorsqu'elles n'ont à mentionner que des défaites. Il nous suffira de citer, parmi les sources authentiques, l'Ystoire de li Normant et la Chronique de Robert Viscart, par Aimé, moine du mont Cassin, publiée par les soins de M. Champollion-Figeac; la Chronique de Léon d'Ostie, dont plusieurs morceaux sont vraisemblablement, ainsi que l'a observé M. Champollion, le texte original de l'histoire d'Aimé, dont nous ne possédons qu'une traduction française; l'Anonyme du Vatican (*Historia sicula*), dont la première partie a été reconnue par le savant éditeur de l'Ystoire de li

à entreprendre la conquête de la Sicile, et, entrant dans cette île à la tête de sept cents hommes, il marcha droit à Casr-Iani, s'emparant de tous les lieux qu'il rencontra sur sa route. Ebn-el-Houasch se mit en campagne; mais ayant été repoussé avec perte, il se renferma dans le château. De là les Francs marchèrent contre un grand nombre de places dont ils se rendirent maîtres. Bientôt les habitants consternés ne virent plus d'autre perspective que la mort ou l'exil; Omar-ben-Halaf-ben-Maki partit pour l'Afrique, et se rendit à Tunis dont il devint cadi. Les Grecs, marchant de conquêtes en conquêtes, s'emparèrent de l'île tout entière, à l'exception des forteresses. Ce fut alors qu'Ebn-el-Houasch ayant capitulé sortit de l'île, en 464, avec sa famille et ses trésors. Dès ce moment, Roger devint le maître de la Sicile entière, la loi de l'islamisme cessa de dominer dans l'île, et la dynastie des Benou-Kelb finit après que dix d'entre eux eurent exercé, pendant quatre-vingt-quinze ans, leur puissance.

Roger mourut en 494 dans la ville de Mélito, en Calabre, et il eut pour successeur son fils Roger, second du nom. Ce prince eut un règne long et prospère : c'est pour lui que le schérif Abou-Abdallah-el-Edrisi écrivit

---

Normant comme appartenant au même auteur; Malaterra (*Gaufredi Malaterræ monachi Benedictini Historia sicula*); Guillaume de la Pouille) *Guilelmi Appuli historicum Poëma de rebus Normannorum in Sicilia, Appulia et Calabria gestis*). C'est là que les Fazelli, les Caruso, les Inveges, les Mongitore, les Airoldi, les Gregorio, et beaucoup d'historiens après eux, ont puisé les récits d'une époque bien autrement riche en souvenirs que les deux siècles et demi pendant lesquels la Sicile appartint aux Arabes.

son livre intitulé : *Délassements de l'homme désireux de connaître à fond les diverses contrées du monde*. On dit encore qu'il donna à cette œuvre le nom du prince, en sorte que le nom de Roger était le titre du livre, et que c'est ainsi qu'il fut connu dans le public (196). Or, Dieu est celui qui règle les nuits et les jours.

(196) D'autres faits analogues à celui-ci prouvent que quelquefois les auteurs arabes, pour être agréables à un prince, donnèrent aux livres qu'ils avaient composés le nom de ce prince ou du titre qu'il portait. Nous nous contenterons de citer un exemple où cette flatterie fut encore, comme dans le cas rapporté par Ebn-Khaldoun, employée par un Musulman en faveur d'un prince chrétien. Djemal-eddin ayant été envoyé en députation par Bibars auprès de Mainfroy, fils naturel de l'empereur Frédéric II, composa pour ce prince un traité de logique auquel il donna le titre de *El-Embérouyé* (l'impérial). (Extrait de la *Chron. d'Aboulféda*, t. I des Historiens des croisades, publiés par l'Acad. des Insc., et traduits par M. Reinaud.)

TABLE DES CHAPITRES.

Conquête de l'Afrique	1
Moawia-ben-Khodaïdj	5
Okbah-ben-Nafi	10
Abou-el Mohadjir	13
Okbah-ben-Nafi revient au pouvoir	16
Zohaïr-ben-Caïs-el-Baloui	23
Haçan-ben-el-Nooman-el Ghaçani	24
Mouça-ben-Noçaïr	28
Mohammed-ben-Iezid	30
Ismaïl-ben-Abi-el-Mohadjir	id.
Iezid-ben-Abi-Moslem	31
Beschr-ben-Safouan-el-Kelbi	id.
Obeïdah-ben-Abd-el-Rahman	32
Obeïd-Allah-ben-el-Habhab	id.
Kolthoum-ben-Ayad	36
Handhalah ben-Safouan	38
Abd-el-Rahman-ben-Habib	42
Habib-ben-Abd-el-Rhaman	48
Abd-el-Melik-ben-Abi-el-Djad-el-Werfadjoumy	54
Abd-el-Ala-ben-el-Samha-el-Moughafcri	id.
Mohammed-ben-el-Aschath-el-Khozaïy	55
El-Agblab-ben-Salem	59
Omar-ben-Hafs-Hezarmerd	62
Iezid-ben Hatem-ben-Cabiçah-ben-el-Mohalleb	66
Rouh-ben-Hatem, frère d'Iezid	71
El-Fadhl-ben-Rouh, fils du précédent	73
Horthomah-ben-Aïan	77
Mohammed-ben-Mokatil-el-Akki	81
Ibrahim-ben-el-Aghlab	83
Abou-el-Abbas-Ibrahim-ben-Abdallah, fils du précédent	94
Ziadet-Allah-ben-Ibrahim, frère du précédent	96
Conquête de la Sicile par Açad-ben-el-Firat	103
Abou-Ikal-el-Aghlab-Ibrahim-ben-el-Aghlab	111

TABLE DES CHAPITRES.

Abou-el-Abbas-Mohammed-ben-el-Aghlab-ben-Ibrahim......... 112
Abou-Djafar-Ahmed, frère d'Abou-el-Abbas................. 113
Abou-Ibrahim-Ahmed-ben-Abi-el-Abbas-Mohammed.......... 114
Ziadet-Allah el-Asghar, fils d'Abou-Ibrahim-Ahmed.......... 116
Abou-el-Gharanik-Mohammed-ben-Abi-Ibrahim-Ahmed........ 117
Suite de l'histoire de Sicile............................... 118
Ibrahim-ben-Ahmed, frère d'Abou-el-Gharanik.............. 126
Apparition du Schii chez les Ketamah...................... 144
Abou-el-Abbas-Abd-Allah, fils d'Ibrahim, frère d'Abou-el-Gharanik. 146
Abou-Modhar-Ziadet-Allah................................ 149
Retraite de Ziadet-Allah en Orient........................ 153
Fin de l'histoire de la Sicile sous les gouverneurs arabes envoyés
    dans cette île par les Obeydites........................ 157

TABLE

PAR ORDRE ALPHABÉTIQUE

DES NOMS DE LIEUX ET DE PERSONNES.

A

Abah, nom de lieu, 118.
Abbacieh, nom de lieu, 86, 92, 100.
Abbas-ben-Fadhl-ben-Iacoub-ben-Ferara, gouverneur de la Sicile, 120, 121; se rend maître de Casr-Iani, 122; sa mort, 123, 124.
Abbassides (dynastie des) parvient au khalifat, 45 et passim.
Abdallah (armée des) 4.
Abdallah-ben-Caïs, 11, 103.
Abdallah-ben-el-Djaroud, 74. Voyez Ebn-el-Djaroud.
Abdallah-ben-el-Houaseh, 181, 182, quitte la Sicile, 183.
Abdallah-ben-el-Saïgh, vizir de Ziadet-Allah, 150, 153, 154; est mis à mort, 157.
Abdallah-ben-Ibadh-el-Tamimi, 34, 44.
Abdallah-ben-Saad. Voyez Abd-Allah, fils d'Abou-Sarh.
Abdallah-ben-Sofian, 133.
Abdallah-ben-Taher, 96.
Abdallah-ben-Yezid-ben-Hatem, 75, 76.
Abdallah-ben-Zobaïr, 5, 6; est envoyé à Médine, 8; revient en Afrique avec Moawia-ben-Khodaïdj, 10; sa mort, 24, 31.
Abdallah, fils d'Abbas, 5.
Abdallah, fils d'Abbas ben-Fadhl-ben-Iacoub-ben-Ferara, gouverneur de Sicile, 124.

Abdallah, fils d'Abou-Sarh, s'empare de l'Afrique, 1, 2, 3, 4 et suiv.; cité 103.
Abdallah, fils d'El-Moezz-ben-Badis, 180.
Abdallah, fils d'Ibrahim-ben-el-Aghlab, émir d'Afrique, 93; monte sur le trône, 94, 95; sa mort, 96, 97.
Abdallah, fils de Mouça-ben-Noçaïr, 29, 30.
Abdallah, fils d'Omar-ben-el-Khattab, 5, 10.
Abdallah, fils de Zéid-ben-el-Khattab, 5.
Abdallah, frère de Djafar-ben-Mohammed, gouverneur de la Sicile, 178.
Abdallah, oncle de Walid-ben-Abd-el-Mélik, 28, 29.
Abd-el-Aziz, 28, 29, 30.
Abd-el-Aziz-ben-el-Samih-el-Moghaferi, 68.
Abd-el-Djebbar, 44.
Abd-el-Melik-ben-Abbas, 80.
Abd-el-Melik-ben-Abi-el-Djad, 53, 54.
Abd-el-Melik-ben Catan, 35, 36, 37.
Abd-el-Melik-ben-Merwan, s'empare de Djeloula, 9 et 10.
Abd-el-Melik-ben-Merwan, khalife, 23; met à mort Abd-Allah-ben-Zobaïr, 24; cité, 25, 26, 27, 28.
Abd-el-Moumin, fils de Walid-ben-Yezid, 45.
Abd-el-Rahman-ben-Habib, passe en

Sicile, 34; va en Andalousie, 38; devient gouverneur d'Afrique, 42, 43, 44, 45; se révolte, 46; sa mort, 47, 53.

Abd-el-Rahman-ben-Habib-ben-Abd-el-Rahman-el-Fahri, 68.

Abd-el-Rahman-ben-Okbah, 37.

Abd-el-Rahman-ben-Roustem, 55, 56; fonde Tahart, 57, 58, 63, 65.

Abd-el-Rahman-ben-Ziad-ben-Anam, cadi d'Afrique, 50.

Abd-el-Rahman-el-Kendi, 8.

Abd-el-Rahman, fils d'Abou-Bekr-el-Siddik, 5.

Abd-el-Selam-ben-el-Mafradj, 102, 103.

† Abd-el-Wahab-ben-Abd-el-Rahman-ben-Roustem, 93, 94.

† Abd-el-Wahab-ben-Roustem, 71.

Abd-el-Wahid-ben-Yezid el-Hawari, 38, 39, 40, 41.

Abd-el-Warith, 47, 48, 49, 52.

Abdouiah, 74. Voy. Abd-Allah-ben-el-Djaroud.

Abd-Rabih-el-Anbary, 74. Voy. Abd-Allah ben-el-Djaroud.

Ablatanou, nom de lieu, 111.

Abou-Abdallah-el-Edrisi dédie son livre à Roger, 183, 184.

Abou-Abdallah-el-Schii; son apparition chez les Ketamah, 144, 145, 146; s'empare de Mila, 147; est défait, 148; ses succès contre Ziadet-Allah, 149, 150, 151, 152, 153; se rend maître de Raccadah, 154.

Abou-abdallah, fils d'Ali-ben-Hamid, 113, 114.

Abou-Bekr-Abdallah-el-Maleki, 15.

Abou-Carra el-Yagharny se révolte contre El-Aghlab, 59, 60, 61; assiége Tobna, 63, 64, détruit les murs de Cairouan, 65.

Abou-Djafar-Ahmed, frère d'Abou-el-Abbas, 113, 114.

Abou Djafar-el-Mançour, khalife, 45,

50, 52, 57, 58, 59, 62, 67.

Abou-el-Abbas-Abdallah, fils d'Ibrahim, 128, 129 est nommé au gouvernement de Sicile, 132; est rappelé en Afrique, 138, 139, 142, 144; devient émir, 146; sa mort, 148, 149.

Abou el-Abbas Ibrahim-ben-Abdallah. Voy. Abdallah, fils d'Ibrahim-ben-el-Aghlab.

Abou-el-Abbas-Mohammed-ben-el-Aghlab-ben-Ibrahim, émir d'Afrique, 112; son frère se révolte contre lui, 113, 114; sa mort, 113, 115.

Abou-el-Abbas, neveu de Ziadet-Allah, 97.

Abou-el-Aghlab, 139, 143.

Abou-el-Aghlab Ibrahim-ben-Abdallah, 109, 110.

Abou-el-Ahouad-Amrou-ben-el-Abouas-el-Idjly, 55.

Abou-el-Anbas, 62.

Abou-el-Aour, 32.

Abou-el-Aour-Said-ben-Abou-Iezid, 4.

Abou-el-Fatah, nom de lieu, 127.

Abou-el-Gharanik-Mohammed-ben-Abi Ibrahim-Ahmed, émir d'Afrique, 117, 118; sa mort, 126, 133.

Abou-el-Khattab-Abd-el-Ala-ben-el-Samh-el-Moughafery prend Cairouan, 54, 55; sa mort, 56, 57, 58.

Abou-el-Mohadjir, 13, 16, 18, 22.

Abou-el-Rebi, nom de l'une des portes de Cairouan, 66, 111, 116.

Abou-el-Thour, nom d'homme, 135.

Abou-Hamid, fils d'Ali-ben-Hamid, 113, 114.

Abou-Hanifé, 105.

Abou-Haroun. Voy. Mouça, affranchi d'Ibrahim.

Abou-Hatem-Yacoub-ben-Habib-el-Ibadhi, 63, 64, 65, 66, 67, 68.

Abou-Hazem-Habib-ben-Habib-el-Mohallebi, 62.

Abou-Hodje, 143.

Abou-Houal-Mohammed, fils d'Abou-

el-Abbas, 147, 148; sa mort, 149.
Abou-Ibrahim-Ahmed-ben-Abi-el-Abbas-Mohammed, émir d'Afrique, 114, 115; sa mort, 116.
Abou-Iezid-Makhlad-ben-Kaidad, 165, 166.
Abou-Ikal-el-Aghlab-ben-Ibrahim-ben-el-Aghlab, émir d'Afrique, 97, 111, 112.
Abou-Ikal, fils d'Abou-el-Gharanik, 126.
Abou-Khafadja-Mohammed-ben-Ismail, 117, 118.
Abou-Khalid-ben-Iezid-ben-Elyas-el-Abdi, 91.
Abou-Khilaf-ben-Haroun, 165.
Abou-Karib, cadi, 52, 53.
Aboul'-Abbas-Abd-Allah, 95. Voy. Abd-Allah-ben-Ibrahim-ben-el-Aghlab.
Abou'l-Abbas-Mohammed-ben-el-Açouad-el-Sadini, cadi de Cairouan, 148; est déposé, 150.
Abou'l-Anbar, 72.
Abou'l-Caçem, fils d'Obeïd-Allah, 33.
Abou'l-Caçem-Ali, fils d'el-Haçan, gouverneur de la Sicile, 172; porte la guerre en Calabre, 173; sa mort, 174, 175, 176, 177.
Abou'l-Khatar-ben-Dherar-el-Kelbi, gouverneur de l'Andalousie, 41, 42, 43.
Abou-Malek-Ahmed-ben-Omar-ben-Abdallah, gouverneur de Sicile 137.
Abou-Modhar-Ziadet-Allah, 144, 146; fait assassiner son père, 148; devient émir, 149, 150, 151; se retire en Orient, 153, 154, 155; sa mort, 156, 157, 158, 159.
Abou-Mobraz, fils d'Ibrahim, 143.
Abou-Moraz, cadi de Cairouan, 105.
Abou-Moslem, 59.
Abou-Omar-el-Abli, 41.
Abou-Raffi, 79.
Abou-Said-abl-el-Selam-ben-Said, surnommé Sahnoun. Voy. ce dernier nom.
Abou-Said-Mouça-ben-Ahmed, gouverneur de la Sicile, 161.
Abou-Taleb, 79.

Abou-Thour. Voy. Calaat-Abou-Thour.
Abou-Yahia-ben-Founas-el-Hawari, 69.
Açad-ben-el-Firat, 92; fait la conquête de la Sicile, 103; détails sur sa biographie, 105, 106; sa mort, 107.
Açem-ben-Djamil, 52, 53, 54.
Açem-el-Sadrati, 63.
Achlouna, nom de lieu, 25.
Adana, nom de lieu, 17.
Adjana, nom de lieu, 150.
Adjisah, nom de tribu, 21.
Adnan, 56.
Aflah-ben-abd-el-Wahab-ben-Rouslem, 112.
Afrikia, nom de lieu, 2.
Afrikis-ben-Ibrahim-Erraisch, 2.
Afrikis-ben-Saifi-ben-Saba-ben-Iaschob-ben-Iarob-ben-Kahtan, 2, 15, 60.
Aghlabites (dynastie des), 83, 84, passim; fin de leur puissance en Afrique, 153 et suiv.
Agnana, nom de lieu, 173.
Ahmed-ben-Abou-Mahriz, 111.
Ahmed-ben-el-Aghlab, 127.
Ahmed-ben-el-Haçan, gouverneur de la Sicile, 169, 170; sa mort, 171.
Ahmed, fils du précédent, 171; sa mort, 172.
Ahmed-ben-Iacoub-ben-el-Madha-ben-Salmah, gouverneur de la Sicile, 133.
Ahmed-ben-Korheb, gouverneur de la Sicile, 159, 160; sa mort, 161.
Ahmed-ben-Omar-ben-Obeïd-Allah-ben-el-Aghlab prend Malte, 117.
Ahmed-ben-Sofian, 115.
Ahmed, surnommé Taib-el-Daoulet, gouverneur de la Sicile, 179, 180, 181.
Aiadh-ben-Wahab-el-Hawari, 82.
Aikdjan, nom de lieu, 145, 147, 152.
Ain-Sawargha, nom de lieu, 132.
Aioub, fils d'el-Moezz-ben-Badis, 180.
Ala-ben-Said, 77, 78, 80, 81.
Alexandrie, nom de lieu, 2, 127.
Algérie, 1.
Ali-ben-Abi-Taleb, 32, 132.

NOMS DE LIEUX

Ali-ben-Amrou-el-Baloui, gouverneur de Sicile, 159.
Ali-ben-Hamid, 113.
Ali, fils d'Ahmed-ben-Korheb, 159, 160.
Ali, frère d'Ismail-ben-el-Tabari, 167.
Ali, frère de Tadj-el-Daoulet, 179.
Alide, nom de dynastie, 89.
Amalécites, 16.
Amer-ben-Nafi-el-Azrak, 101, 102, 103.
Amin, fils d'Haroun-el-Reschid, 96.
Amran-ben-Atafel-Azdi, 44, 49, 50.
Amran-ben-Modjaled-el-Riy, 88, 92, 93, 97.
Amrou-ben-el-Ass, 8.
Andalos, nom de lieu, 153.
Andalousie, nom de lieu, 29, 30, 35, et passim.
Ansariens, 31.
Antah, nom de lieu, 125.

Aouras, Voyez Djebel-Awras.
Aourba, tribu berbère, 21, 91.
Aous, fils de Thabet, 22.
Arbah, 17.
Arbès, nom de lieu, 51, 63, 77, 100, 102.
Ardan, nom de lieu, 43.
Aroua-ben-el-Walid-el-Sadafi, 44.
Arouba-ben-Ioucef, l'un des chefs des Ketamah, 150, 154.
Atafel-Azdi, gouverneur de la Sicile, 165, 166.
Atlas, chaîne de montagnes, 19, 58, 85.
Aurasius, montagne, 25. Voy. Djebel-Awras.
Aurelius Verus, 3.
Aurighah, 21.
Awariah, 21.
Azdadjah, tribu, 21.

B

Bacara, nom de lieu, 134.
Badjah, nom de lieu, 25, 44, 70, 98, 99, 103, 129, 130.
Baghaïa, nom de lieu, 17, 25, 26, 49, 150, 151, 152.
Bagdad, nom de lieu, 81, 83, 84, 87, 123, 138.
Bahloulah, tribu, 90.
Bahloul-ben-abd-el-Ouahid-el-Motghari, 89.
Baldj, 36, 37, 43.
Barca, nom de lieu, 2, 11, 23, 25, 27, 78, 128.
Barletta, nom de lieu, 120.
Basile II, empereur de Constantinople, 177, 180.
Bazoulah, nom de lieu, 173.
Bedouins, 19.
Bedr (combat de), 42.
Beled-el-Djerid, nom de lieu, 50.
Belezma, nom de lieu, 118, 129, 130, 147, 150.
Benou-Amer-ben-Nafi, tribu, 130.

Benou-el-Matir, 166, 167.
Benou-el-Tabari, 166.
Benou-Kelb, gouverneurs de Sicile; fin de leur dynastie, 183.
Benou Kemlan, 118.
Benou-Medrar, 159.
Benou-Rostem, 159.
Benou-Soloul, 32.
Benou-Touloun, 138.
Benou Werfadjoumah, tribu, 52, 53, 54, 55, 68.
Ber, nom de personne, 21.
Berzals, tribu, 19; leur origine, 21, 29, 60.
Berbers, étymologie de ce nom, 15, 16; cités 17, 19 et passim.
Berber, fils de Tamla, fils de Mazigh, fils de Canaan, fils de Cham, 16.
Berdouil, roi franc, 174, 175.
Beschr-ben-Safouan-el-Kelbi, 31, 32, 33, 101.
Bibars envoie Djemal-Eddin à Mainfroi, 184.

ET DE PERSONNES.

Bikasch, nom de lieu, 142.
Bir-el-Selama, nom de lieu, 68.
Biskara; nom de lieu, 118.
Bizerte, nom de lieu, 25, 49.
Bon (cap) 50.
Bône, nom de lieu, 25, 64.

Bougie, nom de lieu, 7, 17, 58, 151.
Brindisi, nom de lieu, 130.
Butera, nom de lieu, 120, 121, 122, 124.
Byzacène, nom de lieu, 3, 49.

C

Cabès, nom de lieu, 5, 27, 38, 52, 53, 60, 63, 75, 80.
Cabiçah, fils de Rouh, 72.
Cafça, nom de lieu, 7, 3, 22, 27; notions sur cette ville, 49, 52; est pris par le Schii, 152.
Cairoan, histoire de sa fondation, 11, 12, 13, 14, 15; cité passim.
Calaat Abou-Thour, nom de lieu, 122, 164.
Calaat Aghana, nom de lieu, 173.
Calaat-Blatanou, nom de lieu, 164.
Calaat-el-Armenin, nom de lieu, 124.
Calaat-el-Ballout, nom de lieu, 164.
Calaat-el-Kerad, nom de lieu, 106.
Calaat-el-Kerab. Voy. Calaat-el-Kerad.
Calaat-el-Mesarab, 124.
Calaat-el-Roum, nom de lieu, 123.
Calaat-Djelwa, nom de lieu, 173.
Calaat-Kischana, nom de lieu, 168.
Calabre, nom de lieu, passim.
Calta Bellotta. Voy. el-Belout.
Caltagirone, nom de lieu, 173.
Caltavuturo, nom de lieu, 122, 164.
Camonda, nom de lieu, 130, 131, 152, 153.
Camounia, nom de lieu, 10, 15.
Campo-Marino, 130.
Canaan, 60.
Cananéens, 16.
Canasrin, nom de lieu, 43.
Capsa. Voy. Cafça.
Caramale, gouverneur de Taormine, 143.
Carcassonne, 36.
Carna, nom de lieu, 102, 129.
Caropini, nom de lieu, 106.

Carthage, nom de lieu, 9, 24, 25, 87.
Casrain, nom de lieu, 98.
Casr-el-Afriki, 129.
Casr-el-Ahmar, nom de lieu, 7.
Casr-el-Cadim, sa fondation. Voyez Abbacieh; cité, 116, 127.
Casr-el-Hadid, 122.
Casr-Iani, 107, 108, 109; sa prise par les Arabes, 110, 116, 121 et 122; cité passim.
Castilia, nom de lieu, 27, 49, 101, 113; est prise par le Schii, 152.
Catane, nom de lieu, 105, 110, 121, 122, 134, 135, 136, 137, 181.
Catenzaro (province de), 173.
Cerine, nom de lieu, 8.
Certa, nom de lieu, 37, 101, 127.
Cham, 16, 60.
Charlemagne, 87.
Constant II, empereur, 9, 10.
Constantin, patrice, 105, 105.
Constantin VIII, empereur de Constantinople, 177.
Constantin Porphyrogénète, 168.
Constantine, 17, 58, 150.
Constantinople, 7, 105, 107, et passim.
Cordoue, nom de lieu, 47.
Corleone, nom de lieu. Voy. Corloun.
Corloun, nom de lieu, 111.
Coronia, nom de lieu, 112.
Cosenza, capitale de la Calabre, 115.
Cossyra, île, 109, 181.
Coufa, nom de lieu, 45.
Crotone, nom de lieu, 176.
Cyprien (saint); son corps est redemandé par Charlemagne, 87.

D

Dalmatie, nom de lieu, 130.
Damas, nom de lieu, 34.
Damas, nom donné à Elbira en Espagne, 42.
Damnash, nom de lieu, 137, 142, 143, 159.
Daoud, fils d'Yezid, 68, 69, 71, 72.
Demena, nom de lieu, 137.
Dera, nom de lieu, 29, 33.
Djaber, fils d'Aboul-Caçem, gouverneur de la Sicile, 175.
Djafar-ben-Mohammed s'empare de Syracuse, 141.
Djafar-ben-Mohammed-ben-Ali-ben-Abi-el-Haçan, gouverneur de la Sicile, 178.
Djafar, fils d'Ahmed-Taïb-el-Daoulet, 179.

Djafar, fils de Yahia, 86.
Djamil-ben-Sakhr, 66.
Djar, nom de fleuve, 43.
Djebel-abi-Malek, nom de lieu, 121.
Djebel Awras, 25, 26, 53, 165.
Djebel Menschar, 128.
Djeloula, nom de lieu, 6; sa prise, 8, 9, 10; cité 39.
Djemal-Eddin dédie à Mainfroi un traité de logique, 184.
Djenaha, nom de personne, 9, 10.
Djerbeh, île, 71.
Djezirct. Voyez el-Djezirch.
Djeziret Baschon. Voyez el-Djezirch.
Djeziret Scherik. Voyez el-Djezirch, 103.
Djidjel, nom de lieu, 67.
Djoneid-ben-Bechar-el-Açadi, 63.
Doraïd-ben-Samma, 98.

E

Ebn-Abdoun, cadi, 148.
Ebn-Abou-Ahmed, 131.
Ebn-Abou-el-Djouad, 112.
Ebn-Ataf, 44.
Ebn-Bostam, 158.
Ebn-el-Aghlab, 128.
Ebn-el-Aschath. Voyez Mohammed-ben-el-Aschath-el-Khozaïy.
Ebn-el-Cadim, 157.
Ebn-el-Djaroud, 75, 76, 77, 78, 80.
Ebn-el-Firat, vizir d'el-Moctadar, 156, 158.
Ebn-el-Habhab, 34, 36.
Ebn-el-Hasan, 158.
Ebn-el-Hodail, 61.
Ebn-el-Mehlati, 181.
Edris-ben-Abd-Allah, chef de la dynastie des Alides, dans le Maghreb, 89.
Edris, fils d'Edris-ben-Abdallah, 89, 90, 91.
Égypte, nom de lieu, cité passim.
El-Abbacieh, sa fondation, 112.

El-Abbas-ben-Ahmed-ben-Touloun, 128, 131, 139.
El-Açadieh, nom d'un ouvrage du cadi Açad-ben-el-Firat, 105.
El-Aghlab-ben-Abd-Allah-ben-el-Aghlab. Voyez Ghalboun.
El-Aghlab-ben-Salem-ben-Ikal-ben-Khafadjah-ben-Souadeh-el-Tamimi, 56; devient gouverneur du Zab, 58, et de l'Afrique, 59, 60; sa mort, 61; cité 53.
El-Aghlab, frère de Ziadet-Allah-ben-Ibrahim, 97.
El-Akbal. Voyez Ahmed-Taib-el-Daoulet.
El-Arbès, nom de lieu, 64, 65, 130, 152.
El-Aschath, 105.
El-Atnam, nom de lieu, 41.
El-Assy, fils de Walid-ben-Yezid, 45.
El-Atioun. Voy. Elatrioun.
Elatrioun, nom de personne, 10.

El-Refont, nom de lieu, 111.
Elbira, nom de lieu, 42.
El-Caçem, frère d'Abou'l-Caçem, émir de Sicile, 173.
El-Corn, nom de lieu, 9, 41, 42.
El-Djezireh, 49, 100, 130.
El-Fadhl-ben-Rouh, 72; devient émir d'Afrique, 73, 74, 75; sa mort, 76, 77.
El-Habhab, 35.
El-Haçan-ben-abi-Khanzir. Voy. Haçan.
El-Haçan-ben-Ali. Voyez Haçan.
El-Haçan-ben-el-Abbas, gouverneur de la Sicile, 134, 135.
El-Haçan-ben-Nacad, 130.
El-Hadi, 90.
El-Hafour, patrice grec, 136.
El Harith, 44.
El-Harith-Okbah-ben-Nafi, 5.
El-Kahina, reine des Berbers, 25, 26, 27.
El-Kaim-Biamr-Allah, fils d'el-Mehdi, émir d'Afrique, 160, 163, 164; sa mort, 165.
El-Khalessa, nom de lieu, 165.
El-Laith-ben-Saad, 42.
El-Mahdi, père de Haroun, 90.
El-Mamoun, khalife, 96.
El-Mançour. Voyez Abou-Djafar-el-Mançour.
El-Mançour (Ismaïl), émir d'Afrique, de la dynastie des Obeydites, 165, 166, 167, 168; sa mort, 169.

El-Meschar, nom de lieu, 129.
El-Meskin. Voyez Wadhih.
El-Moçab-ben-Derarah, 157.
El-Moctadar, khalife, 156, 160.
El-Moezz-ben-Badis, 180, 181.
El-Moezz-Lidin-Allah-Abou-Temim-Maad, émir d'Afrique, de la dynastie des Obeydites, 169, 170, 171, 172.
El-Moezzieh, nom imposé à Taormine, 170.
El-Moghaira, fils de Beschr-ben-Rouh, 73, 74, 75, 77.
El-Mohalleb-ben-Rafi, 38.
El-Mohalleb-ben-Yezid, 70, 76.
El-Motadhad, khalife, 138, 146.
El-Monçaouer-el-Zenati, 63.
El-Mouhanna-ben-el-Mokharik-ben-Ghafar-el-Tai, 65.
El-Mouharib-ben-Helal-el-Farsi, 56.
El-Nasr, prince d'Andalousie, 163.
El-Saffah, 45.
El-Samsam, nommé émir par les Siciliens, 181.
El-Tin, nom de lieu, 120, 126.
Elyas, frère d'Abd-el-Rahman, 44, 45; se révolte contre son frère et le tue, 46, 47, 48, 49; devient maître de Cairoman, 50; est tué par Habib, 51; durée de sa puissance, 53, 54.
Espagne, 2, 20, 29, 33; citée passim.
Ethna, montagne, 110, 124, 137.
Euphemius, nom de personne, 104.

F

Fadhl-ben-Abi-el-Aïr, 103.
Fadhl-ben-Djafar-el-Hamdani, 118, 119.
Fadhl-ben-Mohammed, 61.
Fadhl, fils de Iacoub, 109.
Fadj, nom de lieu, 90.
Falchana, nom de lieu, 114.
Fazas, nom de lieu, 90.
Felah-ben-Abd-el-Rahman-el-Kolai, 77.

Fendalawah, tribu berbère, 90.
Feth-ben-Iahia, émir des Mésaletah, 147, 150.
Fez, nom de lieu, 38, 88.
Fimi. Voyez Euphemius.
Fohss-el-Adjem, nom de lieu, 7.
Fontonhi-el-Roumi, 149.
Francs, 16 et passim.

G

Gaule narbonnaise, conquise sous Walid, 29.
Gênes, nom de lieu, 162, 163.
Gerace, nom de lieu, 168.
Gétulie, nom de lieu, 53.
Ghalboun, cousin de Ziadet-Allah, 98, 99.
Gharisa, nom de lieu, 102.
Ghayyathah, tribu berbère, 90.
Ghomarah, tribu berbère, 19, 90.

Ghrabina, nom de lieu, 173.
Girgente, nom de lieu, 107, 108, 132, 159, 161, 163, 164, 165.
Goliath, 16.
Gravina, nom de lieu, 173. Voyez Ghrabina.
Grecs, 16, 17 et passim.
Grégoire, gouverneur de l'Afrique, 5, 9.
Guadalavier, fleuve, 43.

H

Habab, fils d'Omar-ben-Moawia-el-Caïci, 98.
Habib, 42.
Habib-ben-Abi-Obeidah-ben-Okbah-ben-Nafi, 33; se dirige vers la Sicile, 34; menace Kolthoum, 36; sa mort, 37.
Habib, fils d'Abd-el-Rahman, s'enfuit à Tunis, 48; devient maître d'une partie de l'Afrique, 49, 50; tue Elyas, 51; est repoussé par les Berbers, 52; sa mort, 53, 54.
Haçan, nom de lieu, 37.
Haçan-ben-Abi-Khanzir, 154; est nommé gouverneur de Sicile, 158; sa mort, 160, 161.
Haçan-ben-Ali-ben-Abi-el-Hoçain-el-Kelbi, gouverneur de la Sicile, 165, 166, 167; passe en Calabre, 168; retourne en Afrique, 169, 170.
Haçan-ben-Amar, 170.
Haçan-ben-el-Nooman-el-Ghaçani, gouverneur d'Afrique, 24, 25; ses guerres contre Kahina, 26, 27; retourne en Orient, 28.
Haçan-ben-Harb-el-Kendi, 60, 61, 62.
Haçan-ben-Mohammed-el-Baghani, 179.
Haçan-ben-Sofian, 128.
Hadjadj, général d'Abd-el-Melik, 24, 31.
Hafs-ben-Hamid, 95.

Hakem-Biamr-Allah, 145, 169.
Hamas-ben-Merwan, cadi de Cairouan, 150.
Hamdis, fils d'Amer, 102.
Hamdis, chef arabe, 87, 88.
Hamid-ben-Sakhr, frère maternel d'Omar-ben-Hafs-Hezarmerd, 64.
Hamil, 66.
Handhalah-ben-Safouan, gouverneur de l'Afrique, 38; ses guerres contre les Khouaridj, 39, 40, 41, 42; se retire en Orient, 43.
Handscroun, nom de lieu, 19.
Harawa, nom de lieu, 41.
Haroun-el-Reschid, 68, 70, 71, 72, 73, 77, 78, 81, 82, 83; accorde le gouvernement de l'Afrique à Ibrahim, 84, 85, 86; cité 90, 93, 96.
Haroun, fils de Takii, 151.
Harran, nom de lieu, 105.
Haschem, 88.
Hatim, nom de lieu, 128.
Hawarah, tribu berbère, 57, 63, 69, 93, 118, 128, 129; nom de l'une des portes de Tripoli, 94.
Hayy-ben-Malek-el-Baloui, 118.
Hensch, fils d'Abdallah-el-Safani, 22.
Héraclius, 5, 9.
Hescham-ben-abd-el-Melik, khalife, 32, 33, 35, 36, 38, 39, 40, 43, 104.

Himyar, 19.
Hoçain-ben-Ahmed, gouverneur de la Sicile, 136.
Hoçain, fils d'Ali, 24.
Hoçain, descendant d'Ali, 90.
Homs; quelques-uns de ses habitants s'établissent à Séville, 42.
Hothomah-ben-Aious, gouverneur de l'Afrique, 77, 78, 79; bâtit le château de Monastir, 81; retourne dans l'Irak, 82; conseille à Haroun de nommer Ibrahim au gouvernement de l'Afrique, 85.
Hybla Minor, nom de lieu, 130.

I

Iacouba, nom de lieu, 5.
Iacoub-ben-Ishak, 162.
Ibadhieh, secte musulmane, 34, 44, 54, 62, 63, 66, 70, 71.
Ibrahim-ben-Abi-el-Aghlab, parent de Ziadet-Allah, 151, 152, 153; veut s'emparer du pouvoir, 154, 155, 156; se réfugie à Alexandrie, 157.
Ibrahim-ben-Ahmed, fils d'Abou-el-Gharanik, émir d'Afrique, 126, 127, 128, 129, 130, 131, 132; sa déposition, 137, 138; ses penchants, 139, 140, 141, 142; sa mort, 143, 144, 173.
Ibrahim-ben-el-Aghlab, 81, 83, 84, 85; il fonde la ville d'Abbacieh, 86, 87, 88; pacifie le Maghreb, 89, 91; défait des rebelles, 92, 93; sa mort, 94; cité 97, 100.
Ibrahim-ben-Habisch, 150.
Ibrahim-ben-Sofian el-Temimi, 91.

Ibrahim, fils d'Eba-el-Thammouna, 182.
Iça-ben-Monça le Khoraçanite, 59.
Iça-el-Nouschari, gouverneur d'Égypte, 156, 157, 158.
Iça-el-Touschezi. Voyez Iça-el-Nouschari.
Iça, fils de Meskin, 140.
Iades, 29.
Ioclin-ben-Monça, 77, 78, 80.
Irak, nom de lieu, 31, 82, 105.
Isaac-ben-el-Menhal, cadi de Sicile, 159.
Ishak-ben-Mohammed-ben-abd-el-Hamid, 90.
Ismail-ben-el-Tabari, 166, 167.
Ismail-ben-Obeid-Allah-ben-abi-el-Mohadjir, 30, 31.
Ismail-ben-Sofian-ben-Salem, 99.
Ismail-ben-Yacob, 65.
Ismail, fils d'Obeid-Allah-ben-el-Habbab, 33.
Ismail, imam, 143.

J

Jean Asecretis, surnommé Pilate, 169.
Jérusalem, 156, 159.
Julien, prince de Ghomara, 18; il appelle Tarik en Andalousie, 29.

K

Kabiça-ben-abi-Sofra, 62.
Kaçila-el-Aouribi, 16, 20, 21; fait tuer Okbah, 22; sa mort, 23; cité 26.
Kasna, nom de lieu, 143, 144, 173.
Kasta. Voyez Kasna.
Kerat (l'île de), 149.
Kerbela (bataille de), 24.

Ketamah, tribu berbère, 21; son origine, 60; citée 67, 68, 69, 130, 144; se devoue au parti de Schii, 145, 146, 147, 150, 152, 155, 159, 161, 166, 172.
Khafadja-ben-Sofian, gouverneur de Sicile, 124, 125, 126, 132, 133.

Khalid, 76.
Khalid-ben-Habib-el-Fehri, 34, 35.
Khalid-ben-Hamid-el-Zanati, 35.
Khalid-ben-Rabiah, secrétaire d'Abd-el-Rahman, 47.
Khalid-ben-Thabet, le coreïschite, 10.
Khalid-ben-Walid, 8.
Khalid-ben-Yezid-el-Caici, 25, 26, 27.
Khalil-ben-Ishak, 163 ; bâtit la ville d'El-Khalessa; 164, retourne en Afrique, 165.
Kharadj, 27.
Kharadja, nom de lieu, 167, 168.

Khazz (étoffe appelée), 46.
Khilat, 45.
Khoraçan, nom de lieu, 59, 74, 75, 82, 105.
Khouaridj, 38, 39, 63, 69.
Kibla ; dissentiment au sujet de la Kibla de la mosquée de Cairoman, 14, 15.
Koleib-ben-Djami-el-Kelbi, 82.
Kolthoum-ben-Ayad, 36, 37, 43.
Koreïsch-ben-el-Tounisi, 92.
Koreïschites, 30, 31.
Koufa, nom de lieu, 87.

L

Labri, nom de lieu, 118.
Lakham, tribu, 41.
Lamis, nom de lieu, 17.
Lamta, nom de lieu, 154.
Lawatah, tribu berbère, 90, 111, 128, 129.

Lebedj, nom de lieu, 143.
Lombardie, 120.
Lombards, 119, 120, 123.
Leptis, nom de lieu, 128.
Luca (San), abbé, 137.

M

Macroioannis, commandant de la flotte grecque, 169.
Madiwanah, tribu berbère, 90.
Madjanah, nom de lieu, 151.
Mafinah, nom de lieu, 136.
Maghreb, nom de lieu, 2, 15, 19, 33, et passim.
Maghreb-el-akça, nom de lieu, 89, 90.
Mahdia, nom de lieu, 81.
Mahmoud-ben-Korheb, 128.
Mahmoud fils d'Abdallah, 125.
Mahomet, 22.
Maimoun, 30, 131.
Maimouna, femme d'Eba-el-Thammouna, 181, 182.
Mainfroi, fils naturel de Frédéric II, 184.
Majorque (île de), pillée par Abdallah, 29.
Makhlad-ben-Morrah-el-Azdi, 82.
Malacène, patrice grec, 168, 169.
Malaga, nom de lieu, 43.
Malek-ben-el-Mondzir, 77.

Malek, fondateur du rite malekite, 105.
Malisch, nom de lieu, 17.
Malouia, rivière, 91.
Malte, nom de lieu, 117, 133.
Mançour-ben-Ziad, 78.
Mançour-el-Tabaadi, 98, 99, 100, 101, 102, 105.
Manuel, patrice grec, 170, 171.
Marabouts, 111.
Maroc, 19, 33.
Martin, pape, 103.
Masmoudah, nom de lieu et de tribu, 19, 21, 29, 33.
Masoufah, tribu, 19.
Matrouh, nom d'homme, 127.
Mauritanie, 1, 15, 58.
Mazigh, fils de Canaan, 21, 60.
Mazzara, nom de lieu, 106, 107, 108, 159, 166, 181.
Mecque (la), nom de lieu, 24, 31, 86, 90, 97.
Médine, nom de lieu, 8, 25.

Medjana, nom de lieu. Voy. Madjanah.
Medjaz (combat de), 171.
Meisarah-el-Motghari, 34, 35.
Meknacah, tribu, 90, 111.
Meliana, nom de lieu, 1, 2.
Melito, nom de lieu, 175, 182, 183.
Mequinez, nom de lieu, 65.
Mermadjana, nom de lieu, 7.
Merwan-ben-el-Hakim, 5.
Merwan-ben-Mohammed, 34, 44.
Merwan, fils de Mouça, 29.
Mesilah, nom de lieu, 57.
Meskain. Voy. Meskianah.
Meskianah, nom de lieu, 152.
Messine, nom de lieu, 118, 137, 142, 168, 170.
Michel, gouverneur de Palerme, sa révolte, 105; sa mort, 109.
Mila, nom de lieu, 147.
Moamer-ben-Iça-el-Saadi, 65.
Moawia-ben-Abi-Sofian, 10, 11, 15, 29, 32.
Moawia-ben-Khodaidj, gouverneur de l'Égypte, 5 et suiv., 9, 10, 11, 15, 103.
Modhar, nom d'homme, 59.
Modharites, tribu, 59.
Mohammed-Abou-Fahr, neveu de Ziadet-Allah, 97.
Mohammed-ben-abdallah-ben-el-Aghlab, 101; meurt gouverneur de la Sicile, 120.
Mohammed-ben-Abdoun, 167.
Mohammed-ben-abi-Edris-el-Ansari, 104.
Mohammed-ben-abi-el-Djouari, 107.
Mohammed-ben-Ahmed. Voy. Abou-el-Gharanik.

Mohammed-ben-el-Aschath-el-Khozaiy, gouverneur d'Afrique, 35, 36, 57 58; se retire en Orient, 59.
Mohammed-ben-el-Fadhl, gouverneur de la Sicile, 135.
Mohammed-ben-el-Farci, 74, 75, 76, et suiv.; sa mort, 80.
Mohammed-ben-el-Sarcoussi, gouverneur de Sicile, 146.
Mohammed-ben-Haçan, 124.
Mohammed-ben-Korheb, 127, 128, 129.
Mohammed-ben-Thammouna, émir de Sicile, 181, 182.
Mohammed-ben-Ziadet-Allah, gouverneur de Tripoli, 132.
Mohammed, fils d'Abdallah, fils d'Abbas, 124, 125.
Mohammed, fils d'Aous l'Ansarien, 22.
Mohammed, fils de Khafadja, gouverneur de la Sicile, 126, 133.
Mohammed, fils de Soliman, fils d'Ali, 90.
Mohammed, l'Ansarien, fils de Meslémé, 4.
Mohammed-ben-Hamza, 98, 99.
Mohammed-ben-Mokatil-el-Akki, gouverneur d'Afrique, 82, 83, 84, 85, 86.
Mohammed-ben-Yezid, 30, 31.
Moïse-ben-Aiasch, gouverneur de Mila, 145, 147.
Mokharik-ben-Ghafar-el-Taï, 56, 58, 60, 61, 65, 66, 67, 68.
Monastir, nom de lieu, 81.
Moslema-ben-Makhlid, 13, 15.
Motawakil, khalife, 116.
Mouça, affranchi d'Ibrahim, 98.
Mouça-ben-Noçair, 28, 29, 30.

N

Naçr-ben-Habib-el-Mohallebi, 72, 73, 76.
Nakschan, fils d'Abraham, 15.
Narbonne, nom de lieu, 36.
Nasr, affranchi d'Ibrahim-ben-el-Aghlab, 114.
Nefoussah, tribu, 48, 128, 131, 132.

Nefzah, tribu berbère, 90, 151.
Nefzawa, nom de lieu, 49, 52, 101.
Nezar-el-Aziz-Billah, émir d'Afrique, de la dynastie des Obeydites, 177.
Niçapour, nom de lieu, 105.
Nicéphore, empereur de Constantinople, 171.

Nicetas, commandant d'une flotte grecque, 171.
Nini, fleuve, 36.
Noé, 16.
Noto, nom de lieu, 130.
Noubah, nom de lieu, 138.
Numidie, 25.

O

Obeidah-ben-abd-el-Rahman-el-Salami, 32, 33.
Obeid-Allah-ben-el-Habhab, 32, 33, 36.
Obeid-Allah-el-Mehdi, 144; est proclamé à Cairouan, 154; nommé au gouvernement de la Sicile, 157, 158, 159, 160, 161, 162; sa mort, 163.
Obeid-Allah, fils d'Omar, 5.
Obeydites (dynastie des), 84; son établissement, 145 et suiv.
Océan, 20, 21.
Okascha-ben-Ayoub-el-Fazari, 38, 39, 40, 41, 42.
Okbah-ben-Hadjadj-el-Caici, 33; il est chassé de l'Espagne, 35, 36.
Okbah ben-Nafi, 10, fonde la ville de Cairouan, 11; est déposé, 13, 14, 15; revient au pouvoir, 16, 17, 18, 19, 20, 21; sa mort, 22.
Omar-ben-abd-el-Aziz, 30.
Omar-ben-Hafsllezarmerd, gouverneur de l'Afrique, 62; signification de ce nom, 63; sa mort, 64, 65, 66, 67, 68.
Omar-ben-Halaf-ben-Naki, quitte la Sicile, 183.
Omar-ben-Moawia-el-Caici, 98.
Omar-ben-Obeid-Allah-el-Mouradi, 33; est mis à mort, 34.
Omar-ben-Othman-el-Fahri, 67.
Omar, fils de Khattab, 4.
Ommia, nom de personne, 88.
Oreste, général de Basile II, 180.
Oss, nom de lieu, 23.
Othman-ben-Affan, 22.
Othman, khalife, entreprend la conquête de l'Afrique, 4.
Othon II, 176, 177, 178.
Othon, duc de Bavière, 177.
Otrante, nom de lieu, 162.
Oualili, nom de lieu, 19, 90.
Ouardana, nom de lieu, 57.

P

Palerme, nom de lieu, 105, 106, 107; les musulmans s'en emparent, 108; cité 110, 120, 123, et passim.
Palestine, 16, 43.
Pascal, gouverneur de la Calabre, 169.
Pentellaria. Voy. Cossyra.
Pise, nom de lieu, 88.
Plata, sa révolte, 105, 116.
Platani. Voy. Ablatanou.

R

Racca, nom de lieu, 156, 158.
Raccadah, nom de lieu, 127, 129, 130, 132, 140, 150, 151, 153, 154, 156.
Raguse, nom de lieu, 120, 121, 122, 124.
Rametta, nom de lieu, 143, 170, 171, 173.
Ramla, nom de lieu, 158.
Raschid, affranchi d'Edris, 89, 90.
Raschid, nom de personne, 130, 157.
Redha, 144.
Reggio, nom de lieu, 137, 162, 171.
Rhône, fleuve, 36.
Riah, nom de personne, 121.
Riat, nom de lieu, 43.
Rita, nom de lieu, 135, 136.
Roger, fils de Tancrède, 182.
Roger, fils du précédent, 183, 184.
Romains, 85 et passim.
Rome, 176.

Rossano, nom de lieu, 178.
Rouh-ben-Hatem, frère d'Yezid, gouverneur d'Afrique, 71; sa mort, 72, 73.

S

Sabiba, 37.
Sabrinah, nom de lieu, 136.
Sadaratah, tribu berbère, 90.
Sadjrah-ben-Aïça, le cadi, 99.
Safakes, nom de lieu, 160.
Sahara, nom de lieu, 33.
Sahdoun-el-Djeloni, 143.
Sahel, nom de lieu, 101.
Sahlaïn, nom de lieu, 117.
Sahnoun, cadi, 112.
Saknan, fils d'Omar-ben-Moawia-el-Caïci, 93.
Salé, nom de lieu, 90.
Saleh, gouverneur de l'Afrique, 28, 29.
Saleh-ben-el-Mançour, 90.
Saleh-ben-Nacir, 70.
Saleh-ben-Souadeh-el-Tamimi, 61, 62.
Salem-ben-Raschid, gouverneur de la Sicile, 162, 163, 164.
Saliha, nom de personne, 131.
Samnadjah, nom de lieu, 66.
Sanhadjah, tribu, 21, 60, 63.
Santabarta, nom de lieu, 10.
Sardaigne, 44, 163.
Satfoura, nom de lieu, voy. Setfoura.
Schakanbariah, nom de lieu, 152.
Schala, nom de lieu, 90.
Schamdoun, nom de personne, 77.
Scharra, nom de lieu, 119.
Scherifs (combat des), 35.
Scherik, nom de lieu, 95.
Scicli, nom de lieu, 124.
Sebous, nom de lieu, 37.
Sedjelmessa, nom de lieu, 29, 159.

Setfoura, nom de lieu, 21, 49, 93, 130.
Sétif, nom de lieu, 147, 148, 150.
Séville, 42.
Sicile, 2, 11, 23 et passim.
Sidonia, nom de lieu, 43.
Siffin (combat de), 32.
Sind, nom de lieu, 71, 72.
Siredoghous, 167, 168, 169.
Sobritala, nom de lieu, 3, 5, 7, 8.
Sofian, nom de personne, 101.
Sofian-ben-el-Madhs, 91, 93.
Sofrieh, hérétiques, 34, 38, 41, 63, 65.
Soliman, khalife, 30.
Soliman-ben-Haris, affranchi de Mahdi, 90, 91.
Soliman-ben-Ziad, lieutenant d'Elyas, 51.
Soliman, fils de Simma, 70.
Sort, nom de lieu, 55, 56, 57, 131.
Souadeh-ben-Mohammed-ben-Khafadja-el-Temimi, gouverneur de Sicile, 136.
Soudan, nom de lieu, 2, 33.
Sous, nom de lieu, 19, 29.
Sousah, nom de lieu, 111, 116, 128, 138.
Sous-el-Adna, nom de lieu, 21.
Sous-el-Akça, 21, 33.
Sufétula, voyez Sobeïtala.
Syracuse, nom de lieu, 34, 105, 106, 109, 121, 122, 123, 124, 125; prise de cette ville par les Arabes, 127; citée passim.
Syrie, nom de lieu, 10, 36.
Syriens, une armée de Syriens entre en Andalousie, 42.

T

Tabakha, nom de lieu, 25.
Tabala, nom de lieu, 34.
Tabeth, 119.
Tebi, 22.

Tabibasch, nom de lieu, 41, 44.
Tabnada, nom de lieu, 98, 102.
Tabniasch, voy. Tabibasch.
Tacape, nom de lieu, 52.

NOMS DE LIEUX

Tadela, nom de lieu, 90.
Tadj-el-Daoulet-Djafar, gouverneur de la Sicile, 179.
Tadmir, nom de lieu, 43.
Tafilelet, nom de lieu, 29.
Tafrah, voyez Nafzah.
Tahart, nom de lieu, 19; sa fondation, 58; citée 63, 65, 71, 112, 159.
Tahouda, nom de lieu, 22, 63, 65, 118.
Tamesta, nom de lieu, 90.
Tanger, nom de lieu, 2, 18, 19, 21, 27, 29, et passim.
Taormine, nom de lieu, 109, 121, 122, 123, 124, 125, 134, 135, 136, 137; prise de cette ville, 142, 143, 159, 170.
Tarente, nom de lieu, 162, 173, 177.
Tarik-ben-Ziad-el-Laithi, 29.
Taroudant, 21, 33.
Tasrout ou Nasrout, nom de lieu, 147.
Temam-ben-Temin-el-Temimi, 82, 83.
Termini, nom de lieu, 122.

Thabet-el-Sanhadji, 45.
Thalbah, fils d'Abou-Lasah, 42.
Théodoric, évêque de Metz, 178.
Théophanie, sœur de l'empereur Basile, 176, 178.
Thikat-el-Daoulet, gouverneur de la Sicile, 178, 179.
Thira, nom de lieu, 122.
Thubuna, nom de lieu, 59.
Tibsa, nom de lieu, 152.
Tidjess, Voyez Tihess.
Tifasch, nom de lieu, 142, 151.
Tipsa, Voyez Tibsa.
Tlemçen, 15, 19, 36, 37, 44, 60, 90.
Tobna, nom de lieu, 58, 59, 62, 63, 64, 65, 67, 68, 81, 118, 159.
Trani, nom de lieu, 120.
Trapani, nom de lieu, 132, 142, 161, 162, 181.
Tripoli, 5, 27, 44, 54, 55, 57, 62, 63 et passim.
Tunis, nom de lieu, 1, 25, 41 et passim.

U

Usille. Voyez Djeloula.

V

Val Demone, 137.
Val di Mazara, 137, 164.
Val di Noto, 137.

Vénitiens, 120.
Ville royale (la), forteresse bâtie par les Grecs en Sicile, 135.

X

Xerès, nom de lieu, 43.

Xiara, nom de lieu, 119.

Y

Yahia-ben-el-Hakem, 10.
Yahia-ben-Mouça, 77, 78, 79, 80, 82.
Yahia-ben-Ziad, 85, 86.
Yahia, parent d'Hoçain, 90.
Yaisch, gouverneur de la Sicile, 172.
Yemen, nom de lieu, 2, 16.

Yézid-ben-Abd-el-Mélik, 31, 104.
Yézid-ben-Abi-Moslem, 31.
Yézid-ben-Hatem, 51; devient gouverneur d'Afrique, 66, 67; sa mort, 68; cité 69, 70, 111.
Yézid-ben-Moawia, khalife, 16, 24.

Z

Zab, nom de lieu, 17, 41, 58, 59, 60, 61, 62 et passim.

Zawaghah, tribu, 111.
Zèbe, nom de lieu, 58.

Zeid, fils de Thabet, 4.
Zenatah, tribu, 57, 63.
Zeugitanie, nom de lieu, 1.
Ziad-ben-Sahel-ben-el-Sielyeb, se révolte contre Ziadet-Allah, 97, 98.
Ziadet-Allah-el-Asghar, fils d'Abou-Ibrahim-Ahmed, 116, 117.
Ziadet-Allah, fils d'Abou-el-Abbas-Abdallah, émir d'Afrique, 142. Voyez Abou-Mochar.
Ziadet-Allah, fils d'Ibrahim-ben-el-Aghlab, 94; devient émir d'Afrique, 96, 97, 98, 99, perd une grande partie de ses États, 100; rétablit ses affaires, 101, 102, 103; envoie Açad en Sicile, 105, 109; sa mort, 110, 111, cité 113.
Ziadet-Allah, frère d'Abou-Ibrahim-Ahmed-ben-Abi-el-Abbas-Mohammed, 116.
Zirou, nom de lieu, 71.
Zobaïr, père d'Abdallah, 8.
Zobaïr-ben-Aoua, 107.
Zobaïr-ben-Barghouth. Voyez Zobaïr-ben-Aoua.
Zobaïr-ben-Caïs-el-Baloni, 16, devient gouverneur de l'Afrique, 22; sa mort, 23.
Zobaïr-ben-Ghouth. Voyez Zobaïr-ben-Aoua.
Zouaghah, tribu berbère, 90.

W

Wadhih, affranchi de Saleh-ben-Mançour, 90.
Wahabia, secte musulmane, 71.
Walid-ben-Abd-el-Mélik, 28, 29, 30.
Walid-ben-Yezid, 43.
Wardjelan, nom de lieu, 71.
Wasdadjah, tribu, 128, 129.
Werfadjoum, fils de Tidghas, fils de Welhas, 52.

www.ingramcontent.com/pod-product-compliance
Lightning Source LLC
Chambersburg PA
CBHW060651170426
43199CB00012B/1752